U0451302

黑格尔全集

第 6 卷

耶拿体系草稿（I）

郭大为　梁志学　译

商务印书馆
2020年·北京

GEORG WILHELM FRIEDRICH HEGEL
GESAMMELTE WERKE
BAND 6
JENAER SYSTEMENTWÜRFE I
Herausgegeben von
Klaus Düsing und Heinz Kimmerle
© Felix Meiner Verlag Hamburg 1975
本书译自北莱茵-威斯特伐伦科学院版,汉堡迈纳出版社,1975年

中 文 版 说 明

黑格尔是德国古典哲学的集大成者。为了推进我国的黑格尔研究，中国社会科学院作出决定，翻译北莱茵-威斯特伐伦科学院编辑的历史考订版黑格尔全集。

这部全集分为三辑：第一辑是著作，以黑格尔在世时发表的作品和未发表的手稿为内容；第二辑是讲演，以他的学生们的听课笔记为内容；第三辑是书信。全集各卷统一编号。德文版的编辑工作是从第一辑着手的。据此，中国社会科学院黑格尔课题组决定在其工作的第一阶段主要致力于迻译全集第一辑。第一辑有22卷，翻译是从未曾译为中文的作品开始的，对于业已译为中文的作品，将随后经过商讨，予以修订或者重译。在所译的各卷中，译者都撰写了前言，介绍原著的基本内容和问世过程，并编译出有助于理解原著的注释。

这部全集的翻译得到了北莱茵-威斯特伐伦科学院黑格尔委员会和波鸿鲁尔大学黑格尔档案馆的热情协助；这部全集的出版受到了商务印书馆的大力支持，谨向他们致以衷心的谢意。

中国社会科学院黑格尔课题组
北京　2015 年 12 月

目　录

中文版前言 …………………………………………………… 1

自然哲学与精神哲学讲稿残篇(1803/04)

自然哲学中地球系统的开端与力学 ………………………… 15
　残篇 1　在他要反对的定律中 …………………………… 15
　　　　　　向地球系统的过渡 ……………………………… 15
　残篇 2　也就是说，天体运动 …………………………… 17
　残篇 3　从天体系统中 …………………………………… 20
　残篇 4　与同一总体的一种无形态的运动相联系 ……… 27
　　　　　Ⅰ．力学 ………………………………………… 27

力学结尾、化学过程、物理学和有机物开端 …………… 36
　残篇 5　c)与地球的这种固定形态 ……………………… 36
　残篇 6　b)地球以此方式 ………………………………… 38
　　　　　Ⅱ．化学过程 …………………………………… 43
　残篇 7　δ)最后还必须说明 ……………………………… 55
　　　　　A)作为普遍元素的土或存在，各个元素的
　　　　　　实体性 ………………………………………… 69

残篇 8	于另一个	74
残篇 9	普遍的感应	90
残篇 10	我们已经以这种土质观念	92
	A) 物体的物理观念	93
	A. 有机形态形成的过程或发展为总体的个体的过程	164

有机体与精神哲学 …… 165

残篇 11	β) 如此普遍地与土质分离以后	165
残篇 12	θ. 动物体的形态形成	171
残篇 13	ι. 我们认识到的这种有机组织	175
残篇 14	理想的过程或感觉的过程	190
残篇 15	τ. 因此,有机体	194
	Ⅲ. 精神哲学	210
残篇 16	Ⅲ. 精神哲学	212
残篇 17	单纯的、本质的杂多性	213
残篇 18	意识的本质	216
残篇 19	精神的现实存在的第一种形式	223
残篇 20	Ⅰ. 级次	225
	Ⅰ. 级次	225
	Ⅱ. 工具的级次	238
残篇 21	[Ⅲ. 财产和家庭的级次]	242
残篇 22	绝对必然的是	247

附 件

分段简记 …………………………………………… 267
体系结尾残篇 ……………………………………… 268

译者注释 …………………………………………… 271
术语索引 …………………………………………… 309
人名索引 …………………………………………… 329
本卷后记 …………………………………………… 331

耶拿哲学体系（1803—1804）
讲课布告
听讲学生名单
（复印自本书德文全集本第352—353页）

Collegium privatum von Dr. Hegel

über

das System der speculativen Philosophie
im Winter-halben-Jahre 1803-4 hor. VI-VII

Honorarium: drey Laubthaler

Vor-und Zuname.	Vaterland.
H. Sprenger	aus Kurbaden.
W. Barnstedt	aus Westphalen.
W. Schreiner	aus Nassauischen.
G. Stokar	aus Schaffhausen.
H. Willudovius	aus Litthauen.
K. Hey	aus dem Gothaischen.
Meier	aus Chur Baden
D. Mólnos	aus Siebenbürgen
J. F. J. Schmidt	aus Mecklenburg.
Steimmig	aus Pfalzbaden
Walter	aus Mecklenburg.
S. H. Freudenfeld	aus Mecklenburg.
Bindheim	aus Eisenach

Joh. Christ. Köhler	aus dem Eisenachischen
H. A. Timm	aus dem Mecklenburgischen
Karl Sponholz	Ingermannus
K. C. Schuster	aus dem Badenschen
I. N. Koch	aus Lübeck
C. Schultz	aus Zweybrücken.
L. Eichrodt	aus Kurbaden
T. F. Glamström	aus Ehstland
C. M. v. Grothuss	aus Livland
L. L. Krispien	Ostpreußen.
Ostermeyer	aus Lübeck
Ph. Seel	aus der französischen Republik
Lindenberg	aus Lübeck
L. Kühnell	aus Francfurth a. M.
Höchstetter	Franken
Mickwitz	aus Livland
Kessler	aus Hannover.

耶拿体系草稿（Ⅰ）
原件第 100 页 b

（复印自本书德文单行本第 XX 与 XXI 页）

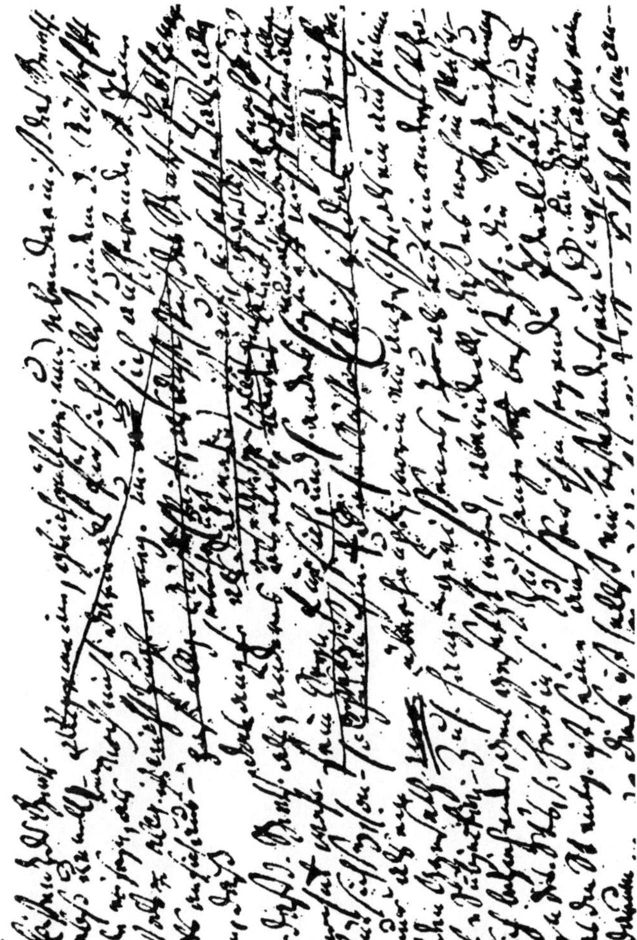

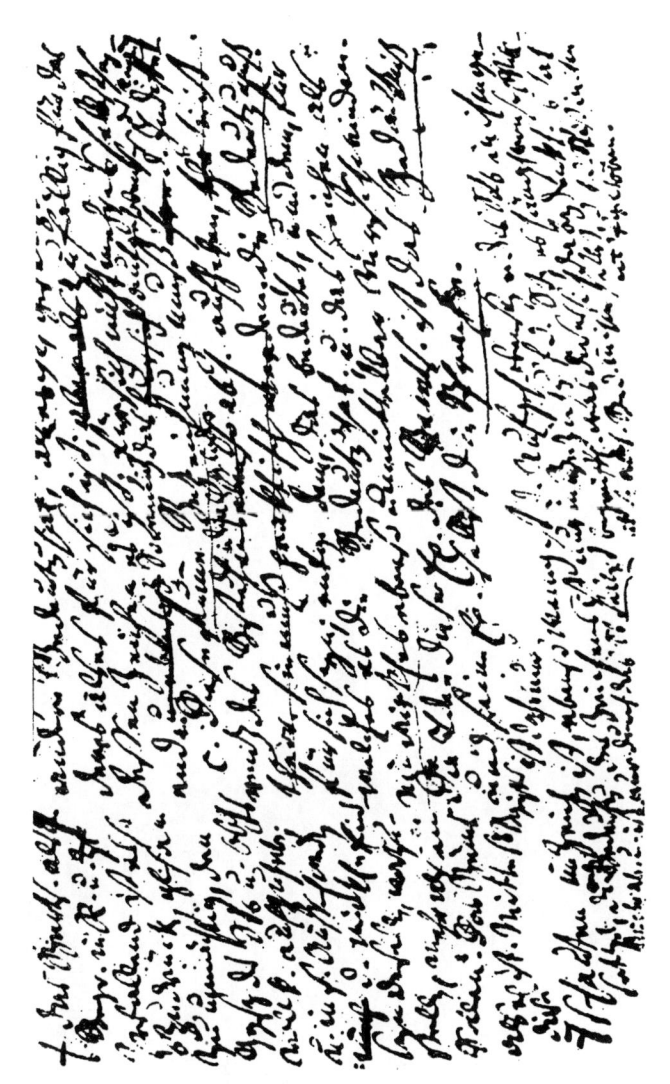

Faksimile der Manuskriptseite 100b des
Nachlaßbandes 12; s. unten 199, Z. 27—200, Z. 35.

中文版前言

本卷收入的是黑格尔最早创作的全部哲学体系草案的手稿残篇。黑格尔在此之前虽然已经就逻辑学与形而上学及自然法进行过探索性的阐发，相关文献被编入历史考订版《黑格尔全集》第5卷，包括：《1801年至1802年讲课稿残篇》中的"逻辑与形而上学"和1802年至1803年的《伦理体系》及《1803年讲课稿残篇》，但这些手稿只涉及全部哲学体系中的局部内容而并未论及这一体系的全体。另一方面，为了准备已经预告的1803年夏季学期的哲学概论的讲课，黑格尔虽然对于哲学大全体系做过概括式的说明，但保存至今、数量极少的讲稿残篇（被编为《黑格尔全集》第5卷1801年至1802年《讲课稿残篇》中的"哲学导论"部分）并非系统阐发的提纲或草案，也没有任何其他资料来源能够确切证明是隶属于这些提纲或草案的。因而本卷发表的草稿就在"得到阐发的全部哲学体系"这一有限的意义上被看作是黑格尔"最早的"体系草案。

一、本卷的文献来源及其编辑出版

本卷所依据的手稿原件现存于德国柏林国家图书馆，被编入普鲁士文化财产黑格尔遗著档案第9卷和第12卷中。保存下来的这些手稿是写在上百张尺寸不同、绿色及少量黄色的纸张上的，大部分都是不完整的残篇。以第一个残篇为例，开头部分已经遗失，孤立文字的确切语义无法予以断定；结尾部分显然也因保存的原因而残缺。另外，一些残篇本身并没有完成，黑格尔自己就中途搁笔了。

在本卷中，除了作为附件收入的两个残篇还不能完全确定外，正文的22个残篇都与黑格尔在耶拿大学1803年至1804年冬季学期开设的"思辨哲学体系"课程有关。从保留下来的拉丁文讲课通告来看，黑格尔在这一学期预告了两门讲授的课程：一是自然法，二是思辨哲学体系。后者包括三个部分：a) 逻辑与形而上学，或称先验理念论；b) 自然哲学；c) 精神哲学。这门课程的名称在《文汇报》上公布的德文翻译是：思辨哲学体系，包括逻辑和形而上学、自然哲学和灵魂学说。"灵魂学说"在手稿中被黑格尔修改为"精神哲学"。在1806年的夏季学期的讲课布告中，这个部分的拉丁文名称"philosophia mentis"被翻译成了"人类理智哲学"，黑格尔也将其改为"精神哲学"。

关于第一门课程，人们至今还没有找到可靠的证据证明，黑格尔在1803年至1804年冬季学期或任何其他学期在耶拿讲过"自然法"，尽管他曾经先后五次公布过课程预告。人们猜测，这门课程很可能讲过，因为课程的名称不但多次上过课程预告单，而且黑格尔还为此做了充分的书面准备，在此基础上形成了后来由罗森克兰茨的命名发表的《伦理体系》。

然而，种种迹象表明，黑格尔确实开设了"思辨哲学体系"的私人课程。最充分的证据是一份保存至今、署有三十位听讲人姓名的名单，上有黑格尔手写的标题，本卷的副标题，即"思辨哲学体系"就是以此为根据的。对于此一系列课程的另一个证据是黑格尔1803年11月6日写给谢林的信:"我已经把讲义重新修改过,较以前有所改进。"席勒在1803年11月9日在给歌德的信中写道:"哲学并没有完全沉寂,我们的黑格尔博士听说已经赢得了许多听众,他们对他的报告并无不满。"黑格尔在1804年9月29日致歌德的信中也提到:"我相信,至少在去冬我的为数众多的听讲人不是不满意的。"

据推测,黑格尔在1803年夏秋两季已经尝试以多种方式投入到对他自己哲学的系统阐发上来。为了准备已经预告的大学讲课,他对先前做过的摘抄、笔记和草稿进行了加工整理,并且将它们加以合并,尽管有时显得还很粗略,并不完全准确清晰。黑格尔在"残篇16",即"精神哲学"的开端处对于"思辨哲学体系"做过一个回顾性的概括,提到"哲学的第一部分构成了作为理念的精神,达到了绝对的自身等同性,达到了绝对的实体"(《黑格尔全集》第6卷,第268页。见本卷的边码:6,268,下同),但专属于这一时期的"逻辑学与形而上学"手稿是否存在并不为人所知,现存的只是第二和第三部分,即自然哲学和精神哲学。"残篇15"结尾部分出现的初稿标题"Ⅱ.精神哲学"后来被修改为"Ⅲ.精神哲学"(6,265),这一情况强化了下面一种猜测:根据在1801年至1802年和1802至1803年几个学期的讲课所做的准备,黑格尔或多或少已经写就了逻辑学与形而上学的讲义,他在1803年至1804年冬季学期讲授这一部分内容时,依据的可能就是这些讲义。因此他将新写出的讲义的第一部分标记为自然哲学,将第二部分标记为精神哲学。但在回想到已经完成的逻辑学与形而上学手稿时,黑格尔修改了上述标号。至于黑格尔在准备这一学期的讲课时是否也写完了全部体系草稿,还依然是个悬而未决的问题。黑格尔在1803年至1804年冬季学期的课程预告中将自然法从精神哲学中独立出来,成为专门的讲题;而本卷呈现的阐述精神哲学的手稿显然是不完整的,其结尾部分的内容无疑在《伦理体系》中阐述得更加完整和详细。

1803年至1804年的讲课手稿首次是由霍夫迈斯特编辑整理,作为《耶拿实在哲学》第1卷于1932年出版的。经过杜辛和基穆尔更为细致、严谨的考证、勘校和编辑,北莱茵-威斯特伐伦科学院于1975年推出了历史考订版《黑格尔全集》第6卷:《耶拿体系草稿Ⅰ》,正文内标题为:"思辨哲学体系——1803年至1804年自然哲学和精神哲学讲稿残篇"。在这个历史考订版全集本的基础上,杜辛和基穆尔又于1986年出版了重新修订过的同名单行本,列为迈纳出版社"哲学丛书"第331卷,正式取代过去"哲学丛书"中的《耶拿实在哲学》第1卷。

现存的手稿残篇原件显示,它们源出于不同的编写阶段。这些手稿的每一页正文通常书写在原本空有3至4厘米的天头下方,后来又在行间及每页的天头地脚的空白处和许多附加的插页上增加了大量的修改、插入语和补充。这些不同阶段的编写不但可以从一些残篇在内容上的重叠看出来,而且还可以从下面的事实推论出来,即黑格尔在不同的地方加入了插页,这些插页阐述的是已经得到多重扩展的正文相关章节的新表述。历史考订版全集在对这些困难重重又纷乱复杂的手稿进行编辑时,首先力图恢复残篇初稿的原貌,黑格尔后来的修改和扩充正是在初稿的基础上进行的，如果不还原初稿的原貌，很多文本的句法和语义都无法以读者可理解的方式传达出来。

这些大致写于1803年至1804年的手稿残篇不但出于不同的编写阶段，而且是与对哲学体系的持续不断的构想和反复斟酌相伴随的。从现存残篇存在着的一些重合的次序来看，黑格尔对某一章节和整个体系的某一部分曾有过多种构思。现在已经无法准确确定某些手稿残篇之间的相互关系，以及哪些出现得早些，哪些出现得晚些。

二、本卷的内容及其在耶拿体系中的地位

耶拿时期是黑格尔哲学创造的暴发期。一到耶拿不久，黑格尔就着手创建自己的哲学体系，尽管还带有法兰克福时期的痕迹，但已经开始展现出崭新的东西，并预示了在哲学史上将会完成的新形态。实际上，黑格尔耶拿时期的创作被冠以体系之名的至少有五种：(1) 由1801年至1802年讲义发展而来的1802年至1803年的《伦理体系》；(2) 本卷所呈现的1803年至1804年的《思辨哲学体系》（《耶拿体系草稿Ⅰ》，全集第6卷）；(3) 1804年至1805年的《逻辑学与形而上学及自然哲学》（《耶拿体系草稿Ⅱ》，全集第7卷）；(4) 曾被霍夫迈斯特编为《耶拿实在哲学》第2卷的1805年至1806年的《自然哲学与精神哲学》（《耶拿体系草稿Ⅲ》，全集第8卷）；(5) 1807年出版的《精神现象学》则被黑格尔称为"科学体系的第一部"。如果说《伦理体系》并不是哲学大全的体系，还只是属于其中精神哲学的一

个部分，那么之后的三种体系则都是在全部哲学体系的框架中阐发的，它们不但与作为"黑格尔哲学的秘密和诞生地"的《精神现象学》关系密切，而且还勾勒出后来"哲学全书"的雏形。令人遗憾的是，作为哲学大全的体系，三种"耶拿体系草稿"都是不完整的：第一种缺失了第一部分，即逻辑学和形而上学；第二种缺失了第三部分，即精神哲学；第三种同样缺失了逻辑学与形而上学。这样一来，三种"耶拿体系草稿"渐次的呈现不但反映出黑格尔思想发展变化的历程，而且彼此对照，还为各自缺失的部分添补了可以合理推断的空白。

从黑格尔耶拿时期的思想发展过程来看，本卷所说的全部哲学体系都被看做是思辨哲学，也就是说，体系的另外两个部分，即自然哲学和精神哲学在此时依然隶属于思辨哲学的名下，并没有被明确划分为实在哲学，以区别于严格意义上的思辨哲学，即作为体系第一部分的逻辑和形而上学。实在哲学的用语首次出现在1805年至1806年冬季学期的课程预告中："实在哲学，即自然哲学与精神哲学"。在1806年夏季学期的听讲人名单中，它的标题提示："私人授课：逻辑学与形而上学，或思辨哲学"。"思辨的"一词的含义必须从耶拿文本中所做的反思与思辨的区别上加以理解。对于黑格尔来说，关键点在于如何说明体系的统一：反思哲学将本来分离的客观之物与主观之物的诸规定阐释为自我呈现的外在统一；思辨哲学则将这种统一阐释为在哲学的所有部分中自己建构起来的"绝对同一性"，也就是说，自然哲学与精神哲学通过现实规定性的中介来充分展现这一"绝对同一性"，就像逻辑和形而上学通过思维规定的中介来体现这种同一性一样。将全部哲学体系称为一种"思辨"哲学体系这一做法可以回溯到黑格尔在1801年至1802年所持的将全部哲学划分为四个部分的体系构想，这种构想把有限精神哲学与无限精神哲学区别开来。在本卷中，有限精神与绝对精神共同构成了总体上被理解为思辨哲学体系的最后一个部分，即第三部分：精神哲学。

如前所述，这个体系中有关"逻辑学和形而上学"的论述微乎其微，只有"残篇16"中的一段文字提到这一部分的研究对象是"作为理念的精神"，它是"绝对的实体"和"绝对的自身等同性"，存在与变易都是在这一等同性中表现出来的。理念存在于自然和精神无所不在的具体形态中，存在与变易的对立通过被动者与能动者的中介得到发展。存在与变易的统一还被看做是存在于以太中的，因为后者保持着无限的自身等同运动，是天体系统所具有的精神—质料。这种一体性在自然的地球系统中分散开来。绝对实体的自我理解在这里还没有在绝对的主体性中加以考察，这关键的一步是在1804年至1805年的《耶拿体系草稿Ⅱ》的"形而上学"中迈出的，在那里"客体性的形而上学"是与"主体性的形而上学"相对的，被动者与主体者的统一在理论自我与实践自我的统一中达到对自身的把握。

自然哲学构成了本卷的主要内容，占据了全书四分之三以上的篇幅。根据黑格尔传记的记载，在谢林1803年夏天离开耶拿之后，黑格尔在思辨哲学方面陷入相对孤立的状态中。从今天保留下来的相关资料来看，黑格尔在当时对于自然科学的研究"非常投入"。他将各种各样的反思、抄自哲学和自然科学书刊中的摘记以及自己完成的物理学实验的花花绿绿的图示都记录在一个保持到最后的小本子里。黑格尔自己所做的实验主要是与歌德的颜色理论相关的，他甚至还将他透过窗子观察到的光的色彩折射现象描画出来。最为令人称奇的是，自然科学的摘抄几乎涉猎到当时自然科学的所有领域，上至行星轨道，下到泥炭，大到长石，小到梅毒，甚至是隐于无形的电磁现象，可以称得上无奇不有、无所不包。不仅如此，这些摘抄涉及到当时许多知名学者的著述，它们不但来自德文书刊，而且还有许多来自法文书刊和英文书刊。黑格尔在撰写本卷的相关内容时，时常将这些摘抄用做思辨哲学的佐证材料或争论内容的参考注释。黑格尔这一时期的自然哲学思考尽管烙有谢林哲学的印记，但已经显现出独立的探索和创见。

自然哲学在本卷中被划分为"太阳系"与"地球系统"两大部分，这一划分也存在于次年撰写的《耶拿体系草稿Ⅱ》中。天体系统被直观为"理念的纯粹现象"，这个在1803年至1804年依然有效的思想已经在1801年论天体轨道的任教资格论文和1801年至1802年的一些手稿残篇中表达过。而在1805年至1806年的"实在哲学"，即《耶拿体系草稿Ⅲ》中，天体力学则被当做普通力学来处理，在那里，"太阳系"不再被当做自然哲学中一个独立的章节。这就是说，自然从此丧失了其思辨的特征；精神是从其自身而来的精神，而不再像在本卷中还称呼的那样，是天体系统中"绝对单一的以太"，后者通过地球系统返回自身。因而精神能够以后来的构想为框架达到完成，即在它发展的最高阶段，绝对精神哲学最终直接返回到逻辑学。

现存的手稿是从探讨太阳系向地球体系的过渡开始的（残篇

1—3)。地球系统的发展则包含了三个阶段或"级次":即力学(残篇4—5)、化学(残篇6—9)与有机物理学(残篇10—14)。黑格尔将力学视为僵死物质及其运动的一体存在,它主要讨论的是诸如重力、落体运动、杠杆原理等物理现象或规律。在化学阶段,黑格尔根据古老的四元素说,通过与火、水、气与土这四种物理要素相对照,阐发了氧、氢、氮和碳四种化学元素及其相互联系和转化的过程,由此强调化学"扬弃了其纯粹简单性的僵死概念"(6,59)。对于有机体的讨论占据了自然哲学的大量篇幅,它不但描述了植物与动物的形成,还分析了动物有机体的感觉过程,从而实现向精神哲学的过渡。总之,"有机体的两个环节,即作为理念、类属的环节和作为个体性的环节,并不相互拆开;个体作为它在它的各个环节中进行的过程的循环,总是整体、类属"(6,193)。

本卷首次整理出版的"精神哲学"到民族精神为止的部分标志着黑格尔思想发展的一个关节点。1802年至1803年的《伦理体系》对于"自然法"这一部分的阐述还没有包括精神的理论阶段。关于精神以自身为中介与他者发生关联的思想在1803年至1804年的精神哲学中已经初露端倪。对此还可以在1803年讲稿的一个简短的残篇中找到证据。在本卷中,民族精神是"普遍的、持续存在的意识",对于民族精神来说,"个别性意识不过是直接变为另一种意识的形式,它是意识运动的绝对伦理的方面"(6,315)。

1803年至1804的精神哲学的显著特点是具有意识哲学的性质,因而成为作为"意识经验的科学"的《精神现象学》先驱。

在这里，意识根据全部演绎的基本结构划分为四个环节：（1）它本身是产生认知对象的能动的端项，因而是本身具有主观的东西与客观的东西两个方面于一身的中心点，它与作为被动之物的对象既对立又相互联系。（2）因此它能够经历对自身的中介，这种中介作用是在哲学体系里以概念的形式被思考的。（3）它由此满足了形式与内容、方法与事实相统一的条件，从而使得思辨东西的产生得以可能。（4）作为意识的基本经验，它完成了"思辨的受难日"和思辨的复活，也就是说，哲学在原则上是以纯粹概念的方式加以把握的，它总是不断返回它自身特有的理智视域中。

本卷的精神哲学部分在近年来特别受到关注的另一个原因在于，这部分手稿不但探讨了意识的理论级次（即语言）及实践级次（即工具），而且还通过对于作为理想性级次的财产和家庭的探讨，发展了在《伦理体系》中开启的承认理论的阐述。

无法得到准确定位的附件与本卷的内容有着非常密切的联系。附件一是关于精神哲学第一章划分的批注，但没有提到语言的级次。由于某些说法，特别是自我意识概念的使用也存在于1805年至1806年的"实在哲学"手稿中，这一附件从而被归类为前两个"耶拿体系草稿"之间的手稿残篇。附件二是在绝对意识的框架内讨论艺术哲学的。由此可以推断，本卷的体系草案在"残篇22"之后还应有后续的内容。

三、编译说明

1. 本卷是根据《黑格尔全集》历史考订版第6卷翻译的，同时采纳了经过修订的德文单行本的编辑方法，并大量借鉴了其中的勘校成果。这样做的原因在于：首先，为了呈现黑格尔手稿的原貌及其思想变化的进程，全集版第6卷将未加校正和整理的、充满符号和缩略语的初稿及增删字符并列排在编辑好的正文下方，在页底还注有大量的文字勘校说明；而单行本只排印出编者最终还原的文本。显然，后一种情况更适合于中文读者。其次，黑格尔的手稿原件本属未经誊写的草稿，不但字迹潦草，多有涂抹或污损，而且还存在着大量的反复修改、插入字符、批注以及自用的缩写和符号，除了原稿缺失本身带来的文字不完整外，有些看似完整的句子也几乎不可卒读，原编者对这些文本的还原因而也颇为踌躇。由此产生的后果是，修订的单行本与全集版的文本并不完全一致，尤其是在标点和断句上出现了较多的差异。中文译者根据反复的比较和摸索发现，尽管修订后的文本总体上比全集版中的文字更为合理和通顺，但在较少的情况下，原来的编辑可能更好。基于上述理由，中文译者根据自己的阅读经验和判断，在基本遵循修订本的读法的前提下，对于修订本的一些改动做了一定的保留。

2. 尽管中译本已经尽量避免不必要的外文字符掺杂在译文中，但是为了与德文版全集保持版式的一致，中译本还是保留了原文中作为章节或段落标号的罗马数字、阿拉伯数字及希腊文字母、拉丁文字母及希伯来文字母。需要提醒读者注意的是，黑格尔在手稿中对于这些字符的使用并不连续一致，时有错乱和疏漏。

3. 现有中译本的文字与标点有时并不完整，甚至初看起来有违中文书写的规范，出现这种情况的目的是为了保持手稿残篇固有的错漏和缺失的原貌，其中的文字本来就是不完整的或未完成的。比如，第一个残篇的开头文字就是顶格排印的，之前的文字已不可考，中文译者，甚至是德文编者也只能根据其他线索来推断其语义。德文编者为了补足缺漏而添加的文字，中译本保留了德文本的做法，也用方括号标出。为了符合汉语语言习惯和完整传达语义，中译本在极少数的情况下也增补了一些字、词，这些均被标识在大括号里。

4. 德文编者用排疏的方式来突出黑格尔一般强调的文字，中译本则在相关的文字下加着重点；德文编者用大写字母来突出黑格尔特别强调的文字，中译本则以黑体字排印。

5. 像修订的单行本一样，中译本保留了两种注释：脚注和尾注。前一种注释均出于黑格尔之手，它们有两种情况，即写在页边或行间的批注和被黑格尔后来删改的文字。后一种注释是为帮助读者更好地理解原文而提供的背景知识和参考资料，中文版的译者注释是根据中文读者的特点，在增删德文版相关注释的基础上编写出来的。

6. 中译本在德文全集本的基础上编译了人名索引，同时翻译了单行本中的术语索引，在其中增加了少量为中文读者特别关注的术语，如"合而为一"和"一分为二"。

7. 为了便于读者查阅对照，中译本将德文全集本页码与单行本页码作为边码标出，在全集本页码前用阿拉伯数字"6"标明了卷次，以区别于后者。

思辨哲学体系

自然哲学与精神哲学讲稿残篇
(1803/04)

自然哲学中地球系统的开端与力学

残篇1 在他要反对的定律中……

在他要反对的定律中[1]；天文学家们称它本身为任意的假设，并且认识到它的真理性的局限所在，即它只在地球、木星和土星上得到应验，而在天王星上得不到应验。但是，恰恰由于这样，[2] 谢林就不能单独使用质量的那些数值，因为它们只是从这一临时的定义中派生出来的。①

c）首先必须认识到行星规定性的物体方面本身，如运动过程是如何自行实现的，地球是如何形成的；在地球这一理念能够在其自身的规定性中再次呈现其本身之前，首先要构想一个**地球**的理念。

向地球系统的过渡

太阳系是一个由四种构造出来的运动组成的绝对的总体和同一体：光是显现着的存在者，是绝对的普遍性、肯定的统一体；它的无限性，它的绝对思维，是这样一种在其各个环节中如此实

---

① 初稿中被删除的下文为：金属类未超过任何东西。

现自身的绝对的圆周运动：其中每一个环节本身都是这一绝对的过程，并且每一个环节在其运动中均表现自身等同的东西，或者作为物质本身表现其环节的本质。在这一运动中，存在着这样一种无限性，它是绝对的思维，它本身并不反思它自己，只是作为统一体、作为抽象的、不可见的事物而实存的，而不是作为一而实存的。光并不是总体性的这种否定的一，作为太阳，光本身就是作为一个环节的一，它不是这个一与其对立面的一，只是直观，而非映现。这个运动必定成为绝对的静止，必定处在与它的静止，即与这个一相对立的状态之中。静止在运动中被设定为等同性，但也被设定为中点，不过是在运动自身之内，还不是作为被设定的对立出现的东西；前者本身是抽象，而非同一体。

无限性的这个一本质上是在其实在性中各种对立着的运动的一，这些运动一方面与自身相联系，一方面又与他物相联系；地球与彗星二者就是这种综合，而彗星只有在对立面中才是他物自身；或者说，在形式的普遍性中，仅仅这种分解的、在纯粹否定的点上集合起来的无限性并不是量的统一体，同样也［不］是绝对的无差别。这就是地球；①

---

① 边注：自然存在于空间之中；全部过去的历史依然在当下保持；精神是时间，它已经否弃了过去，否弃了它所受的培植。

残篇 2 也就是说，天体运动……

(6, 6)

5

也就是说，天体运动本身在 a) 其对立或如下的概念中拥有总体的图像：时间的一在空间中延展了绝对对立和不可通约的东西，而空间退回到了运动的点上；b) 这个点作为运动中点在延展为轴线和轨道面积的过程中拥有总体的图像；在这个点的延展中，原初的点从轴线与圆周轨道的绝对对立中并入一个理想的中点，并与前一个点相对，而成为一个理想的中点。c) 这一完整的图像本身是在我们已经大致知晓的地球或行星这样的运动过程中设定的，这两个点的任何一个在运动本身中都是一个运动的中点。太阳本身只是中点，实在的中点，而没有理想的中点——月球只有一个理想的中点；彗星仿佛是将［实在的］中点当做其理想的中点，两种运动混合在一起，而在它围绕另一个中点的运动中，它直接将它的自为存在作为最远的离心运动置于它的轨道上。但是，地球在其自身中坚持将两种运动分离开，而在二者的分离中又坚持将二者统一起来。

(6, 7)

太阳是光从它的运动的无限性到自身的真正返回，在这一返回中，绝对的关系从直观转变为映现；光设定自己像太阳一样是能动的，并在月球和彗星的对立中伸展，在它们中把自己直观成另一东西，即直观为与它自身直接对立的东西，也就是分离开的东西；地球在这 对立的力量中是被动的中心，即被动的东西；

6

太阳以其能动性与这一对立相联系，它的统一体是与月球和彗星一道确定下来的，或者说，它作为由它自身和这一对峙中产生出来的力量成为绝对普遍的，它的能动性则逐渐湮灭。但是，这个统一体作为太阳及其与月球和彗星的对峙所构成的统一力量，直接就是有活力的地球。这一绝对的、肯定的统一体、自身等同的东西是在运动中无限地形成的；这个自身等同的东西在它的这种无限性中是可见的和单纯的，这个肯定的统一体就是绝对的实体，它是与其无限性直接同一的，它们彼此不可分割，在它们之间没有任何东西。但是，光或原初的直观的统一体有别于它的运动，它在这一运动之中［成为］一个他物；它将自己直观为无限地成为他物的过程；但是，这个运动同样绝对是它自身成为他物的过程，作为一个统一体，它成为自身的反面，并且就运动成为它自己设定的对立的东西来说，光直观到自身；光通过运动映现自己，这个反射的统一体作为理想的无差别点与最初的原点相合为一，这种作为统一存在的静止就是扬弃了运动的存在。因此，［地球］首先显现为这种活力的直接对立面，即静止和运动消融于其中的僵死的东西；而它的活力恰恰就是从这种对立中出现的活动，对立通过太阳进行的这种接触就是地球，或者说，这一接触既是自己与自己相联系的运动，也是自己与另一中点相联系的运动。但是，在这一接触中，最初的环节是两种运动在接触之前设定的东西的否定环节，两种运动在它们的统一体中的消失，而它们两者的这种统一体作为它们僵死的东西与运动本身相对立，

(6, 8)

二者彼此分离。我们纳入地球系统的第一个环节是力学过程：a）一方面是运动和静止的空洞的一①，或它们的一种外在的联系；由于地球是这个一，那个空洞的一，即月球，仿佛就是地球的具有力学过程的太阳，这种关系在这里对于月球来说就发生了颠倒。

(6,9)

7

---

① 在初稿中被删除的文字是：b）作为一种被映现的点，或作为普遍的、空洞的元素中设定到一起的各个点的一种双重存在。

残篇3 从天体系统中……

从①天体系统中给我们产生了地球,在这个系统中设定了运动的两个无差别点,即实在的与理想的无差别点;实在的无差别点在运动本身中将自身直观为统一体,这〔是〕它的进行映现的直观。②运动在这个系统中这时直接湮灭,达到绝对的静止;与实在的无差别点对立的东西本身就是静止,就是一;而运动出现于静止本身之外的东西,对于静止来说,它是一个异己的东西。光,这个原初的、进行直观的、自身等同的一,作为绝对的运动是无限的,在它的运动中,它将自身直观为一。一方面,肯定的一与否定的一这两者的统一体是作为一个普遍的东西出现的,因为这种无限性作为运动是与它们相对立的;它们又被统一起来,因此,那个原初的统一体又是作为一出现的,这个一是那两个统一体的统一性与无限性的一。在两种运动的被设定为一的存在中,它们不再直接存在;它们的不再直接存在、它们的统一存在,是出现在它们对面的。

绝对的物质是作为那两个统一体的肯定的、普遍的统一体存在的,在绝对的物质中,这一差别以及在这种物质之外的降落运动都不{存在},形成了僵死的质量,这种质量是从外部受到推

---

① 边注:见地球的构造。
② 边注:太阳系的绝对的实体性;这个绝对自身等同的东西自身拥有a) 肯定的一与否定的一的自身等同的、僵死的统一性;b) 运动。

动或被静止的，对静止或运动都漠不相关。这第一种分解结合在一个尚不可见的统一体中，二者以一种仍然无法理解的方式聚合在地球之中；它必定首先是自己产生的，就是说，这一统一体本质上要成为一种从僵死的质量与运动的对立中出现的统一体。

在这个环节中，二者的统一存在是普遍的、肯定的一，质量与运动的对立在这个一中发挥它的作用，二者中的任何一个都是自为存在的，而绝对的自为存在只在二者上才显现为一种双重的存在，这个环节就是地球的最初的、简单的级次或力学过程。我们构造这一过程，而它在对它的构造中会转变成它的对立面，就是说，从它的无差别的统一体对立的持续存在转变为有差别的、扬弃此种对立的统一体，即化学过程。运动会沉入僵死的质量中，但这里是沉入这样一种质量之中，这种质量是两种无差别性的无差别性；运动会呈现为一种实在的东西，而不再是理想的东西，化学过程的理想环节是时间与空间，化学过程的实在环节是独立物体。

a) 质量是自身等同的、绝对的统一体，否定的一，即起排斥作用的东西、绝对的点，被设定于这种统一体；绝对的点被设定于那个自身等同的统一体以后，在其否定性的存在中是自身相等同的。α) 否定的一的规定性是通过肯定的、无限多的原子作出的；这是与量的东西相联系的，或者说，这个绝对的点是点的绝对的复多；质量被绝对地分割为不可分的原子；质量被无限地分割，因为否定的一与肯定的一的绝对矛盾已经被设定。β) 肯定的一的规定性是通过否定的中点作出的。这种与绝对的分割对立的自身等同性本身同样也拥有否定的一，正是在这个否定之下

9

(6，12)

归摄了自身等同性,在后者之下也归摄着前者;这种自身等同性是本质的东西,自身等同的东西是存在着的东西、能动的东西。自身等同的东西拥有一个点,即拥有与绝对不等同的东西、连续性的绝对中断或无限多的点相对立的中点。在两者的相互关系中,肯定的统一体是与他物相联系的、普遍的、有差别的一,各种原子则是与自身相联系的、有惯性的东西。这种关系作为能动的东西就是重力。因此,自身等同性,即实体性是肯定的统一体与否定的统一体的一种关系;它产生[于]它在运动的无限性中与它合为一体的那种对立,它是与各种原子相对的自身等同的东西,因而实体性就是一种理想性的东西,本身是一种规定性;各种原子本身将自身等同的东西的普遍性表示为一种属性,一种理想性的东西;它们不再[是]绝对的物质,因为绝对物质的绝对独立的、自身等同的东西是在观念中设定的,这就是说,绝对的物质只是作为重力现实存在的。

(6,13)
10

天体运动的本质在它的这种映现中完全倒转过来,变成了它的对立面。理想的无差别点,即否定的一、返回自身的东西,这时是实在的一;这一本质、直观在观念中被设定为被扬弃了的,而这个自身等同的东西的实在的中点是理想的中点。被设定的对立面的独立性,即原子的自为存在,即在重力中的扬弃;而这种重力本身就是独立性,但作为被扬弃的独立性,它是否定性的。绝对独立性的这种固定性消融于地球中,只是重力。重力是有差别的自身等同性和独立性,一种返转向外、朝向否定的一的重力,从重力中挣脱的无限的原子论。

b. 这一否定的独立性或重力的概念在落体中被设定或表示

为存在着的。原子只拥有一种被扬弃的独立性，这就是说，它的独立存在，即原子从肯定的自身等同性中挣脱，是一种对它来说外在的东西，是一种偶然的东西，正因为如此，它就与独立性联系起来；原子并不是由它自身远离自身的，它对于它的远离的存 (6，14) 在漠不关心，这就是它的本质；原子并不是在它的挣脱中是独立的，这种自为存在是一个偶然设定的东西；对于这种挣脱的扬弃是必然的东西，运动则变成了一种外在的运动，因为运动的本质是无限地没有开端，然而这个被设定的东西本身是一个被扬弃的东西；因此，运动是一种一半被扬弃的东西，它拥有一个绝对的、来自于运动之外的开端，在这个开端中存在着运动对于静止的差别；所以，运动的表述是一种抽象，只有一种落体运动才是一条终止于静止的直线。原子根据万有引力而下落，由于它本身是有重量的，被联系到自身等同的东西上，所以它是具有一个定量的 11
质量，而这一区别就变成了一种外在的区别、一种大小的区别。

落体运动是前面所说的挣脱的扬弃，那种挣脱是以数字表示的一的形式设定的，根据这一假定的挣脱，在落体运动中就有无限性的力量，它在这里首次表现出它的与独立东西相对立的否定的本质。质量是肯定的东西，在原子的挣脱中，在两个一的设定中，运动不再是二者与质量相关的运动，而是一种运动，或者说，它被设定为概念，设定为不同质量的独立性的否定，而这种表面上质量的死寂直接是一种更高的活力。①

---

① 边注：这一独立的、扬弃了质量的东西，作为天体运动是空间的理想的东西；在这里，一个被推动的东西本身是一种静止的、否定的一。

(6,15) d) 但是，下落的原子在它挣脱一般质量的时候并不是对于那个用数字表示的一，即那个纯粹的点的抽象，它本身作为自为存在着的东西被联系到质量上本身就是质量；在它对自身等同的东西的分离中，它本身就是一个否定的一，一个中点；任何一个都是全体，大小和区别只不过是大小的区别；二者因而也都是有重量的，这一有差别的联系在两者中是对独立性的扬弃，实际上，二者是彼此相对出现的，同一者的一或静止只是更大的东西的形态，它们本身都是既显现为静止的东西又显现为能动的东西的一，推动起来的东西是被动的东西；所以，真正的一是在二者之外的，它们的独立性已被扬弃；在落体中，直接设定了一种经过绝对中点的运动，因为在这分离、挣脱中，这个绝对的中点恰恰出现在二者之外。这种转瞬即逝的运动又以更大质量拥有能动性的否定的点的形态外观，它受制于自身等同的东西，成为抛物运动；这种转瞬即逝的运动还停留在运动概念的范围内，或者

12 说，它本身走向对于二者独立性的扬弃，并逐渐变成落体的静止。

e. 但正像在落体运动中更大的质量实际上并不是绝对普遍的和能动的东西，而只是拥有这种东西的形态一样，它在抛物运
(6,16) 动中也不是这种的东西，而只是能动的东西，二者的一存在于两种质量之外；这一运动虽然在抛物运动中保持了它对于在落体中显现为绝对的东西的独立性，但毕竟终止于落体。然而，由于抛物运动与质量的一存在于二者之外，所以，它看起来同时 a) 在另一个事物中拥有它的中点，并且落体运动已被扬弃；b) 但作

为钟摆运动，还受制于重力。① 这个固定的点就像摆动的物体一样，并不出自保持着自身本质的重力的自身等同性；但是，摆动着的物体的运动不再与质量有联系，而是与纯粹的点有联系；在重力本身的范围中，这一运动已经把自身分离开；但它受制于重力，a）分离开的点与摆动的物体一样，具有力量；（这个运动只画出一个圆弧，终止于直线；然而这无关紧要；可以设想一个有活力的物体沿圆周摆动，其后续运动同样也是可以设想的）然而真正说来，只有最初的开端是悬设的东西。

f. 在钟摆运动中，一个纯粹的点是在与一种质量的关系中直接设定的；这个点已经超出了一般的质量，实现了一个物体的偏离运动，这个物体本身就是重心，而它的质量大小有别于物体本身；这个点直接得自于运动，在运动中点已经作为线存在，就此 (6, 17) 说来，这个点是杠杆；在否定的和肯定的无差别状态中，对于质量差别的阐述进行的抽象；后者是重力，前者是超越了有重量物体的支点，而有重量物体作为质量的多倍体超越了自身。

通过质量在一个否定的无差别点上的这种分离，这样的个别的物体才存在，并且有别于其他个别物体；运动的开端刚才还是一个否定的东西，一个自由放任的东西，现在变成了一个肯定的东西，一个碰撞；并且它们是等同的，因为对于任何一个物体来说，运动都是一个外在的、偶然的东西，任何一个物体本身都不拥有普遍东西的形态；这样一来，这一运动完全出现在它们之

———

① 边注：在钟摆运动中，S（摆动的物体）＝a/z^2 摆的长度，降落的线路确定了摆开的线路；速度这个概念是物体，质量。

外。一个运动是相对于另一个运动的,或二者是相互运动的,运动逐渐变成的静止是运动的平衡,是在个别物体自身设定的无差别状态。质量大小的不同导致呈现出来的运动中的差别,但是运动总量的分配总是等同的。分配的这种相等性本身是运动的本质或重力,超越了重力的自身等同性是流体的平衡,杠杆的刚性就转化为了流体性。另一方面,不同的个别物体的运动是一种与它们自身相关联的运动,一种绕轴旋转——运动的中点就在它们之中——一种与其他的物体相关联的运动。二者是作为液体的绝对的、否定的统一体被设定为对立面的。真正说来,物体的绕轴旋转是这个物体的重心的一种运动,在这种运动中,重心保持静止,在物体本身中有一种震动;它在它自身之中拥有它的统一的点,它围绕自身摆动,同时在自身之外设定它的重心;它通过另一个东西的运动才是它的运动,它的重心变成理想的点,并且己内存在的这种统一存在和自身在

残篇4　与同一总体的一种无形态的运动相联系……

(6, 19)
14

与同一总体的一种无形态的运动相联系，这是第二部分，即化学过程；相依出现的二者的关系是有机物理学。

Ⅰ．力　　学

直接开始于构成从天体系统向地球系统的过渡的东西，即开始于从运动向静止的退化及二者的分解。

但在这个分解过程中，二者完全是相互关联的；这种分解来 (6, 20) 自于它们的统一的存在；运动转变为静止，即与它对立的东西，这无非意味着：运动就是与它对立的东西的生成。在这一过渡中，二者是以相同的方式存在的，并且不是两个东西；静止也是运动，因为运动本身必然会变成静止；正如运动一样，静止只有通过运动才成为静止，也就是说，它们中的任何一个都是其自身的对立面；它们不是两个东西，或者说，它们全然只存在于相互的关系之中。

我们这样来看待它们的关系，即二者是存在着的和相互联系的，这样一来，它们的分离同时被设定为一，但它们的这种统一存在是依然不可见的空洞的东西。一般说来，地球就是这样一种统一存在，但是地球本身除了是这个完全不确定的一，还不是其他东西。在力学中发生的是这一统一体的产生，是这种内在东西的呈现——或者说，是这一空洞的统一体通过其端项的充实，是作为僵死的质量与运动的统一体的东西的构造①。但是，相对于这个变为一的过程，在对立的规定性中，同样直接形成这种变为一的过程。或者说，在作为整个统一体的力学过程中简单地变成一的过程，是地球系统全部范围中的普遍东西；但是，这个一首先作为其第一级次同时变成为统一体，自身作为规定性（像太阳一样）表现自身，变成其第二级次。在运动与僵死的质量的关系中，这些不同形式的运动表现为特别的类型，也就是说，每一种运动都表现为独立存在的和互不相干的，这种情况是有其原因的，因为这些不同形式的运动是在质量的不相干性中设定的，而把它们在它们的必然性中，即在一种运动到另一种运动的必然过渡中揭示出来是构造的事情。

Ⅰ. 运动必定首先径直地在僵死的质量中把自身设定为它的各个环节的简单表达，设定为统御着僵死的质量，并在质量中使自身挣脱质量；与这一表达相对，运动被归摄于僵死质量的规定性，并且作为这一表达而归于平静；钟摆与杠杆②。Ⅱ. 一般说来，这一物体因为在此变成了单个的物体，所以就表现得与其他单个的物体相反，并且运动成为许多单个物体的一种运动；运动作为一种共同的运动是它自身的统一体，它把自身 a) 一方面归结为静止，作为共同的、肯定的统一体归结为流体；b) 另一方面归结为否定的、质的绝对的统一体，归结为**黏性的东西**，就它

---

① 边注：落体运动、抛物运动、钟摆运动
② 边注：刚体

是运动来说，它在这种东西中达到了它的绝对的己内前进过程，它的最高的级次上升，而不再作为运动出现。

Ⅲ. 作为刚体、流体和黏性东西的单个物体，从它们的分解 (6, 22) 中聚集的各种抽象，它们变成了被赋予了形态的物体，变成了由黏性东西设定的流体与刚体的统一存在，这种统一存在是根据流体的特定存在的抽象方面由黏性东西设定的；或者说，黏性东西是在自身等同的东西中从量的方面设定的，比重、刚体的特定存在是由同一黏性东西；即磁力或内聚力设定的，二者共同构成了形态的理想方面、抽象的环节。运动必定同样绝对地挣脱它在形态中的这种被束缚的存在，在化学过程中呈现为与它相对的自由过程；于是作为在这种形态中被束缚的要素与其感性要素的释放的这种关系，地球就成为真正的地球，即充满活力的东西。在力学过程的终结处，地球仿佛在其重心中似的，已经内在地、独立地形成了形态，并且赢得对于这些要素的驾驭以及与它们的充满活力的关系，因为地球已经成为一个绝对的物体。这些自由的要素在这一过程的关系中既是**自为的**，又是天体，是与地球相联系的、并在地球上存在的要素，它们对于地球就获得了一种实在关系的意义，而与地球相反的天体过程则获得了另一种意义。

1.

(6, 23)

僵死的质量与运动的统一存在首先作为力学过程是其自身的第一级次，而力学过程本身作为二者的简单联系，即二者的概念，首先是其自身的第一级次。

天体的独立的、自身等同的东西，与运动相对，是僵死的质量；而运动与僵死质量的关联则是运动的无差别状态，僵死质量的激活。但是，僵死的质量直接从它业已经变化的存在，即从运动在静止中的消失直接引发运动的关联，并表明它在它自身中的起源；它并不是纯粹的、僵死的、不确定的绝对直观，即绝对的自我等同的东西，而是运动在其中已经消失、返回自身的自身等同的东西，是自身等同的统一体，反射的一在这个统一体中已经设定，它就是这二者的一：在运动中把自身直观为一的光和光的反射，这两个统一体，即肯定的统一体与否定的统一体的交汇。

(6, 24) a) 质量是自身等同的、绝对的统一体，在其中否定的统一体，即绝对的点已经得到设定。

α) 这一否定的东西是通过肯定的东西确定的，在本质上始终是它所是的这样的东西，它的对立面就在它之上设定起来；而肯定的东西在其否定的存在中是自身等同的东西①。或者说，肯定的东西是点的一种绝对的复多性，质量绝对分割为不可分的东西，即原子②；质量是无限分割的，由于矛盾的东西是直接设定为并存的，因而它在它的并存中都始终是它所是的任何东西。

β) 自我等同性作为本质的东西同样是由否定的统一体规定的，这个本质的东西在它与连续性的绝对中断或原子③相对立的

---

① 边注：绝对的界限
② 边注：对于原子具有同样的引力
③ 边注：扩散力

未被分割性中同样绝对地保持自身，并没有被中断，而是作为在它之上所拥有的否定的统一体，只以否定的方式与自身相联系，只拥有一个重心。这样一来，这一否定的统一体只是未被分割的、肯定的统一体的中点，因此原子实际上本身只是中点，它不是从未被分割性涌现出来的。对于普遍质量的否定只是设定普遍质量的一个定量①，这个定量有一个中点，只是无限多的定量的设定才是绝对有差别的。

(6, 25)

γ）各个定量的不同只是一种差别本身，只是大小的一种差别，它是一种完全被偶然设定的**外在的差别**，因为大小的本质就是其本身，各个定量独立地存在于其复多性中。但恰恰这一差别是偶然的，这就是说，差别是大小的差别；这一偶然外在的差别是绝对必然的，各个定量应当是不同的；否则，就没有任何东西会被设定为绝对的相等，不是肯定性的与否定性的统一体的对立。差别是作为一种外在的东西出现的，但是这种外在的差别是绝对必然的。较大的定量正如较小的定量一样具有其中点，由于我们会把较大的定量设定为实在的、普遍的东西，而其中点也就成为实在的重心，而较小定量的中点则已成为理想的、在与实在定量的相反的关系中加以反射的中点。但是，恰恰较大的定量是在这一差别的关系中被扬弃的，因而二者都会被扬弃。

18

δ）在这一差别中，较大定量与较小定量是**相互关联的**，它们本身是内在地等同的，按照它们的本质，一方像另一方一样也

---

① 边注：定量

是定量。它们必定设定自身为这一等同性。作为定量，它们是自身等同的、无差别的和具有惯性的，但这种惯性是反作用于它们的差别的，它们的独立性、它们的自在存在在这种差别中扬弃自身。惯性作为这种否定性的东西，作为对于独立性的扬弃，就是重力，就是否定的独立性，否定的实体性。

实体性作为那样一种无差别的、自身等同的惯性，曾经是天体的本质的东西。它现在变成了它的对立面，即作为扬弃独立性的独立性。重力并不是一种无差别的自身等同性，而是一种返身向外的、否定的、有差别的自身等同性，它向有差别的东西将自身设定为独立的；而定量，即确定的质量，只具有这样一种被扬弃的、加以反射的独立性，也就是说，它是有重量的。实体性、物质、独立性本身就是以这种方式成为一种理想的东西的①。

ε）在这一关联的较大重力与较小重力的对立中，较大重力被设定为普遍的东西，与此相对，较小重力被设定为特殊的东西。前者显现为能动的东西，即这样一种东西，它是扬弃差异性的重力；反之，较小重力显现为特殊的、被动的东西，即这样一种东西，它是从自身等同性挣脱出来的，并且又返回自身等同性。但是，在差别中设定的质量是分离开的，它不是通过自身分离自己的，它的作为质量的本质对它的分离的存在毫无关联，或者说，它的本质在它的分离中不是独立的，并不存在于差别的设

---

① 边注：独立性、重力。质量作为有差别的重量。运动、不同的开端与静止中的终结。运动概念，简单运动。

定中，这是因为，当自身等同的东西作为僵死的质量出现于与运动相反的一方时，僵死的质量并不是通过自身成为有差别的和无限的，而是这种变成差别的过程对于这种质量来说是一个外在的东西，运动对这种质量来说是一个偶然的东西。

ε. 运动作为与静止相关的东西以它自身的对立面为前提与条件，正如它转变为这种前提和条件一样；或者说，它拥有一个绝对的、对它完全外来的开端，一个源自静止的开端。① 运动由此从实在性返回到它的概念，它不再是实在的、在自身中完成的圆周运动，而是圆周运动的抽象，是一个具有开端并终结于静止的**落体**运动。

较大的定量显现为能动的静止，即运动由以开始的东西；较小的定量则显现为被动的东西，显现为只与自身相联系的东西，或者说，它拥有运动的形态。在这两个区别开的定量中有一个中点是对外有差别的，在自身之内则是自相等同的自身等同性，即重力，也就是较大定量的形态；较小定量的形态则是另一个中点，它对外是无差别的中点，在自身之内则是有差别的，即运动的无限性。

物体的降落是重力的不同实体性的表现，或者说，是重力的无限性的方面；那种实体性过去在天体运动中是无差别的独立之物，是光，光的无限性同样是一种无差别的无限性，它并不是受对立面制约、在对立面中开始并在其中中止的，而是既无开始、也不停止的圆周运动。在这里，无限性是一种受制约的、理想的 (6，28)

---

① 边注：中点的第二部分 2. 运动具有条件与终结　概念

无限性——直线运动，正如被对设的那样，实体性是重力，是对否定的实体性的扬弃。但在这方面，取消那种绝对运动或无限性的东西本身过去是一种理想的东西，即空间与时间；在这一运动中被中止的东西现在则是一种独立之物，一种质量，即否定的统一体与肯定的统一体的统一性。这种东西现在才被设定为**被推动的东西**，而在天体系统中并不存在被推动的东西。各个天体物体绝不是任何被推动的东西，它们是绝对独立的运动，与独立性**直接**合而为一；只有静止之物才可能被推动，而在这里，一个静止之物，即与运动相对立的东西，在它由此与运动﹛建立起来﹜的这种关联中才是一个**被推动的东西**。

(6, 29)

B

作为静止的能动的质量与作为被推动的非能动的质量是由这样一个中点联结起来的，这个中点存在于它们的两个方面，或者说，存在于它们的重力与运动两种形态中。这一过程是简单的联系，是那些物体的独立性的简单扬弃，是落体的线。只有一个物体能动地显现为本身与落体相关联，显现为自身具有绝对的重力，而另一个只显现为处在落体运动中的物体。① 但是，实际上二者都是有重力的，因而二者都是能动的，并且两者都是处在落体运动中的，都是被动的②。重力与落体运动的统一体就是它们

---

① 边注：能动性与被动性的映像
② 边注：二者都是有重力的和处在落体运动中的

的绝对的中点，二者在这个点上是自身等同的。这就是这一绝对的中点出现在这一接触中的表述。恰恰在能动者对被动者的接触中，二者的独立性和规定性被扬弃。这设定了一个一，它在任何时候都存在于双方分割开的重力之外，并且这个一是作为落体运动，在两者的这种关系的对面设定起来的；这就是说，在落体运动的情况下直接设定了一种处在这个中点之外的运动，① 一种趋于终止的运动，即落体运动，存在于它之外的一个一是为它而存在的。　　(6, 30)

在这一趋于终止的运动中，落体运动与在这个运动之外存在的一的对立又有中点，即有差别的实体性②，或重力与作为运动的无限性。静止的东西的，即能动的重力的形态又具有较大的质量，较小的质量则具有暂时运动的形态。但是，这种〔抛物运动〕本身已经是直线运动，它的形态在这种关系中也是运动；它是第二级次的运动，一种由运动所确定的运动，或一种在自身自己推动自己的运动，一种曲线运动。曲线运动虽然有开端，也有终结，但根本不返回自身。　　21

---

① 边注：脱离这一重心的运动
② 边注：中点

力学结尾、化学过程、物理学和有机物开端

残篇5 c）与地球的这种固定形态……

c）与地球的这种固定形态相对峙的是地球在其自身并不拥有自己的重心的运动。地球的这种固定形态是根据轴确定的，或者说是根据它与自身的单纯关系确定的，是根据差别在磁力支配下的理想的、或被约束的己内持续存在确定的。这一运动在形态中被规定为流体的方面，而流体完全传递这种差别，并以一种普遍的、没有区分的黏性东西的形式获得比重。

α）轴的方向与这一对立的自然力相联系，就这个方向表现为一种抽象，即表现为线来说，那个对立的自然力对它显现为一条对立的线，它与这条线构成一个直角；而那种抽象作为固定的抽象具有一种要扬弃这一对立，并将自身与对立的力设定为一的努力。磁力轴向东和向西发生偏转，交替发生于这两种偏转之间，它在这一偏转自身中同样没有一个在形式上相同的路线，而是画出一条速度①曲线。

β）但是，这一流动性或向东或向西偏转的方面对于其自身

---

① 边注：大小

来说就是不稳定的和可变化的东西，是绝对运动的东西，它同样又完全扬弃运动而将自己设定为绝对的平衡，但这种平衡永远只是这种己内平衡的设定，又永远是这种平衡的被扬弃。被设定为这种平衡的差别首先同样是比重的一种变化，在这里像先前一样是比重的一种同样理想的存在。在不同事物的平衡中完全传递的、又扬弃自身的流体方面的这种比重变化，是大气与海洋的比重变化，它们的运动是否定性的运动，是这样一种变化的扬弃，这种变化正如大气与海洋的退潮与涨潮——我们还根本不认识的两种流动形式——又重新建立了平衡一样，在更大范围内的、与整个系统相联系的地球上普通黏性东西的改变中，再直至地球绕轴旋转运动和这种运动与轨道运动——年复一年、日复一日的运动以及这些特殊运动的偏角与倾角——的不同关系的最细微之处，都是一些周期性的变化，这些变化在它们的要素中又将表现出整个天体运动，并且不外是天体运动的同时表达。[1]因为大气与海洋退潮和涨潮的这些过程是天体运动在地球上的，并且确切地说是在地球的形态的一个表现，所以，对于它们来说，从属于它们的东西必定不会被视为原因，或者说，地球的实在的表现必定不会被看作是地球的本质和支配地球的东西，比如空气压力的变化。但是，要认识到的正是不同气压的根据。退潮和涨潮与月球的运转相关，然而月球在它的运动中并没有独立的本质，而是直接与另一个作为它的重心的东西相联系的，因而它的运动就被看作完全是源自另外一个东西的。

(6，33)

残篇6 b）地球以此方式……

b）地球以此方式获得了两种运动，一种是围绕太阳的运动，一种是在自身内的绕轴运动：作为重心的绝对己外存在的流动性与作为重心的绝对己内存在的黏性东西的统一存在，作为在地球上存在的地球的两个观念性环节，即地球的独立性的内在差别。二者在形态中交互获得的存在和二者的静止的统一存在。这种只与自身相关联的形态是非能动的。

但是，地球的两种运动或它的作为比重的黏性物和它的内聚性的两个方面，并没有在它上面以纯粹的形态在结合过程中还原为能下降的统一体，而是就在它们的联系中相互对立。在东西极性的流动性中保持平衡的比重与在南北极性中以固定性本身仅仅理想性地分布的比重，是彼此牵制和相互对立的。北极与南极的固定轴偏向于东西的位能，正是在这种东西向的流动性本身中，内聚性的差别在由流动性加以扬弃时显现出来。二者仿佛只是它们绝对对立的斗争征兆。

这就是说，那两个方面在僵死的形态中是彼此静止的，或者说，这种形态是那两方面的**普遍的**、肯定性的统一体，还没有被设定为它们的否定性的统一体；｛它们是｝在内聚性中对立物的相关存在的两个方面；流动性的本性不是作为黏性物被注入它们中的一种静止的存在，而是恰恰作为这种存在反过来与黏性物同时设定于它们中的差别相对立。它们归统摄形态的全体，并将形态做了双重的设定，从而设定了形态自身的活生生的进程。整个形态归摄于流动性之下，这就将整个形态分解为一种自身等同的**黏性的东西**。流动性归摄于黏性东西之下，这作为否定性的统一 (6, 36)体重建了这种流动性的分解，并将流动性构成了**绝对活生生的****形态**。

我们首先概括地考察第一种归摄。

a) 在观念的、与内聚性相关的对立的分解中，地球是那两个方面的空洞的统一；它们通过内聚性在其绝对的对立中集合在一起，但正因为如此，它们就由于这种张力而完全在概念中**自行****分解**，或者说，地球由此被设定为在自身具有彗星般的差别，是对立中的对立。在天体运动中，对立曾经是独立的、绝对相互外在的东西的对立；在力学过程中，对立是月球的本质对于地球的{对立}，绝对单一和被动的东西既不向外，也不向内而自身对立。第三种对立现在是在地球本身中内在的、彗星般的、绝对活生生的对立。与彗星般的对立相联系的**单一的东西**是在对立范围之内的单一之物，或者说是月球，它是这样一种东西，这种东西将地球这时被激起的僵死形态在这一对立中集中起来，并加以统御；它是在这种分解中与月球相对的地球的坚固的形态。

在天体系统中，太阳作为能动者在与对立面的接触中同样设 (6, 37)定了它的独立性与对立面的独立性的观念性关系的消解，而这一形态是不同的独立性以及作为它们的观念性关系的运动的消解。或者说，它设定了与自身相关联的、消极的、未开启的对立方面，而这一形态是两个方面的自身等同存在的独立性的规定性。但在这一关联中，重心的另外一个方面，即无限性的绝对不安宁是同样绝对的；独立的普遍物，即光，则从与自身作为独立物质相对的无限的差别中返回到黏性的东西之中,并与这种物质的不出现区分的本性相对而巩固自身,将这种物质完全消解。光作为这样一种内在的、变成黏性物的东西并不只是绝对与自身相关联的一,(这个一将自身直观为一,并作为一将自身纳入太一,)而且恰恰在此就是绝对的理想性,即消解为绝对差别的量的东西。正如这种东西在形态上使地球成为僵死的形态,成为对我们来说在天体系统中月球曾经所是的东西,这种东西现在同样在对面使地球成为彗星,并且在这一抽象中消解着地球的僵死的形态,或者说,这一形态是月球,是彗星,地球这时只是被设定为这种量

(6,38) 的东西。因为先前的级次像彗星的和化学的级次一样,二者本身都是观念性的级次,地球的绝对的活生生的本性才是二者绝对的统一存在①。地球作为这种绝对彗星式的自然东西,或它的形态本身被归摄在其观念性的级次之下的东西,地球②恰恰在这一级次之中,或在其本性的方面不外［就是］这种统一体存在;这一对立的纯正的统一体存在,即将对立呈现为一种单一平稳的运动的东西,就是月球。这一形态是与作为实在运动的化学过程相对立的形态;而理想的、纯粹运动③则与月球相对立,月球则呈现

---

① 在这里黑格尔原初加了一段边注,但在保留下来的手稿中他又把它删除了。这段边注的原文是:我们其实可以说,我们在力学过程的级次中只认识到月球,而在目前这一级次中,我们认识到了作为一种总体性的彗星,即使这类总体性本身不是来源于运动的两种抽象的统一存在。这种统一存在只适合地球,而不适合月球,也不适合彗星。形态与化学过程是地球的两个方面。
② 边注:只是
③ 边注:两种运动的单一的统一存在

地球的化学过程的力学环节；或者说，地球上各个环节的争斗，它们的彗星般的运动，是具有不同比重的物质的一种过程；内聚力的分解作为纯粹运动，即作为圆圈，则是月球上返回自身的运动。这种纯粹运动本身在地球上作为气压变化的历史，也是倾角与偏角的这样一种历史，它是在一条线上延伸的序列，摇摆在开端与结束、最小值与最大值之间；在那里就是一种圆周运动，这 (6, 39) 种圆周运动将所有这些环节都表示为一条无限的、人为的、尚未被描画出来的曲线。

b) 我们通过地球的这种彗星式的本性来探讨化学的**第二级次**。这种挣脱了形态的、在自身中被设定为有差别的流体，或者更准确地说，这种完全疏离自身的、起松弛作用的内聚力就是质量的分化，并且是这种差别与统一体的关联；这样一来，这种差别正如它与作为一个点的否定性的一相关联一样，直接静止于量的统一中；或者说，那个否定性的一同样既是磁性——磁性在此是所有差别的力——中的一个有差别的点，也是一种处处相等的东西；换言之，比重的特殊化是一种同时以流体形式，即以取消区别的形式被设定的单纯观念性的分化。但是，当在这种自身等同的东西上设定出黏性物这样一种不同的东西之时，这种自身等同的东西这里就是流动的东西本身。黏性的东西将其在流动性中的分化表达为一系列的比重，表达为属于比重的不同的流动性。这样一来，内聚力的各个观念性的极就是实在的、自为存在的。但恰恰与此同时，这种内聚力作为保持等同的黏性的东西在分化 (6, 40) 中被扬弃，然而是本质上不同的，并且正因为如此而相互理想化自身，彼此扬弃，而这些极在理想性的一中消除自身，成为它们自身的对立面时，正如它们消除自身一样，也绝对地产生自身。

在这种从理想的不同比重到实在的比重的过渡中产生了电；在内聚力中理想地加以设定的差别表现为在量的东西中自我设定的差别，而且这种差别在其本质的绝对差别中表现为相互的张力。一个转瞬即逝的环节，是一个既绝对地产生自身，又绝对地消除自身的东西，是这种差别作为自身存在者的被设定的存在，但在这一自为存在中却能扬弃自身。张力的这一环节就是电，即有差别的比重的理想的东西或形式的东西。普遍的东西，即光，曾经是绝对普遍的东西，是量的统一体，是天体系统的肯定的中心；这种独立性，或能避开运动的光，曾经是不同的独立性，即对于光变成的重力。在与运动被设定为一以后，光就贯穿了无限性，即贯穿了绝对的差别，并且本身获得了否定的本性。光从这种绝对的差别中将自己归摄为否定性的统一体、黏性的东西，作为它自身的对立物，作为纯粹自相关联的、否定与一个他物关联的运动。我们已经把这种本身理想的、不同于重力的黏性物理解为理想的比重。这一比重正如是作为偶性、作为一种展现在质量中的特性存在一样，它是自为的，独立于质量的，是光在自身中设置对立，是电的理想比重。黏性的东西又从其绝对的收缩中变成了光，它作为本身进行区别的东西又进入肯定的形式，但首先也只是其自身的这种区别开的东西，或者说是其张力的表现，正如光在向自己的表现的过渡中是作为实在的质的统一体存在那样。电的差别并不是不同的比重本身，也不是重力本身构成一种质量的本质的特殊化，而是显现出来的观念性的表现；即使就普遍的元素［作为显现着的东西］本身是物质的来说，也仿佛遇到了一种化学的实在性①的迹象，遇到了在这样的观念性中表现特殊气味等等②对立物的迹象。表面上［来看］，差别的产生因而［是］一种摩擦，正如火焰的产生，没有产物，便无形体。从真正的化学意义上来说，纯粹理想的比重就产生在其沉积于物质中的存在。

Ⅱ. 化 学 过 程

化学过程的原则是：在自身中联结并加以理想设定差别的形态并不是从流体的自身等同性这种规定性中产生的，而是在差别的自由存在和流体的区别开的东西这两者的对立的规定性中设定自身的，从而取消这一规定性，成为不同的流体。

这些区别开的东西是 a) 流体，一种无｛固定｝形态的东西。这种东西被设定了一种规定性，正因为如此，才是一种自身等同的东西，它作为并非绝对特殊的或固定的东西，在自身中没有各个差别构成的总体，正因为如此，才不是反射的一，而是在自身等同性中维持其规定性时排除了反射的一，正如它是对这一否定性的统一点的探寻那样。

b) 它们是比重性质的，在自身具有黏性东西，这种黏性东西是一种在它们之中得到规定的黏性物；在这种规定性中，它们

---

① 行间注：这一化学过程能够表现为这样一个环节，它不是独立的过程，它本来产生［于］概念的技艺将其突显出来的那种活生生的过程中。

② 行间注：化学作用比磁力的极性更有意义

是自身等同的，而对立的规定性则是另一种比重，却好像是从自身中排除了纯粹的黏性的东西。在形态本身，黏性的东西只表现为涌入流体中；但在内聚性的表现中，{黏性的东西表现为}完全的分化相互外在地得到设定。这只是形式上被扬弃的、分解了的内聚性，而不是绝对被扬弃的内聚性；作为完全区分的表达，内聚性存在于这些不同流体的整体之中；内聚性作为一个单一的整体，作为其理想性和否定性的一，是在其过程中出现的。这时，这个统一体是其形式上的无差别性，各个流体从无差别性中彼此扬弃，并且相互过渡。

c) 因此，它们作为黏性物和流体的统一体，是完满的物质，是有形的物质，但{它们的形态}是在它自身中造成的，二者是不可区分的一，直接相互对待；或者说，这个一在与它们自身相关的流体中，不是任何被区分开来的东西。它们的比重、它们的特殊性是只与一个他物相关的一，是一种物质性的质，并且这一比重只在这种特殊性中才有意义和存在。这无碍于在此将这些物质性的质称为质料。存在的是一些具有质的物质；处在这一阶段或这一级次中的质料是它们的无差别的存在，但我们将认识到又要抛弃这一形式；人们〔无需〕为了这样的智慧劳神，这种智慧会在动力学上将其理解为强度²。〔这〕不外〔是〕取代另一种规定性的一种规定性，它在这里并不是完全的规定性，而只是质料的规定性。然而，作为质的规定性，它们同样是观念性的或自我扬弃的，因而也就是它们的形式上无差别的形式，使它们成为质料，成为物质，并且它们之为质料，这就是它们的形式，因而它们只在这一级次中是这样的东西。

这些相互区别的、具有不同比重的流体或这些质材料，就是化学元素，作为它们的特殊的比重、它们的真正的黏性的东西和形式上的无差别性的直接统一存在，它们是单一的。但这种单一性恰好是这样的：它们是这样一种抽象，或者说，只是形式上的无差别；作为这种抽象的规定性，它们是不能消解的，是不能根据构成它们的内容的规定性在自身分解的；然而，它们作为规定性与无差别性的统一体是能分解的，在与这种统一分离以后，它们相互瓦解和扬弃自身。它们是元素，这并不意味着：它们在它们的统一存在中彼此依然是它们原来那样，它们的很多元素组成的一是由它们作为不变的东西构成的一个组合；相反地，这意味着：这些元素必定是一，它们的无差别性的形式变成了本质，很多如此这般无差别的东西是一种无差别性。正因为如此，它们作为融合的东西是扬弃纯粹的规定性、理想性的东西，由它们构成的组合就是它们的扬弃。它们诚然也能组合，但组合并不是它们的统一的唯一的和最高的方式，而是这样一种方式，它们作为自为存在的东西以这种方式扬弃自身。它们是作为分离开的、绝对分离开的质料存在的。它们是规定性和无差别性，这是它们之中的一个绝对的矛盾；正是这个矛盾在扬弃它们。这个矛盾的出现毕竟是它们的发展过程。

I.

我们首先在它们的对立或规定性的绝对关系中来考察它们，由于我们是逐一考察这些规定性的，它们便在这种考察中是直接在形式上无差别的，或者说是质料。

第一种质料就是不同的流体物、质料本身的概念，或者说，是这种质的自身相关的、不与一个他物不同和完全不动的规定性。流体作为一种纯粹量的东西就是氮；这种形式上的无差别性本身就是流体性。形式和内容在这里真正说来是同一个东西，内容本身就是这同一个形式上的无差别性，即绝对的流动性；但形式是所有这些流动性的共同的东西。反之，这同一个形式由于是内容，所以在这里就不是被设定为共同的东西，而是在所有这些流动性对他物存在时，被设定为一个他物，因而也就被设定为规定性。

这种绝对的被动性或氮的单纯自相关联，消散于对立物或实在性中，这一实在性同样又在对立物中表现为自身关联和对立。前者，即对立物中的氮是氢，而后者，即对立物中的对立物，就是形式上的彗星环节，即氧；前者是作为基质的氮，后者则是其质的有差别的东西。

在此与自身对设的氮把这个对立物撤回自身，并在碳中将自身设定为它自己与对立物的综合统一体；真正变为土质的原始要素，〔或〕无限地被赋形，或被设定为原子；在这种等同性中，一切都仅仅是流动性的。内聚性作为一种形式的东西，本身是非内聚性的东西，是绝对易碎的东西，正因为如此，就没有内在的差别。

α）我首先说明，我们已经将这些质料的规定性与它们的普遍形式，即与它们的流动性在形式上的无差别性区别开来。化学处理的就是这样的事物本身³，因为化学是把作为可测量的基质的前者与作为一个不可测量的基质的后者区别开来的，并把后者理解为热素①。α) 但这样一来，质料就失去了所有的意义，因为一种不可估量的质料也就不再有重量，不再是质料〔一词〕所表示的物质。β) 热作为这样一种非物质的东西、某种形式性的东西或一种抽象，表示它是一种特定的抽象或物体的某种属性，它必定表现为一种属性，或者说是可被觉知的；与可直观的东西相反，我们称这样一种东西为单纯可觉知的，这种东西不是被设定为物或实体，也就是说，不是被设定为一种具有可用数字表示的一的无差别者，或者说，不是被设定为一种具有反射点的规定性的无差别者，就流体首先就是物质的来说，这样一种东西总是存在于有流动性的一般物质之中，｛因此，｝不是被设定为不同于量的东西或其他东西，而是具有形式上的无差别性，即纯粹量的、肯定的无差别性；或者说，归根结底，这种可传递的东西作为流动性不是物质，而是其抽象。虽然，现实性不是作为实体，而是作为属性被设定为与可能的东西相对立的，但这些质料被表现为流体、气体，表现为它们本质上应是的东西，即在寒冷中如同在炎热中一样，保持其本来所是的气体、液体，并且自身独立于一切温度。因此，热素并不是现实的属性，而是与冷，即它的对立的可能性合而为一的。关于这一点化学是这样说的：即热素是固定或化合和潜藏在气体与液体中的⁴。这不外是说，热素既不被设定为物质、可测量的基质，也不被设定为属性，它完全不

---

① 边注：不可测量的基质

是现成存在的，或者说，液体的形式作为形式上的无差别性实际上完全是不确定的，它不外是无差别性或普遍抽象的这种形式本身。正如在热素以及水和其他事物中那样，化学探究的就是这种潜质[5]，借助于这种潜质，化学处在实在性与理想性的界限上；缺少的是二者的统一存在，即这样一种绝对概念：实在性作为一种规定性本来就是理想性的，并在二者的统一存在中过渡到它的对立面；否定性，即一种质料的规定性的消失，是在这种潜质或固定的存在中表达出来的。但是，化学就到此为止，实际上没有在其对立面中扬弃这一质料，而是依然在这一对立面中设定同一质料，但这种质料是潜藏着的，而不是显现出来的；这就是说，它由此像它应当的那样，完全只是被设定为一种可能性。然而，关于潜质还存在着这样错误的想法，即它不是作为它自身的对立面，作为纯粹可能的东西，而是还作为一种现实的东西而现成存在。不过，现实的东西是这样一种东西，这种东西不是潜藏着的，不是一种内在的东西，而是与其可能性合而为一的东西本身。

(6, 49) 　　这样一来，从作为液体形式的热素中存留下来的就不是热的规定性，[而是]属性的单纯的不确定性，或者说是量的东西的无差别性的普遍形式，即级次的形式，我们正是以此形式将化学元素设置在这一级次中。[我们将]在此后来认识气的形式，即作为形式的流体。

　　β) 关于作为化学元素的这些形式的价值，它们则必须被看作是真实的。它们的单一性在于，任何一个东西完全只是这一规定性，也就是说，是某种物质性的东西，但并不是土质的东西；

碳，这种土质的要素在它们之中实现了某种向非土质物的过渡。它们纯粹是这些第一级次的规定性，它们缺少的是这样一种否定性的一，这种否定性的一本身又是碳的抽象的纯粹表达，因为，作为氮、氢和氧的同一体，碳本身又是抽象的和单一的，并且与这一规定性没有关系，而是本身继续作为不确定的流动之物；它们本身是非内聚性的。作为比重的一种特殊化，内聚性只在它们之中是与一切共存的。但恰恰是这种总体性正如它们本身的一一样，正是它们缺乏的东西，它们因而不是与没有分解的土、硫、磷酸和金属一起被设置在一个列表中[6]。这种缺乏的东西对于分析的化学来说同样是单一的，但属于另一种级次，因为它是一种上质的东西，是实在的东西。它们在一种完全不同的意义上说是 (6, 50) 单一的、不可分解的，其单一性像土或碳的要素一样。然而它们又把土质的东西和内聚性东西的规定性分离开来。

γ）至于它们的内容与它们的相互关系，它已经是被规定的了。氮作为被动之物是作为与对立物相反的单一物；氢和氧这个对立中，氢又是单一物，氮是处在与氧相对的对立范围内的。就其是基质而言，氮与二者是共存的，氮与氢和氧［之间形成］的对立又构成了这样一种对立，即碳的消解；碳是它们的内聚性，但是作为元素，它是对否定性的统一体的抽象，这个统一体在其自身内是没有差别的，而只是一种元素，是形式上的内聚性，即绝对的易碎性。因此，氮作为对立中的对立物同时显现为对立的扬弃，或起中介作用的无限性，或纯粹的能动者。

αα）它们这种通过理念本身绝对地加以设定的绝对关系并不

受制于这些元素的经验表现。现在被称为诸如氮等的东西也许能够表明自己是被共同设定的，这些元素的经验表现会变成另外一种样子；但人们会对此产生疑问，因为这些元素确实呈现出理念的这些规定性，即使经验的表现会发生变化，这些由此被发现为单一的元素也必定完全表达出上述这种关系。

ββ. 于是，它们之间的相互过渡的必然性①由此从它们的本质中得到澄清，或者说，碳必定会被消解为氮、氢和氧，氢和氧的对立也同样必定会被消解为氮与氢和氧这两个对立物的对立。因此，与氮对立的氢和氧本身就会被消解为氢与氧的对立。但它们的理想性这一方面则是这样的：它们失去了它们的无差别性形式，不再是质料和物质，而只是被完全设定为属性，从而成为它们本身的对立面。

但因为化学坚持它们是质料，即使它们在消失，还借口它们的潜藏性而允许它们存在[7]，这正是它们最重要的方面，它们的理想性，这一理想性至少还被描述出来，而它们在一个化学过程中变成现实，则只会被理解为一种显现，因而它们在这些元素显现之前已经就是这些现实的东西了，并且在它们显现出来的地方，物体已经由它们组合成了。但即使是在这里，自然也迫使化学离开现实性这一被固定的存在，并且说：只有这些元素的经常出现，它们才变成现实的。这主要的是有机体分解的情况，而磷、氨和大量的酸性物这些显现出来的东西被看作是构成的，已经现成的，其中包括磷在内，{因为}化学把磷看作是某种单一

---

① 边注：它们在过程中的一般状况

的东西,并由此断言一个单一的东西本身的变化,即使化学把这种单一的东西仅仅当作一种至此未被分解的东西,而不是本身单一的东西。然而这样一来,单一物的真正产生实际上无法得到认识[8]。也就是说,一种单一物不能被分解为单一物,即一个单一物不能过渡到其杂多性的对立形式,也不能过渡到另一个单一的东西、即它的对立物①。

ββ) 就事情本身而言,也就是就这些规定性之一向对立面的过渡而言,中介活动或这些规定性向之过渡的东西不外是无限性的0本身。这一过渡在哪里呈现,无限性就必定在哪里被设定,就必定在哪里存在。但是,这些规定性的绝对的、否定的一并不是作为这些质料被设定在它们之中,它们是僵死的,在它们的无差别性中包裹着它们的观念性和否定性。因此,进入这一过程的活动对于它们来说全然显现为一种外在的东西,而它们本身作为这样一些抽象的要素既不能独立地表现这一过程,也不能把这一过程表现为磁力差或张力。它们像磁力差或张力一样,需要第三级次,即物理的级次。正如力学的要素在其总体性中就是形态一样,电的要素本身作为总体性,即作为过程——作为粘性的东西,本身分裂为张力,又从中重新聚集,[这些]本身就是整个过程的图像,所以,这些抽离活动的形式过程也只是全部化学过程的一个方面,它们在这一过程中的出现、变化和过渡对于它们来说是某种外在的东西。要谈论它们在这一过程中的过渡,我们

----

① 边注:在……中碳的

必须假定这种物理学的一、实在性、物体的特殊化；这一复合过程是一种完全形式的合成，没有绝对的否定的统一体。在只存在这种复合物的地方，就没有扬弃规定性，就没有转化为它的对立面。但那个一本质上是有机的自然，而这个矿物性质的东西作为本身有机的东西同样有这种统一，但超过了一种同时并未分解的统一，即一种没有能动性的统一，矿物性质的东西由此将自身设定为形式上的单一物，并且能有这种复合过程。矿物性质的东西在此与这一复合相融合，是有机的、绝对的一体设定。因此，在这种形式的有机的东西中，那种转变一方面[无法]如此纯粹地呈现出来，另一方面，[它就是]这一复合。但是，α) 它本身充分呈现着这一转变，尽管化学总是只具有复合这一概念，只是探究这个概念，而且只致力于说明这一复合所引发的结果，因为[化学]仅仅把这些当作得到说明和把握的东西，然而在此也出现了这一转变的大量表现[9]。只须列举出少数的事例：α) 惰性气体，即碳酸气体（因为碳作为形式上无差别的单个要素被制成气体，则呈现出差别，是酸性的）被注入最纯净的蒸馏水中，留下一种不溶于水、用化学语言来说[10]类似于气体的残留物，除此之外还有作为通常的气体溶解在水中的氮。被溶解的惰性气体再被从水中析出，同样又出现诸如此类的残留物，这样一来，碳酸就转化为气体状的氮的对立物。β) 反过来，从纯氧气与硝酸气体的混合中再一次产生了由氮[①]和氧[构成]的惰性气体。γ) 在与纯净的蒸馏水晃动之前，稀释了可燃气体（或添加了太多的氮

---

① 边注：分解的

的气体)¹¹，但情况由此变得更好。化学不能说明这种情况，因为在其他条件下，水并没有吸收氮，［以便］更频繁地从氮变成某种其他的东西。δ) 惰性气体的表现在总体上确实可以很容易地加以说明，说它从气体状的空气中吸收了腐蚀性的钾及其他¹²；然而有一个单纯的假设：已经有惰性气体存在，因为通过测试惰性气体的其他试剂并没有在其中发现惰性气体，而它刚刚释放了纯粹的可燃气体与硝酸气体。ε) 当结果与组合的概念不一致时，(6,55) 情况同样如此。在潮湿的空气中，从空气中吸收湿气确实是这种情况¹³，但当空气被确认为是绝对干燥的时候，湿度会同样快地表现出来。这种情况的最大表现形式就是雨的产生，这时，刚刚还是完全干燥的空气，即氢气和氧气，它们的关系直接地完全颠倒过来，并变成了对立的东西，即水和氧气。(ζ) 在据说可以证明金属与氧气化合的著名的金属氧化试验中¹⁴，如汞与氧气发生反应，汞会被氧化，并且通过高温同样还会被脱氧，释放氧气。——但是，(在残留物方面，还需注意某些情况，比如，红色的一氧化铅①¹⁵，单纯经过加热，释放出惰性气体和水，这就意味着，它在此并没有将空气中的气体提升为氮气和氧气，而是在自身中以完全不同的方式设定了对立物。)

β) 但这一化学过程的变化是按一种纯粹得多的方式呈现的，在此变化中，一种植物性的或动物性的物质共同参与反应，它自身在本质上具有否定性统一体的原则，这一原则的无差别本身就

---

① 边注：铅丹；普里斯特利：《对不同种类气体的实验与观察》，第一卷，第187页。见特罗姆斯多夫：《全部化学系统手册》，第2817节。

能够做出这一差别,并且在这一差别中依然不受破坏,在其统一体中否弃这种作为一种差别者的被设定的东西,让这种东西在其对设的规定性突现出来。化学的所有应用按照动物的功能①对此提供了大量的例证。无生命物质的化学历程也同样如此。贯穿于僵死的动物与植物物质的各类发酵过程不外是从规定性的一种形式到另一种形式的过渡。比如,在到达醋的发酵阶段,纯醋酸给出的不外是碳和水,而同一物质在进入腐烂的发酵中则制造出氨和氮。只呈现为一价的碳和水合成的醋本身,不止与碳酸钾或钾(后者本身来自于经过木柴燃烧的植物性的东西)[化合],而且还与石灰化合,成为氮。就钾或碳酸钾作为植物性的物质而言,它是这样一种东西,温特尔从中获得了他的安德罗尼亚[16],初看起来它似乎是氮,后者同样对于作为硝酸的惰性气体的基质起作用,只有更加明确地了解它的获取时,简单化学质料的那种转换才会更合乎规则地被制造出来。与这些要素的过程相关的化学过程,除了具有这些质料间的相互转化和过渡的表现外,不会具有任何其他对象,因而为了更确定地表达它,向无差别的规定性过渡的氮,正如无差别的规定性在对立物中表现为有差别的无差别性一样,表现为水和碱;而氧作为对立中的对立物或无限的东西同样本身就是使氮成为有差别的碱的原始要素,或苛性原始要素;又如纯粹的碳不外就是氧的已经死亡的存在,或归于氮之下的差别,二者的综合,恰如在水中氮归属于氧之下一样。

---

① 行注:呼吸

残篇 7 δ）最后还必须说明……

①δ）最后还必须说明，这些元素是纯粹的规定性，因而绝对是形式的元素，它们在形式上是简单的，它们是有机原始要素的对立面，而这僵死的东西并不表现为自身无限的、绝对有差别的东西，它们之中的差别同样是它们本身的绝对的理想性和统一性。α）化学想要根据这些僵死的质料来认识有机物，所以其实是直接杀死了有机物；更确切地说，化学把有机物认作它自身所是的东西的反面，认作是复合之物，因而它不是一个单纯之物。无需赘述，化学让有机物从这些元素中产生出来，它通常在还很不同的有机构造物中表现所有四种质料，即氧、氮、氢和碳，并且为了表明一种差别，它引用了它也不了解的混合比例的差别；即使它通晓这种比例，这也无济于事[17]——所以，化学把有机物看作是一个僵死的东西，而不是一个有机物。有机物〔确实〕同样可以被降低到力学的级次，也可以〔就〕力学的级次来考察，但加以考察的不是力学的本质，〔而是〕一种从属的方面，是有机物转向与否定的一种过程。只有当有机物死了，化学过程才占

---

① 在初稿中此页开端被划掉的文字为：a）由对立的规定性可知，氮和对立面的中点是碳，碳本身如此作为元素是一种简单的、非能动的东西，而能动的中项实际上是绝对否定性的一，它并不把差别性中的无差别性、真正的内聚性设定于这种对立。但是，在这里表现为能动者的东西在对立的方面是氧，是绝对有差别的东西；不过这种东西本身也仅仅是形式的能动性、能动性的显现、能动东西的形态。

据了对有机物的支配权，它才以这种方式开始了一个新的历程，一个死亡的历程，一条化学之路。但是，正是在这一过程中，有机物依然坚持它特有的、绝对单纯的特性，并且正如金属一样，不是呈现和消解为化学的单纯元素。亡友之骨灰坛。β) 化学在自身中使有机物成为复合的，成为一种特殊的混合，然而它在此中扬弃了其纯粹简单性的僵死概念，并至少预示出一种与简单性相对立的统一性[18]。但是，如果氮及其他质料被当做绝对的原始要素和有机的本质，例如，植物被看作是碳的支配者，动物被看作是氮的支配者，情况则从未如此，我们也未做出这样的预示；正如从以前的阐述所见的那样，完全从经验得出的东西没有从结果获得真理性。安德罗尼亚、氮① 既存在于植物中，也存在于有机物中，因此这就具有了一个完全粗糙的意义，好像这样一些元素是某种实质性的东西，是某种自在的东西；它们被提高到一个比化学抬高它们的元素还要高得多的实体性地位。有机的自然据此分配的这种粗糙性与制造本身的粗糙性一样大；于是，植物性的碳与动物的氮的本质就是根据，因为在化学分析中，植物性的物质里突出表现出来的是碳，动物性的物质里突出表现出来的是氮，即最初在经验中根本不真实的东西，因而这种分配完全是以对于有机物做最一般的化学考察为基础的，并且根本没有领会，关于这种有机物的观点如何在另一方面毕竟要使自己高出关于有机物的最一般的化学的或任何其他粗糙的观点而发生影响。——如此一来，如果在有机物本身用这种关于有机物的最一般的化学

---

① 行注：醋

观点,把氮定为一个神经系统的表征物[19],则会得出结论:在人们称为神经疾病的事物中,有过量的氮出现在有机体中,为了消解氮,这一疾病通过添加[被视为]其对立物的碳一定会得到好转。人们发现,在这些疾病中某种药物有效,由此直接得出的结论是,这种药物就是碳;或者,反过来说,对于[这种]药物,人们是从化学方面来认定的,即它是含有碳的,并对一种疾病有效,因而后者是一种具有氮的天然的东西。这是一种推论方式,它胜过了所有其他缺少哲学的反思性知识的推论。简言之,这样一种观点一目了然,即这一含有氮的天然的东西在它感染了腐败的液体的地方,排走腐败的液体,注入治愈性的液体,或者可以在过量积液的地方给出同样多的具有吸附性的金属氧化物[20]。在腐败的液体处出现了过量的氮或碳,而在排泄物处出现的是对过量的氮或碳的中和物。整个情况都是一样的;事实上,正如以最低阶的化学过程所设想的那样,如果从一种既非力学的、亦非化学的,而是一种有机的、动力学上的作用——也许是一种刺激,名称无关紧要——来说,有机体及[它]所受的作用从不会是[如此的],而是一种完全外在的过多或过少的排泄与注入。

如前所述,① 事情最终并未有些许的好转[21],比如说,有机的神经系统并不是真正的氮,肌肉系统不是真正的碳,或者说,植物性的东西并不是真正的碳,动物性的东西也是如此,毋宁说,植物性的肌肉系统或卵石形式只是向碳元素方面蜕化的——这些元素只是这些系统的表征物,而这些系统和形式则是级次得

---

① 边注:施特芬斯 火焰晕周围的碳粉木

到提高的氮和碳元素[22]——α）这一蜕化［是］对一种完全普遍的形式规定性所做的一个完全表面的联结；因而［存在着］无限多的来自其他级次的其他联结①；这一本质就是级次的理念本身，它本身的规定性隶属于这一理念，而只有另一种级次的完全普遍的东西存在于级次得到提高的表征性的存在中。这一本质性的认识恰好被回避了。碳、氮等在另一级次中失去了所有的意义，因为另一级次——这里指的是有机物的级次——恰恰是那些规定性的被扬弃了的存在；绝对实存的形式，即本质性的东西，同样是那些质料的非存在，在那些质料那里，没有任何作为普遍规定性的东西存在，也没有任何作为对立关系的东西存在，｛因为｝后者在所有的级次中都是它本身。但是，正如它是以这些规定性来将自身组织起来的，级次本身、有机体以及实存的有机物又是未被认识的东西。物质性、这些质料的质料性质在关于它们的理想性或一种更高的实体性中完全失去了它的意义。物理元素

Ⅱ.

这些化学元素是作为抽象的简单东西，它们的本质就是它们的差别；它们的理想性或否定的统一性并不**实存**于它们作为这样一种本质过程的理念中；理念的过程被看作是对理念本身的扬弃，但是，对它的扬弃就是它的本质，是它的真正的实体性；这一理念本身并不是这些元素中的一个，而是出现在它们面前的第

---

① 边注：磁性，电

五个东西；碳虽然是它们的简单的、综合的统一体，但是，无论是作为碳、作为它们的级次的统一体，它们当中无差别的、真实的东西都是它们的被扬弃的存在的抽象或简单的、存在于它们之外的、僵死的产物。这样一来，它们的这种表达它们的差别关系的、否定它自身的绝对理想性就是同时出现在它们面前，并且是在它们之中同时存在的东西，是一种同时是它们的存在的否定。它们的这种实存的绝对概念或它们的无限性就是火。光在黏性物质中无限化为绝对肯定的东西，并从这种简单的无限化〔返回〕；它作为电将张力现象表现为不同的比重，并从黏性物通过对它的差异的否弃而返回它的统一体，从而展现为天然化学东西的精神，展现为各个化学单一性的真正的、化学的实体，在这种精神中，它们丧失了它们的形式上的无差别性，丧失了它们的持续存在，并被设定为它们所是的东西，被设定为**想象中的东西**、**偶性**、**被扬弃的东西**，或者说，这是一个过程。火就是这些化学单一性的存在，作为它们所是的东西，并且它的存在**状态**是这些化学元素的总体性，或者说，这些化学元素在它们的关系中是存在于火中的，这可以从它们的本质规定性中得知。A. 构成对立的这两种要素是氧和氢，是火的直接差别物，因为火是否定性的统一体，所以这些否定性的统一体显现为这样一些要素，它们也是对立面的要素，其存在〔是〕它们相互间的扬弃与产生。氢又作为对立面的无差别物是它的碱，是它的燃素，它的燃烧物，它的自身关联的存在。氧作为其对外的差别物是它与另外的东西相关联的存在，是其能动性的形态。火并不是它们在其中彼此**无差别**的统一体，一个是与自身相关联的，另一个是对外关联的存

44

(6, 64)

在，毋宁说，火是它们的质的统一体。它们的关系并不被设定
(6,65) [为] 这同一事物的不同方面，它们彼此漠不相关，似乎是在一
个静止的普遍物中，毋宁说，它们的关系是一种对立的关系，在
这种关系中它们是同时以不同｛方式｝彼此［关联的］，因而火，
即它们相互否定的**这一存在**，它们的相互消失，作为绝对的对立
者，同样在它们的对立存在中又是产生自身者，是它们的否定的
实体性。B. 但是，火的这种绝对有差别的存在同样［是］它的
这些方面的一种无差别的设定。除了它们相互的差别外，它们还
具有持续存在的无差别的方面；在它的**碱**、**氢**的方面表现为无差
别时，它变成氮，在它的差别的方面本身表现为无差别时，它变
45　成碳，因为碳是作为内聚性的**抽象**这一差别的无差别元素，也就
是说，以完全无差别的形式表现出来；或者说，将腐蚀性隶属于
自身之下的氮，正如它本身是与腐蚀性相对立的一样，但在火中
则隶属于它之下。

　　火是这些要素的绝对统一体，而没有它们相互对立的关系，
或与其本身的关系。在这一火的理念中，对于这些要素不要去设
想这样一种**制造物**的关系，好像碳和氮是由火——在二者之前
——制造的，或者反过来说，火是由碳和氮制造的，因为碳会对
氮成为有差别的东西。因而它的无差别就是氮本身，而现在就其
相互区别来说，水成为了碱，而其所属的差别变成了氧。——这
(6,66) 全部是一个总体，每一个要素在这一总体中都是被直接设定的，
而在这一统一的存在中，所有的关系都排除了为自身存在的原因
与结果。火分解为碳与氮的这一过程，或者反过来，从一种差别
物分解为另一种差别物的过程，分解为火中之氢与氧的过程，只

是一种外观，它根据它们的关系如此区别这些要素，从而把所有这些要素都看作是以自身为条件的，也就是说是在一个总体中存在的。这些理想元素的否定的总体，即火，作为它们的否定性的统一体直接就是它们在它们的存在中的消失和它们在它们的消失中的存在，或者说是它们的过程，但也只是这一过程的理念，而不是真实的化学过程本身。火本身就是它自身的理念，但真实的火还没有将自己与自己——作为能动者和作为被动者——区分开；它没有把这些要素中的任何一个设定成与自己相对立的，因为它只能把自身作为总体设定成与自己相对立的。真实的化学过程是这样的：这个过程本身贯穿它的过程，过程中的每一个要素本身都不是一个要素的抽象，而是这种抽象本身的总体。正因为如此，火作为这一过程的理念对于它在真实的过程中是在哪些对立的规定方面得到了设定，就是无关紧要的；它的差别从否定的方面和肯定的方面表现为氧与氢；它在真实的过程中可以显现为否定性的东西，即肯定性的规律或否定性的{规律}，显现为它的碱性方面的绽出，显现为脱氧或还原，或者显现为其差别的方面，显现为氧化。它是二者的统一体。在某些经验的过程，它要么可能是这一个，要么可能是另一个；更确切地说，在燃烧物或真实的火本身更多地表现出总体性的一个方面时，它又可能出现在无限的变形中。这些理想中的级次的任何一种在此都是以同样的方式被设定的。①

B. 作为这一化学过程的这一简单的理念，［火］本身是这一

---

① 边注：所有作为普遍物、中间概念和个别物的东西。

过程的第一级次；这一过程作为火的这种否定性的本质必须把自身设定为实在性，或者说火作为绝对的能动者——氮和碳被包含在它的差别物中，而不是其产物中——本身必定以被动性的形式作为肯定的实体与自身相对立，好像它［是］绝对否定性的实体。火只是这一过程的理念，这一点必然显现为非无限的，显现为并非它的循环，这样一来，它就参与到另外一种实体中，正如它要存在就必不可少地要具有这一实体本身一样，并且在它自身的产生中显现为结果，显现为被制造出来的东西。但是，它的产生、存在与消解的这种偶然性是消失在这一过程的总体性的东西；(6, 68) 在这一自身返回过程的总体性的循环中，它同样必定一直绝对地已经产生出来，好像它一直存在，一直消逝一样；对于我们来说，这一过程是作为这一绝对过程的**环节**出现的，或者说，是作为这样一些环节出现的，它们当中的任何一个本身都是全部过程。

　　能动的火在将自身对设为无差别和被动的时候，成了它的现实性，它成为与自身相关联的、在它的两个环节中无差别地对立存在着的火，成为火借以消失到被动性中的双重化。

　　对于火的这种还原或它的消解的一个方面，是简单的一体中的存在，是火的总体诸要素无差别地相互作用的存在；水，这一本来的流动物，作为差别的被扬弃的存在是在差别中被设定的绝对的可能之物，但在这一绝对的可能之物中并不存在火的差别的对立设定，它隶属于普遍的、量的、肯定的统一体之下。由于它在这种情况下是绝对可分解、通过任何一种刺激转化为差别的东西，因而它身上的差别的这种显现就是它出现在理想对立物的化学**要素**中。这一对立物并不直接显现为总体的化学诸要素的无差别，而是显现为对立物的要素的无差别，显现为氧或氢；而〔它〕以这种东西的形式还是那种东西的形式被消解，即从它的无差别中被撕裂，则是无关紧要的。作为它的无差别的可能性，它并不是由诸要素合成的，因为这些要素在这里不再是任何现实的东西，也就是说，它们在水中并不是不变的，毋宁说，它们在水中的统一存在是它们的被扬弃的存在；作为它们在分离时所是的东西，水是二者的无差别性、可能性。由此产生了这样一个判定，即当水被描述为氢和氧时，水没有被分解。就其中一个出现在过程中来说，另一个方面也必定出现〔在其中〕，但水的可能性的这种实现意味着：首先把水设定为不存在于过程之中的两种对立的现实性，使同样量的水作为二者的单纯可能性，既可以成为这一个，同样可以成为另一个①。当这两种现实性出现时，它们就出现在两个定量的水上。但正因为水在不同张力的定量中被分割，这两种现实性就不再是水。只有水才是两种理想的化学要素的这种无差别性，正如这一无差别性是在水中被扬弃一样，就一种分割被设定于水中来说，水变成了一般的流动物质，而且这

---

① 在初稿中此后有被删除的下列文字：被设定于水中的张力直接将它的无限可分性作为一种自身等同的东西加以扬弃，或扬弃它的被设定为两种形式的可能性，把它同时作为定量区分开，使每个定量都作为一种特殊的差别得到实现；它的质的分割也直接是它的量的分割；水根本不是一种原子，不是不能加以分离的反射点；它的实存形式的观念性分割、扬弃直接是它的实存形式的现实扬弃，水是作为一定量的原子，而不是作为一种定量加以分割的；这种统一不是一种单纯的外观，而是本质性的，这种统一在观念的规定、张力、区分中始终是统一的，这就是说，被设定的不是两种质，而是水的两个定量。

种物质是在不同张力中被制造出来的。人们根本不会说，以碱性形式设定的水是氢，以酸性形式设定的水是氧，因为水带着这种差别就不再是水；它只是不确定的液体的一般的、自身等同的量，这一液体的分割并不是一种分解，而是作为比重出现在液体上的理想的、不同的东西。这一问题可以这样提出来：水本质上是绝对独立的原子、反射的点吗？因为这样一来，水就是在分解中加以考察的，因为它不应该作为一个自身等同的定量，仅仅被分为很多的定量，而是应该被规定为不确定的概念：在实在性中被规定为原子，或被规定为它的理想的因素。但水在实在性中并不被设定为它的概念，也不被设定为反射点。水的概念不应被分割，但这一概念被分解为氧和氢。水的分割从分析上来说［是］一种纯粹质的理想性的分割——而水的实在性作为物质［就是］这同一个自身等同的定量。而点、原子会分解为流体的定量，但这样一来，点本身在本质上已经就是液体了。从点到液体、从概念的确定性到实在性的这种向对立面的过渡，是绝对空洞的、不允许的过渡；向对立面的过渡只是确定性向其对立的｛不确定性｝的过渡，但二者本质上是在同一元素中，或者就是同一元素；氢向氮｛的过渡｝，即确定性在绝对的流动性中向对立面的过渡。它纯粹是质上理想的东西，自我扬弃的东西，二者存在于同一种普遍性之中。但水与气体形式是一般的流体，二者恰恰在这一点上是同样的东西。如果水被理解为一般意义上的流体，在这种流体中氧与氢的差别在无差别的形式中被扬弃，但作为现实的氧与氢却处在被设定为不同比重的流体的差别形式中，那么，这一对立就又是一种理想的对立，水本身只是一种确定性，而过渡并不是这一确定性的分解,而是在其对立面中扬弃自身。这不是分割自身的实在性,而是一般的流体状的黏性物质,或纯粹是流体本身的理想性的东西、无限性的东西,这种东西曾将自身设定为无差别物,即水,然后设定为不同比重的流体的差别物。

还应当记得:水的两个级次并不表现为氮和碳,因为它们同样直接来自统一的存在,并且[是]相互区别的,表现为彼此相关联的,表现为碱和酸化,氢和氧。

火与水按照它们的本质来说是一个东西,但这个东西是绝对的能动者,自身的绝对差别,将自身设定为无限地进行否定的东西,水是绝对的无差别物,差别的单纯可能性;二者间的中点是无限性的0。显现出来的中点,即与它们对立的中点,作为过程、要素,这时自为地被设定为同样是有差别的;而二者的空洞的中点,就它们消解在它们作为不同比重的流体的要素中来说,是它们的共同性,是一种无差别的无力的东西,是对它们的消解的空洞接受或纯粹的流体本身。这种最初的非能动的普遍物,这一无差别的形式,就是一般的气体元素;这一形式在此首先具有的不外是这种消极的含义,并且是火与水的对立中的对立物;或者说,作为与能动的统一体相对立的对立物,它本身像水一样是被动的,然而这是与水相对立的形式,正如它是差别的绝对可能性,但这种可能性是对立的可能性。水是这种可能性无差别地得到扬弃的存在,这种存在是其本身的无差别的现实性,是元素的自由形式或火与水①的理想性。因为气体就是绝对流体的形式,

(6,72)

50

---

① 边注:因而其中的氮与碳

所以它首先为自身在氮的不确定的无差别的流体的确定性中显现为纯粹的、静止的，但是它本身是与作为氧从属于氮的差别相关联的。因为氢本质上是碱，是有差别的不确定性；上升为气体的碱失去了对外的这种关联，并处在无差别的氮的形式中；但是，由于气体是中点，或者这一对立处在对立之中，氮本身并不是氮的抽象，而是将氧包含于自身的抽象的差别，本质上是总体性。在我们把这里的过程本身看作是包含在其要素之下的情况中，它首先显现为这种包含氧的氮；而在这种确定性中，每一个都是自为地存在着；〔我们〕在这种形式的现实性中把气体同样看作是进行生产的过程，它在这一过程本身中能动地显现为氧。

作为火的这一过程的理念，即在自身中扬弃了化学元素的对立物的这一绝对的否定统一体，也扬弃了自身①；水是作为其本身的还原的这个过程；火则受制于作为水的数量统一体的存在，因为它并不自为地存在。水是扬弃自身和区分自身的绝对可能性。这一作为现实性的被扬弃者｛是｝这种作为气体的不同流体的存在，形式的无差别｛是｝自由抽象流体的第一级次的单纯形式；但是，当这一形式是其抽象的普遍物或共同的东西时，后者本身不再是一种复多的定量，一种这样一些形式上的无差别物的复多性，因而只与有差别的规定性相联系。然而，气体本质上是普遍的、单一的、未分割的和不可分割的量，｛是｝只适合于抽象的单纯形式，但作为物理元素的气体，是把它设定为一个东西的普遍性。火｛是｝化学元素的扬弃者，水｛是｝流动的被扬弃

---

① 边注：因而这个过程的这些要素的关系

的存在。在被扬弃的存在的形式中，气体〔是〕扬弃者；它作为扬弃者出现，所以它是火；它作为被扬弃的存在出现，所以它是水。然而〔它〕并不是扬弃者与被扬弃的存在的**同一个统一存在**，而是后者的规定性下的统一体；它所联结的这一统一体像水一样，这样一来，它就不是它本身作为有差别者的纯粹的、否定性的可能性，而是说，它的可能性是观念性地在它之中设定的，是它的作为**普遍物**所包含的实体性，是关于它的思想，因为它们是在思想中被区别的，毕竟并不是现实的，而是被设定为被扬弃的和观念性的。我们会说，正如火是化学元素的精神一样，气体是化学元素本身的无差别的表现物，但水则是感觉者，是其本身未分离的统一存在。在水中未加区分的东西，在气体空间中同样会变成无差别的，而在观念中有差别，并不是诸如颜色的一种彼此并存，就像是有颜色的、透明的、坚硬的和有形状的物体等等。在同一静止的理想性中，化学元素彼此并存**于气体中**；它们首先在它们的抽象中变成特殊的物质、质料，随后是气体变成它们的形式。

火、气与水这些要素是真正的**物理元素**；它们本身是这整个 (6, 75) 过程中的任何一个，但作为这些元素，它们只是那种**在自己的元素中**无差别地设定的**过程**，而并不处在否定的统一体中，或者说，这些过程甚至不是相互在这个过程中通过相互的对立来理解自身，不是这三种过程本身的统一体。由于它们共同构成了这一过程的各个形式的分解，因而它们的这个统一体 a) 同样不但是**它们的绝对的、否定的统一体**，在这一统一体中它们是有差别的，自我扬弃和自我产生的，而且它们的这个统一体、它们的过

52 程也是无差别的统一体，是把它们在自身完全设定为一的统一体；它们是共同为现实的统一体本身存在的，这一统一体本身不但作为普遍性是肯定的统一体，而且作为否定的统一体也是理想性，这些观念性的环节正如这一统一体本身一样，是在过程中自为地与其对立面相对而设定的，即使只是一个元素。这一统一体对于它是第四者，即绝对的个体，土，它同样不但是一种与它们相对立的自为存在的元素，而且是它们的绝对的过程，是它们的彼此对立的绝对普遍性，在这种普遍性中它们不可分割地被设定为一。

作为各个物理元素的这种统一体的土，这时同样是它的归摄于**普遍的统一体**之下的存在，作为它的否定性的统一体，各个物理元素以这一存在为内容，并在其中扬弃自身。

(6，76)　　Ⅰ. 土中物理元素的一体存在使土成为它们本身真正的实体和物质，与实体相关联，只有各个偶性｛成为｝有机的无差别或普遍本质的变化才是一，它们在实体中就好像在以太本身中一样，才拥有了它们的实在性，而与这一实在性相关联。这一统一体作为土的本质是这样一个统一体，各个元素在其中把自己反射到自身，它们存在于普遍的介质、即元素中，因而返回自身，并且在这一反射中作为其真正的无限性同时成为绝对无限的，也就是说，同时过渡为另外的东西，或者说，正如其［过程］的绝对本质、即土是其透明的介质一样，它也是作为过程的绝对无限性，这些元素作为任何一种介质中的**形式普遍性**，作为无机的自

53 然，都与这一过程相对立而存在，同时扬弃［自身］。因此，土是从其分解中把自己归摄于物理元素的形态，是成为总体形态的绝对实现，这一总体性实现自身，将内聚性的各个对立面作为总

体的绝对过程设定于自身,在自身分化自身。a)它本身作为流体就是它的元素,就是其本身的形式的普遍性,在这种普遍性中 (6, 77) 这些元素是自为存在的,并在它们的自为存在中实现[自身],作为总体返回自身。b)它们的过程以这样一种观念的方式——这些差别是它们的观念的要素,即物理元素,并且它们在包含它们的过程中是它们的绝对的、与它们对立的统一体——分解为这一过程的不同形式。与这一统一体相对立的无机自然本身从自身中产生第四种元素,它在其无差别中扬弃并区分无机自然。在它的自为存在中,这些元素是绝对地相互混合的,以至于它们的所有差别都消失了;而且这一统一体是它们的混合,它作为内聚性是区分它们的,而这样一来,这些有差别者中的任何一个都是这一完全的混合,完整的土。一个这样的土质系统就是黏性物,张力并不是一种流体,不是一种不同比重的普遍物,而是不同比重的土。{在这个系统中的}任何一个都有无限的内聚性,都是一种个体的有机物。通过混合,{土}就是绝对的无差别物,土与元素的关系就成了绝对普遍的形态。

在我们考察这一个体本身,即它的无差别和统一体①的普遍性之前,这一考察首先探究的是各个元素本身的规定性。

A) 作为普遍元素的土或存在,各个元素的实体性 (6, 78)

a) 各个物理元素至此被理解为过程、化学元素的同一体,甚

---

① 在"无差别和统一体"之上的行边注:级次

54 或被理解为区分无差别物的流体，在被设定于土的普遍性中以后①，就是无差别的统一体，而不是不同的有差别的流体的否定性的统一体。或者从它们的观念性要素的统一体来考察，它们本身就是个体性的或肯定性的统一体，一个同样扩散的黏性物，**在这个量的统一体中将自身有区别地设定为内聚性的东西**。这就是说，在作为自身等同的同一体中，化学元素的理想性就是本质和普遍的东西，是如此在自身中分离自身的，以至于这种分离就是这一自我等同的统一体的张力。前一个统一体是它们的观念性的**产生**，它们是此前的一种级次的现实性，是设定于其中的要素的**扬弃**，在这里此前级次的普遍性概念过渡到其对立面，是流体的**差别性的扬弃**；而它们就是作为其否定性统一体的那个概念。但

(6, 79) 发生这样的变化以后，它们本身从这时起就是普遍的东西本身，是级次本身，并且作为实现自身的级次，它们在它们的要素中就是统一体本身，不是统一体的解体，而是其统一体的保持，即土。它们的实在要素中的任何一种都是统一体本身，是其普遍物。这一普遍物就像以前是它们的质的否定性统一体一样，是它们作为有差别者的量的统一体；或者它们将它分割，正如它以前被分割一样；它们在其实在性中的差别正如以前在其理想中的差别一样。正如在此所有的级次中一样，[在这里] a) 统一体都是以观念的形式出现的；b) 统一体都是不可分割地作为实现自己的概念，在概念的差别中绝对保持原状。对于这些差别来说，土首先是这种普遍的、自身等同的、不可分解和未曾分割的统一

---

① 边注：这一观点属于方法。否定的总体转化为肯定的总体

体；这个统一体首先是其土质的、个体性的自然的东西，是其实在性，转折点；在这个转折点上，那些差别才出现，成为肯定的总体，并被吸纳在土的统一体中。这种火是土的一种火，如此等等。①

a）火曾经是绝对普遍的、肯定性的自身等同的东西，是光，它在力学中陷入无限性，又作为这一无限性的绝对的、否定性的统一体变成了黏性物，从中又出现在观念性的张力中，在此中完成了作为电火花的理想过程，并逐渐自身消失于这一过程的元素，即土的两种不同方面，也即自身等同的流体和不同比重的流体。(6，80) 这时一种理想的、无形的过程沉入土的普遍性中；或者换个意思相同的说法，这是一个不可分解的概念。在由土构成的物质中，那种绝对普遍的东西作为火实现自身，它在其中变成一个双重的东西，在从它的这种实现返回自身时，它才是物理的、真正的火。

火在这种量的自然东西中以双重方式发生**折射**，一种是理想的存在或总体的理想表达，一种是实在的存在。或者说，在前一种情况，它是地上的光，在后一种情况则〔表现〕为热。它的概念在两种存在中保持一致，而它的概念的这种不可分割性就是作为土壤的土本身，是普遍的流动性，它在这种流动性上设定了它的双重总体，而非它的量的实体。

α）第一个一体存在，这个单一的、无力量的、非对设的、无矛盾的一体中的存在，〔就是〕颜色，在其中，火是完全肯定

---

① 边注：在这种肯定性中认定的火在其自身中将自己设定为不同的颜色与热。

的单一的东西，是与土混合的光①。僵死的黏性物是没有重力的内聚性的一种显现，这同样是因为，它并不与土的形态相反，因而也不与重力相反。颜色是光与土的形态的单一的一体存在，在这里土的形态与光相反，同样也不是物质，而是一种空洞的、非物质的、无差别的、不抵抗的对立面；而二者的一体存在，即颜色，作为暗的一种绝对对立面却是一种不经中介的、肯定的一。光与暗本身是**颜色**的观念性环节，是颜色本身的概念；光则过渡到了一种形态，但这是过渡到了作为普遍物的抽象的形态，普遍物仅仅作为普遍物而与光绝对地对设起来的东西，是绝对纯粹的暗，但二者是纯粹的普遍物，因而是一。这种单一性的内聚性或颜色的分解，这种单一的个体化，在其自身的分解中是绝对的颜色，而这种统一性完全不终止，也不是被观念性地加以设定的，而是保持其自我等同的本质；这一差别并未模糊这种自我等同性。

  这样一种颜色，即纯粹实存的颜色，就是黄色，它是光与暗这两者以相同的方式为一体的存在。在暗本身中，光是普遍物，是原初的统一体，是个体性本身的普遍物，因而在颜色中毋宁是一种提升，是普遍物本身的一种更高的强度。暗在普遍物上更强烈地出现，它仿佛是其中的根据，但暗是越过它的东西，前者是

---

  ① 在初稿中此后被删除的文字是：这种表现为总体性，表现为无比重的内聚性的个体性，就是**颜色**。因而土在其中也仅仅是暗，是光的纯粹量的对立面，因为光是与个体性对立的，而实际上是量的个体性，是这种一体存在的普遍物。

  在初稿中同时删除了给"颜色"所加的边注是：光与暗相反，是白的，但也仅仅是与暗相反。

本质性的东西，后者是在其上设定的，这一个体性就是红的颜色。但红色在这本质性的东西上具有暗，光在其上的设定物上具有蓝色。黄色在从黄被纳入到暗的重构中是绿色，但绿色并不是红色与蓝色这样两个对立方面的统一，而是说，这一颜色在其第一级次中作为与红和蓝共同组成的对立相反的黄色，构成了整体中的对立面；在这一对立中，黄色又是红色的根据、本质。因此，这一综合在本质上是黄与蓝——这一对立中的一个方面——之间的，后者本身就是对立面。或者说，这两种原色表现出如此这般的总体性或内聚性要素的质的关系，在这两种原色之间，自然的东西继续进行其量的过渡，将其质的差别消解为质的差别的纯粹量的无限性，自然的东西以一种绝对的可分割性让一个端项转入另一个端项。各种颜色本质上是相互对立的理想的东西的这些个体性、统一性，并能完全经验地通过对立面——光与暗、亮色与暗色——的相互离弃而呈现出来。光在所有这些对立面中保持不变，并不被分割；光似乎沉入其中的元素对于它本身来说就是土，而与土一同设定为一体、将自身个体化的暗就是颜色。分割并不是把光分割成为那些作为其观念性要素的颜色，而是把颜色分割成光与暗。但是，各种颜色本身就是两者一体存在的不同方式和关系。牛顿也是在论颜色时谈到了一种光的分解，即各种在观念上加以反思的分割，歌德则将它改变为这种量的分割，在这种分割中，本质总是普遍物，是光本身，并且因为光同时是与暗相对立的，所以歌德认识到二者的这种综合统一性又是单纯性本身。[23]

(6, 83)
57

(6,84)
58

残篇8 于另一个……

于另一个；基于同样的原因，只是对于这些单个物体本身来说，热和火才是偶然的，因此否定性的统一体的形式，即火，要么不可能是最初的东西，即物体的无差别——也就是它的单个存在——所摆脱的东西；反过来一样，{要么不可能是}物体间的差别，即它们间差别的绝对被扬弃者或火所设定的东西。但这里说的还不是形态的特殊化或个体化，因而也不是说什么是与形态相关联的热，既不是确定的传导能力，也不是热容量，而是说土是流体之一体存在本身的普遍者，流体{一方面}作为一种普遍物，{另一方面}它本身{又}是一种在自身中同时从不同的比重分化出来的流体。在此与所有这些普遍的差异相联系的是热，它作为对于不同比重流体的扬弃，自身又是流动的。这{就是}它的概念，热本身的绝对本质，它的源泉与开端。它的概念作为一种发生了改变的东西，起中介作用的扬弃，然后显现为一种起

(6,85) 中介作用的存在，显现为纯量的黏性物，这种黏性物可能是无限多样的，而与以下这样的黏性物格格不入：它［是］物体意义上的，因而不会变成流动。在与物体本身的关系中，黏性物的这种变化作为其内聚性同样是不同的。由于单个物体本质上是一个自身等同的定量，它的内聚性就是流体性与易碎性的对立统一，二者本身就是形态的形式，而非引力和斥力，亦非不同比重的形式。由于是一种量的变化，物体中的黏性物在与物体本身相关联的这种变化本身{也}是一种质{变}过程，因而，当这种变化

像一个物体上的实在的热量一样时,这种变化就经历了这一过程的质的环节,但同样恰恰是在如此这般直接的、并非逆转的秩序中,{这种变化}伴随着低温硬化,设定更大的易碎性,提高它们的差别化,直至二分为不同的流体;反之,则增加更大的凝固性。通过这一质〔变〕,热量作为量的关系而丧失。①

火的概念作为绝对的量或以土为中介就是颜色,即光成为火的观念性变化这一真实存在,颜色成为土的光。从这一关系中,不同于热的东西的单纯的一体存在、对比重的扬弃取得了火焰,挣脱了土质的东西。但是,它的实在性以及从其元素中产生出来的东西以这种元素为条件,它是在其自身中的存在,一种土质的存在。火在这一元素中的这种实在化是发生在它自身之中的,是这一元素本身的一种规定性的变化,或者说,像土是从火中产生出来的一样,火焰也出现在土自身中。接下来我们来谈谈土中的火焰如何。

b. 水作为同样被设定在土中的实在的流体,或作为自身等同的量的统一体,同样在土中按照它的本性以这种双重规定性发生折射。α)它作为自我等同的、与土的单一性相关的东西就像颜色,是土的光,其概念是氧与氢的那种直接可能性;淡水是一种抽象,是这样一种事物的直接简单的概念:它在诸元素与土的化合作用中总是从它们的实际存在中提取出来,以便总是回流其中。它是一种分化,正如在颜色与热的分化中光变成了土和火。因而从与它们的这种混合中在地球上出现了与彗星的差异物联系

---

① 边注:冰保持为零度的水。

在一起的水，它自己喷发出来，升腾为气，从地球的所有点中涌出，进入两个相对立的过程。它的变化［是］双重的：一方面它来自固体性，这种固体性排除流体性，地球上一般的流体性则在分化中保持与固体性的对立，并产生水；另一方面，它来自于气体的非内聚性的纯粹流体性①，²⁴后者从化学元素的彼此无差别存在过渡为流体，与形态相联系，就是过渡为淡水。

海洋是水的绝对实在性，正如火的光焰一样，它并不是淡水与外来的盐的混合，而是一种绝对的元素。土的整个形成过程在自然的火焰中，在普遍的颜色与热中，作为能动的热的一种无限不同的分布而存在，并分化出色彩关系，就像这种情况一样，全部的土是作为各种各样析出的盐而融化在化育万物的海洋之中；而盐可以从海水中析出，从盐中既集中了钙化的碱性物和酸，也集中了卵石与黏性物的单一物。海洋以自身的这种含盐性质分化自身，而土同样将其尘土的混合分散到不同的海洋中，这样，海洋的含盐量就有多有少，与其他的天然的东西不同，比其他的天然的东西产生更多的沙石。海洋像一个有机的总体一样自在地生存，［海洋中的］动物正如土中之火。它首先是一般的流体性，是溶解，但在个体性的点上它同样成为否定性的统一体。它通过它的黏性物的绝对传播聚集在黏性物的点上，并在它自身中产生出光，一个海洋中的动物犹如一个火中的动物，｛同样孕育在海洋或火之中｝。²⁵｛海面｝泛出磷光缘于腐败的鱼，正如｛人们｝把一个地方下雨归因于雨水流入的溪流。它发光，正如气体本身

---

① 边注：普雷沃论露水的产生。

变成火,从而释放了气体的压力一样。它并不是为了自身的流体性而成为火的,作为不同比重的土的杂多性在流体性中并未获得任何差别,而只有在这种差别中它才能成为火焰;但是它成功地泛出了磷光,变成了黄色的光,它的混合为一的流动的比重相互牵制,它以这种张力将它的到自身等同性的回复标识为这样一种返回:与在它自身中开始的区分活动相对立,它是它的统一体的一个对立物。由此它让它的流体性变成了光,它变成了无数多的有机物,活生生的点①,这些点同样又很快地复归为一般性的水,混合之光变成了绿色之光。它在自身中无法获得的这种差别的有机个体化的一个要素在它的绝对自身等同性中持续不断,循环生长在土中。

c. 气本身[是]最后 α) 与土相关联的,并成为土质的,同时与普遍性的元素相关联,并折射于其单一的普遍性中;它 β) 静静地吸纳了土的个体性。作为前一种普遍性,它是所有土的形式和差别性的平静环境。正如对于火的概念来说,土元素是昏暗的一样,对于气本身来说它是充实之物,是阻力。但气本身毋宁是介质,是相对于土的普遍物。它与土元素的单一关系不外是它本身的这一平静的环境。——但是对于土元素的分化来说,[气]同样不同于作为固体形态的它本身,它呈现出普遍性的形式。气使所有土的个体化保持其自身,但以气的形式代替膨胀的流体性。气拥有地上的万物,正如自然的火焰有不同的被扬弃的比重,海洋有溶解了的中和性,于是气是溶解了的个体性,是不同

---

① 边注:被划掉:福斯特

的气味在这一溶解中保持了土的个体性的全部规定性。

γ) 但气作为总体是全部土的个体性消解在其普遍性之中。它作为如此这般的东西本身就是土壤，土的普遍过程在土壤中是面向土的，是普遍性，土本身作为它的形态的消解通过普遍性在对面出现。气的实在性因而是一种暂时的总体性，或者说，它不外是这样一种绝对过程的环节，土在这种过程中最终形成了它在无机的、无形的自然的独立性中的化学分离，但土同样又绝对地消除了自然所尝试过的这种独立性。气体的一种作为环节的个体性在气体自身中将成为与自身相对的彗星，{这是因为,} 当气体形成时，土作为卫星保留下来，而气则作为大气层保留下来，个体性的统一体在其中得以保持。

(6，91) 现在我们就来考察这些元素，这些元素是自我实现的，或者对于它们来说，土的一种透明的元素是可以无阻碍地加以贯穿的，这样一种元素是它们的肯定元素，它们在其中自在地反映自己，而每一个又自为地成为一个总体，一个有机物。——火是颜色与热的系统；作为海洋的水则是溶解的土质之物以分离的可能性构成的有机整体；气是土质之物的全部个体性的分解，而通过采纳其普遍性形式，这种分解就变成了不可分的、单一的和独立的。或者说，土至此不外就是这些元素的普遍的、透明的中介，是肯定的统一体，是普遍的中点，这些元素在此是自为的，并自为地将自身设定为总体性。但是，它们这种肯定的统一体同样也是绝对的否定性的统一体，是它们的无限性，是它们在其中自我扬弃的东西。或者说，它们的统一体同样是它们的绝对过程。这些元素的任何一个都可以被视为这一过程的理念，每一个都可以被视为这一过程本身的一种规定性，并可以以此被视为一种差异。它就是这样一个自在的东西，本质上是自身存在着的差别，但〔它〕不外就是对自身的扬弃，或者说，是绝对的无限性。在它的规定性中，直接存在着它的向一个他物的变化，它的被推动的东西，它的自我扬弃，它的否定的统一体。这是绝对的过程，是它们固有的理想性；我们首先考察元素与土的形态的单一的一体存在。

从现在起，土是它们的理想性，或者说，这些物理要素的过程是它们的实体性，但不是它们之间彼此不分轩轾的中介，而是绝对有差别的联系，在这个联系中，它们相互转化，并在循环运动中中止和产生。这个循环本身，即在它们这一转化中保持不变的实体，是它们本身的统一体，是它们作为有差别之物的联系，它们本质上是自身所是的东西，它们通过产生与破灭、出现与消逝表现它们的理想性，并成为观念性的。它们这一向观念性的转变，像观念性的存在一样是它们的第二级次，归摄在普遍性下的存在，即在这里与它们斗争的东西，是第三级次，〔也就是〕实在的土。各个要素变成了土的理想要素或级次，它们的这种实在性、普遍性，即作为无限东西的土，是与它们处在这样一个过程中的：一方面，它本身作为第一级次、作为形态是与它们相对立的，因而作为个体性是与形态的消解相对立的，而土的绝对统一点、土与类似要素间的无限性的中心点以及这种自身等同的普遍的东西就存在于这两个方面的形式中；另一方面，这个绝对的统一性作为点突显为肯定性的点，并消弭了两方面的对立，并同样从这种消弭中发展为绝对的。力学的这种实在性相对于化学级次的三种元素是不同的，形态的这种普遍的绝对变化是这些元素的重构，是把这些元素统摄于自身。

土的这一过程或气象学以土为绝对肯定的统一体和绝对否定的统一体的绝对普遍东西。在对绝对肯定的统一体的抽象中，它本身就是一个元素，是这个过程的一个方面，而作为绝对肯定的统一体，它又是它本身与这些元素二者的否定的统一体。这一普遍性、无限性将土设定为火，设定为与水相对的能动的东西，而气则显现为中点的一个方面，土显现为另一个方面，火的能动性则只设定在水中。但是，经过火联结到水的就是土本身，是它与气的一体存在，是整个运动的同时发生；而二者的联结同样绝对是一种瓦解为火的能动性的活动，另一方面又是一种瓦解为气与土的无差别性的活动，这种活动是在水中设定的。

a)① 正如迄今所描述的，太阳作为光在地球上变成了火；黏性的东西在流体性的土中是作为自身等同的东西在播散，但通过比重的不同而同样绝对地区别开来。但不同比重所带来的张力是与黏性物的自身等同性相矛盾的，是与作为普遍性的土相矛盾的，这一矛盾就在于，它是在这一过程中出现的；这一张力一方面又是与作为形态的土相矛盾的，这一形态把比重的差别消弭在它的自身等同性中；若没有这一形态，这种差别就消弭了等同性，与这种等同性相对立的是差别的释放。

黏性物的否定的统一体作为这一形态内聚性的原则是与流动性相对立的。这一原则在它自身的这种实存状态中就是火的元

---

① 边注：进一步考察的过程，

素，正如流动的东西是水的元素一样，前者是能动者，后者是被动者。土是在二者的这种对立关系中从它们的绝对的一体存在中 (6，94)被抽离出来的。而这个一体存在就是它们的抽象的中点，因而本身就是一个双重的中点：一方面，肯定的、普遍的中点是空气的元素，另一方面，综合的中点是土。这一过程的这一部分正好产生了这一双重抽象或气与土的自为存在，这种产生过程是这样发生的，即土作为普遍的东西被消解为气。水消解在土中，成为流体，是与土相对而出现的，土的流动性的无差别又变成与之①相对的差别，变成普遍的东西，成为气。土以这种方式摆脱在它面前出现的流体；土变成绝对的晶体，即刚性的、将自身孤立起来的普遍性，而流体则变成了气。这一形态的总体将流体作为流体的晶体化的水加以粘结，它通过丧失流体而成为固体的东西。这一形态构成的形式本身遗失在这样一个对立面中，而消弭着差别的点则在这一形式及其消解之间出现。这一形式变成了无限多的原子。

这种张力的本质完全是火，它把水变为气，而气在它自身的 (6，95)这种产生中同样关联到与它产生张力的土，它是一个统一体，是一个与作为土的另一极相对的电的方面。能动的东西，即火，转向作为流体与固体统一体的土，它与土的张力就是二者的分离，仿佛土从流体中凝结出来，后者则蒸发为气，但〔此二者〕在这一分离中同样保持绝对的对立和彼此有别。而在这一反应中出现

---

① 在初稿中此后被改动的文字本来是：成形的土的内聚性化解为无内聚性，形体、固态的东西并不是在它的对立面中消逝，而是作为其对立面出现。

的被动的东西是土之水，它被更加强烈地拉向气，与土产生差别，被蒸发①。气本身之间是各个元素的这种竞争的空间。它本质上必须被看作是接受者，是不动的东西，是火与水之间的中点的普遍的方面。它不是像气一样可以溶解水的东西，它也不含有像一种金属在酸中被分解出来的东西。它并不分解金属，因为它是各个元素之中普遍的方面本身，是不动的、肯定的环节。它并不含有被分解出来的东西，或者说，水在气中完全不再具有现实性，正如酸中的金属已经消解了现实性一样。但是，这种变成了气的水则不同，它是受土的张力牵引的。只有溶于气的水，即具有作为水的现实性的东西，才是潮湿的气体，后者才会随着温度的变化显现为水。然而，那种张力并不是实质性的水，而是气的一种观念性的感染，是在与土的关联中气的比重本身的变化。水所分解的东西，即它所形成的有张力的气是进行区分的原素，它只能是火，是作为形成电的黏性物的火。由于黏性物是不同的，在流体中出现了绝对的平衡时，气就消亡了。气 α) 既没有溶解水，也不含有被分解的东西，德卢克和李希滕贝格已经历尽辛苦在经验上证明这件事实，现实中的气由此超越了单一方面的现实性。[26]然而，同时必须说，气显现为普遍的无差别的东西，显现为火与水之间的中点，但是是以火的形式。与火相对立并且没有火的东西是不动的东西，但火本身只有在它与气的一体存在中才是

---

① 在初稿中此后被改动的文字本来是：在此首先产生的气本身，同时像此前一样，是作为肯定的普遍元素本身现存的，是作为气的抽象的无差别的东西的土，是作为各个元素竞争的空间。

能动的东西；火自己直接消耗自身，它的燃料，即在这当中消耗的东西的存在及产生就是气。但正因为如此，气在这里不是形式上无差别的东西，而是与水相对的火本身的肯定性存在，对于形式上无差别的东西来说，这种肯定性的存在是无限性，因为火本身根本什么都不是，它的黏性物的实在性在此是流体性，是普遍中介本身；在这里与土的方面相对，按照土来说，这种实在性是流动的，是水；它的形态、它的中介是它与水的一体存在，它通过这个一体存在能够对气的普遍中介产生作用，由此与水相联系，形成实在的、质料性的气，然而是对土形成张力的气。这个中点由此以所有中点的形式证明自身①：a) 首先是［作为］普遍的中点，即无差别的气本身；然后是以统摄于一个方面的黏性物的形态；再后是进行统摄的、有张力的气。正如火通过气与水相联系一样，它也通过中点的另一方面，即通过作为综合统一体的土，与水相联系，只有这样，这一环节才是完整的。这一关联是与前一种相对立的关联；正如在前一种关联中水被动地成为空气的张力那样，作为综合之物的土反而成为这样一种形态，｛这种形态｝不是普遍性的形式，而是特殊性的形态。水被分解为在普遍性与特殊性的这两个方面，而在土中它被绝对地特殊化了，或者说，土以对立的方式被紧缩为一种绝对的刚性物；变为气的水

(6, 97)

67

(6, 98)

---

① 在这下面的边缘划掉的文字是：
    气
   火　水
    土
    水（由于疏忽，未被划掉）

在变成土的过程中，在气中变成了一种同样观念性的东西，变成了这种张力的电的方面。对立的张力正如前面的普遍物的张力一样，在这里变成了特殊物的张力。火的能动性通过气与水的关联由此转化为这样一种关联，即黏性物的差别变成了有张力的气和固定化的土，火本身则变成空洞的、聚集为点的形态的无差别的东西。水流逝，火则耗尽于它的两个方面；它固化自身，土逐渐变成月球，而气则变成独立的彗星。在土被分散开来的这个过程中，或者，在水的通过绝对差别、即通过火的联系中，产生了另外一种综合统一的形式。水是土的流体，具有形态的一方；火是具有气的一方，气是火的现实存在的方式，黏性物作为光被分解为气，水被包含在土的结晶中。这一张力过程改变了联结，设定了另外一些综合统一体，或另一种独立的存在者。气是具有张力的水；或者说，水刚才是在形态中、在综合统一体中结合起来的，现在处在普遍的统一体中。土以另外一种方式在向刚性转化的过程中变成了自身等同的东西，变成流动性的东西，即流动的气。在后一种情况下扬弃了刚性中的内聚性，在前一种情况下则扬弃了流体中的内聚性。

但是，这些形成过程作为抽象是绝对彼此关联的，它们是通过张力相互牵引的、电的差别；它们本身无法成为独立的，它们的更高的独立性，即趋向端项的过程使它们成为绝对被联结起来的对立，这是它们在其中扬弃自身的绝对的理想性。它们之成为独立的过程直接是在这一被逆转的进程中的变化。

A）气与土二者是绝对对立的，被设定为不同的和独立的。受张力牵引的气变为独立的过程是它直接从其普遍性而来的过

渡，因为它是与差别、即否定的东西合为物体性的，它在它的普
遍性本身中已经接受到了这一张力，而黏性的东西［则是］在它
本身中对设起来的东西的统一；在气中开始了一种内聚性，它是 (6,100)
在普遍性中设定的区分过程、无限性。这变成了个体性和与土相
对的张力的扬弃，但是，由于这种个体性本质上是内在于绝对普
遍性和自在的流体的东西之中的，因而这种个体性只是在其产生
的环节中流散的个体性，这个被产生出来的东西只是在对立中存
在的东西，是作为普遍的东西或区分的一种绝对可能性的差别本
身。云的形成是气所开启的独立性，在它的流动的本性中，流动
的东西｛使自身｝变成一种土质的东西，但这是土质的流体，一
种综合的统一体。在这个统一体中个体性的东西形成了无限多的
单个的点，这是因为在作为本质东西的普遍东西中，黏性东西的
点或个体性东西的点只是［以］这样一种无限多的形式出现的； 69
但是，这种单纯变为点的过程本身就是火的自由的个体性，在其
现实化、即产生火焰的过程中，火可能以这样一种对立的方式呈 (6,101)
现出来：或者，火从它们的扬弃中得以产生的那些张力、差别消
解为一种形式的统一性，即差别的一种单纯的可能性，火在其中
直接作为闪电消耗自身，在这种只寓于张力和直接绝对差别的对
立的质料毁灭中，火作为这样一种无限性同时绝对单纯地呈现为
雷声，雷声将这一无限性表现为一种有回响的东西，一种瞬间的
存在、无限性，或者是一种自己辨认自己的东西，因为火、［火］
从土质的东西的回归绝对是与上述的无限性联系在一起的。或
者，个体性的火焰在水本身中出现，由于火扬弃了张力，并且使
张力变成一种流体，所以火就能在这种自身等同的、绝对变成一

体的流体中同时保持自身为有差别的，并能将自身在这一流体本身中像在其自身等同性中那样设定为被张力牵引的，或者说，火已经产生了一种形态，一种土。这样，火就不是闪电的瞬间的绝对个体性，在所有差别都消失的聚合的流体中，在水中，火焰不再有任何燃料，相反，由于火能够在这种流体的自身等同性中区分这种流体本身，能够在这种流体本身中巩固这种个体性，由此形成一种比重的差别，形成一种刚体性，因而这一流体持续存在于火之中，并呈现为火的样子燃烧。各个流星并不是一些闪现，如雨泻地，就地球的整个过程范围来看，它们似乎数量微不足道，因而消失了；相反，作为流星，它们是巨大的火的闪现，在夜晚的特定时刻，成千上万的流星清晰可见。当这种个体性变得更为独立和更为有机时，火就熄灭，变为大气物质，变为真正的土，在此之中火焰返回到自身，返回到无差别状态。大气物质本身产生于气，它的本质性的东西就是拥有个体性的中点，成为这个中点，而不是变成它的质料。这一形式性的中点同样也存在于冰雹、霰和雪中，寒冷本身使这些现象变得更难理解，其中的关键在于，它们拥有一个核心、一个晶体化了的中点，这是绝对的形式，而这一形式并不存在于气中，因为气作为一种绝对的流体性，否定一切形式。但是，气的张力作为绝对的张力是形式的点，是核心和晶体形式。{这是因为，}在这一张力中的差别，作为差别并不只是与外部相联系，而是［作为］绝对的差别、绝对的概念同样与自身相联系，因而是总体、点和晶体形式。寒冷不能使气变成水，而只能是使被生成的水变成固体的；但是，水的形成本身作为水在形态上是变化为普遍无差别的形式，然而作为形态的否定的东西，是一种形式上的形态，这一产物源于其形成性原素，即绝对的差别或绝对的概念，因而同样直接在其出现时是作为闪电进入存在的。但是，作为火焰的这一绝对概念是气中的个体性的本质，这就是说，存在于过程的张力中的东西就是一种完全的土，是形成雨和大气物质的本质的东西。但是，由此产生的差别是开始时作为水、云和雨的彗星的最高个体化。形成彗星的这些环节的单纯现象是火焰，是火之外掉落的水，是无限性这一绝对概念与差别的自身等同的分离。

这〔就是〕消解这一过程的张力的一个方面。

另一方面，土陷入到它向刚性过渡的张力中，正如气处在它的本质性的流动性质与在被设定于土的绝对刚性的对立中一样，处在它的形态的对立中，在这种形态里流体性被否定。对于土自身来说，在土的张力中，它是与自身相联系的，由于它就是总体性，土总是从自身榨出处于流动中的结晶水，并一直保持在土的形态中，而且具有形成云的过程，与在露水和土自身中包围土的气相反。但是，这一过程就其对土本身来说，并不是它与形成为云的彗星相对的张力。

土的张力本身是与气相对立的；气的张力则自我分解，在其中个体性将由此开始；与气对立的土的张力由此趋向于最高的个体性，通过扬弃它的流动性存在而趋向于绝对的易碎性。这一过渡，正如在气中，气的普遍性张力过渡为差别一样，在土中翻转以后，是扬弃在其形态中设定的、仅仅设定在流体与易碎物的一体存在中的可能不同的比重。这一差别通过流体扬弃自身，所有的东西都趋于易碎性，因而对于比重的这种能动的、紧张的扬弃就是发热,是变成火焰本身。在这种否定性的流体中,土趋向于玻璃或熔岩和硫磺的性质,不同的重物似乎从绝对的易碎物消散在云中。作为变成流体的过程和对于比重的扬弃,易碎性的这种流动的、无形态的结晶过程是一种绝对的发热和成为火焰的过程。正如气变成了彗星一样,土也将炙烤成月亮;如此发热的**核心**,即生成了的火焰,在火山爆发中开辟了一条自由的外部轨道,正如在地震中,这样一种火焰核心不同于保持固定不变东西的形态,其不同的张力以一种观念性的方式,通过电击扬弃[自身]。

焚烧的两种火焰,即气的瞬间产生的火焰与土的长期形成的火焰,烧毁并交相坍塌,在这种合而为一中,生成着的彗星和地火的双重张力彼此断裂,土是元素的汇入,它是自身的形态与这一自我扬弃的过程的一体存在。正如圆周运动的更新与持续一样,这个一体存在也在持续;二者的一体存在作为这一过程分解的结果就是二者的绝对条件和绝对本质。

土是自我缩减的过程,或者说,这同一个过程[就是]绝对的普遍性和作为质料的统一体,它在其中完全无别于它的各个环节,把一切都混合在一起,也就是说,混合在一种绝对的弥漫中,混合在这些质料的以太中;但这样一来,在土里产生的各个元素就不是自为存在的①,而是在土里被设定为观念性的,但如此设定的现实的元素是土的非本质属性,土是这些属性的绝对实

---

① 边注:在此是绝对独立的,作为化学过程中的元素是自为存在的,但是与土相关联的

体性，在土的无差别中的［这些元素］是不同的，或者成为了土本身的真正的感性的东西。（各个元素在土中的实现过程本身是土的元素，｛正如｝火成为火焰，水成为海洋，气成为彗星的过程一样，这一实现过程形成了一个与土相对的土；同时，在摆脱土的过程中，完全落入土的东西处在绝对的气象过程中，因而每个成为这种东西的存在都被视为总体、火焰，落入土中的这种东西的存在被视为它的条件。正如它摆脱出来一样，土在自身中同样也摆脱了它，并同样聚集起来，昏暗在自身中遮蔽了比重中被扬弃的东西，等等；在这里所述的关于作为总体性的土的气象过程中，土就是这些统摄造成的统一体。）

土在这一过程中受到了滋养，它是普遍的东西和绝对的无限性，是各个元素在不可分离的弥漫过程中造成的统一体；这一过程将它设定为观念性的。土的滋养绝对是它本身成为总体性的变 (6，107) 化过程，情况无非是这样：随着张力的塌缩，所有的元素都缩减为一，成为一个点，这个点将一切都束缚在一个不可分割的统一体中，由此这些元素过渡到另一个级次，即以前是彼此回复的实体，现在是一个实体的非本质属性，这个实体作为无限的实体，使自身以一种完全不同的方式成为总体；也就是说，它在进一步解体以后，在总体性的环节中，绝对依然是所有元素的这个统一体。

(6,108)
74

残篇9　普遍的感应……

　　普遍的感应可能失去，在其焚烧中有一个核心，作为流星以长长的火焰燃烧，而作为土质的火、作为燃烧着的火焰，在其熄灭中跌落为大气物质，在其他的条件下则只熄灭在水中。但是，彗星的这种还原是直接瓦解为空气和土，土撕扯彗星本身，并放任自己；熄灭的火是立即得到扩展的黏性物，后者本身不能得到保持，而是把被聚合的存在扬弃为土，把熔化掉的存在扬弃为普遍的流体，并将气从它的无差别中拉出，使土形成与之相对的张力，二者由此相互对立。①

　　这一过程的每一环节都是物理的，没有一个是通过加热或冷却的气化过程实现的空洞的力学环节，也不是纯粹的化学环节，而是绝对的化学环节。土对于火的张力是水向气的变化过程，既不是一种蒸发过程，也不是化学的分解，而是水通过土的绝对有机的统一体而转化为气，这一变化过程的根据是在土中无差别设定的黏性物，后者必定自我分化，或必定具有现实性；或者说，它的差别降为土的流体性，并在其中紧绷着，扬弃这种状况就导致地震的发生。但是，这种内在的张力将变成外部的，陷入水中，水成为气；土则由自己打开自己，黏性的东西由此降为流体性的东西，土从而归于终结。由这种张力形成云的过程就是气开启的独立性，气反过来变化为水或云的过程毋宁说是一种变为土

---

　　①　边注：地震

的气，一种从本质上能够区别于雾的混合；正如水能够作为气而存在一样，一种水的存在就是比重提高了的气，气并不以这种比重得到支撑，而是像内聚性的另一面一样被活生生地向外发散。气被土疏散开，变得相对更轻；这一过渡并不是出现在气的比重的绝对变化中，而是出现在相对变化中；气在拥有这种比重的高度中变得张力更紧，这就是较强或较弱的（地震），地震所在地的气由此生成了水。气压计只听命于比重，气压下降就是气的比重向绝对重量、物质或水的变化。作为分离开而相互关联的张力的统一，能显示出来的气压升高就是火。得到滋养的土返回自身；或者绝对的点降落入土，它处在土和气之间，而在这种一体存在中，土有机地生育｛万物｝；而这就是说，[土是由] 水和火 [生成的]。土只有当它是自我新生之时，它才是得到滋养的土，它也是如此终结自己的。

(6，109)

75

残篇10　我们已经以这种土质观念……

我们已经以这种土质观念进入物理学中；力学的形态和结果是土在自身中的简单构成，土由此形成形态，成为黏性物简单地、无差别地在流质中的相互设定。在化学过程中，这一简单物的彼此交融的存在分别出现于一端，相对出现了土的消解或土的总体性的形态，这是就土的各个环节作为独立的物理元素而言的。土作为简单的统一体是这些元素的本质性的统一体，在绝对的化学过程中，土显现在与这些元素的斗争中，显现在对这些元素的掌控中，在它的抖动中扬弃它的对立面，并成为它的形态与它的元素的统一。如此这般的土本身就是实在的、物理的土，对于这种土来说，这些元素并不是实体性，而是非本质属性、特质和观念性环节。a）我们考察这一物理物体的理念，考察这一物体的各个元素如何是观念性的环节和特质；b）这一物理物体的理念本身如何将自身分化为这些非本质属性，或者说，这些元素如何在土中将自身个体化；c）全部的土如何是这种物理分化的一个系统；d）这一物理物体作为单个的物体如何在这个特殊物体的化学过程中运行；但是，物理性质的土的化学过程只能是这样一种过程，在这种过程中，土在其绝对的统一体的内部将自身一分为二，它的本质的不可分割的统一体在其展开过程中同时产生了它的各个产物，或者说，它在这个展开过程中是真正有机的东西，是植物和动物。

A) 物体的物理观念

I. 我们来逐个考察各个元素，并在它们向他物转变的实现过程中再次讨论它们，在这个过程中，火变成了火焰，水变成了海洋，气作为普遍的东西本身变成了与土相反的过程的一个方面，它作为存在于自身中的东西本身变成了土的总体性的点；这个方面直接落入土中。

A. 火在作为它的媒介的土之中变成了颜色、热与火焰；但是，正如它作为火焰从这一媒介中摆脱出来一样，它同样又熄灭，火绝对只存在于这一媒介中，或者说，它在这种普遍性中的这一存在是它的真正本质。这一过程将火呈现为火本身；在以前，火只是**以无限的方式**现实地存在的，因为它存在于这种总体性中，并在气和土中被张力牵扯，在扬弃其张力的过程中作为火焰出现。这就是说，它存在于普遍的元素中。在土中的火的这种存在是 α) 张力，即不同的、相互关联的比重，这些比重在此首先变成物体性的，但在个别化以后，构成每个物体的本质、简单关系，仿佛是物体的绝对的颜色，绝对的黏性物，β) 这种存在 (6，112) 作为热同样是这种张力的扬弃，因为热本来就是否定的流体性本身，αα) 这些物体本身作为流体具有导热性，ββ) 但是，正如比重是不同的一样，对于这些比重被扬弃的过程它们也具有不同的比例，或者说，具有不同的热容量。这些实在物体从等量的热中得到的热量却是非常不同的。火由此是观念性的，或者说是比重的特质、差异性，而在物体中这一比重本来是相同的，扬弃是导热性，但它被绝对地分化了，是不同的热容量，仿佛是整个过程，然而是简单的、回复自身的过程，物体并不出现在这一过程中。

B. 海洋是物体的盐性，也就是说，是它被分离为两种具有不同比重、不同导热性和不同热容量的物体的可能性。这种盐性是与第一种物体、即金属性绝对对立的；前者是肯定的比重与否定的比重的纯粹的统一体，是一种自我等同性，后者是在分解的过程中变成绝对的不等同的可能性；正如金属性是绝对的统一体一样，这种盐性是中性，即形式的统一体。

C. 气在这种物体中如同盐性一样［是］对立物，［是］分解的可能性，但以另一种方式，按照气、中项和普遍东西的本性讲，是绝对的对立物。盐的中性像气一样，作为普遍的东西是对统一体中盐性的扬弃，是普遍性；这种中性的存在是简单的，甚或这种统一体本身就是这种分解的绝对可能性。正如它在盐中是一种双重的可能性一样，那种可能性在此作为一种简单的东西和变化，并不是分解为二，毋宁说，在这种东西本身就是变为其自身的绝对对立物。中性的对立物平静地进行分解，无限的可分离性、绝对区分的可能性被对设为统一体。从分离的这种自身回复或者作为统一体的气，不外就是它与火的关系本身或可燃性，即无法化解为不同比重，无法以变化比重的观念方式拥有中性形式的性状；物体在盐性中变成了两种不同的比重，不过在此同样是先后相继。

D. 土质性就是这种观念元素的还原，是将它自身绝对地设定为一，是点的绝对刚性，这样一来，这些元素是无法区别开的，正因为如此是不可分离的，或者说，它们在出现时被扬弃，既不像金属元素那样表现为与自身相联系的过程，具有与外在的东西不同的形式，也不表现为中性的统一体消解的形式本身，不 (6, 114) 表现为作为绝对变化的可燃性，即不表现为变为它自身的绝对对立物的过程，而是作为不可毁坏的东西和不变的统一体被扬弃的。

由此我们理解了古人说过的这样一句话是指什么：物体是由汞、盐、硫和土构成的。[27]

绝对的汞是金属性，是特定黏性物、比重（肯定的比重和否定的比重）本身和热容量的纯正性和自身等同性。

盐是中性，它拥有分解为不同比重的两种物体的可能性。

硫是燃烧性，它拥有在自身中保持两种观念上先后区别不同比［重］的可能性，或在自身中成为自己的对立物的可能性。

最后，土是那些观念性元素的统一体，这就是说，是它们交融为一，彼此未将任何一种元素区分［为］对立者的绝对方式；它就是被那些古人称为处女地的土，[28] 他们为此付出了许多艰辛。在经验上粗略获知这一观念的近代人，已经在物体中像寻找经验中的硫和其他东西一样寻找土、硫、盐和汞，当然一无所获；[29] 而他们之所以在其中没有找到这些东西，是因为那个由土、硫、盐和汞组成的统一体是单一物体的绝对理念，这个统一体作为绝对 (6, 115) 的理念并不现存于无机自然界中，相反，这个统一体在自然界分崩离析，其要素只能以个别的方式呈现。我们看到：这些特质的体系［是］火或绝对概念的变形。α) 金属作为黏性物、声音、特定比重、否定性的自我回复和过程观念保留在一个统一体中；β) 消解着的盐、火表现为使它们得以实现的那种张力的可能性；

变为气和土，变成一个固体的东西和绝对的流体的可能性；γ）作为统一体、作为火焰的这种火本身耗尽自身，成为另一种比重；δ）火焰的熄灭是变化的完全不可能，或者是这三种变化的被扬弃的可能性。

因此，这一物体的理念表达的是这一过程的全部总体性；这同一物体的理念作为金属性表达的是比重，自身等同的黏性东西同时扬弃自身，使这种扬弃活动本身在热传导过程中成为自身等同的东西，但同样也成为一种被特殊化的东西，一种特定的容量；但这一过程在这一被特殊化的扬弃活动中直接实现自身，并在盐性中变为不同的比重的生成，然而是观念性地在绝对的硫中设定这种不同的比重，也就是说，由此仅仅生成同一物体中的不同比重，但是这一物体作为绝对单个的物体只能够依次相继地具有不同的比重。并且土性就是这同一个作为一个统一体的全部过程；所有这些要素都绝对地还原为不可区别性。对此我注意到：a）这些元素正如它们作为物体的特质存在于一个统一体中那样，是这些元素在自身中的真实的映现，是它们作为对外关联的存在本身的理想性和无差别性，或者说，它们只存在于这一过程中；它们是这一物体的感性的东西。这一过程在此直接存在于与其他要素的联系中，在它自身中①则是无差别的，是这同一过程在物

---

① 在初稿中此后被删除的文字是：它们返回自身并过渡为其他；这种特殊的加热，即对于此种比重的扬弃过渡为盐性，后者又过渡为火焰，物体从这一过程中通过火焰过渡为土，这个物体就是土；这个物体是这一全部过程中的同一个东西。b) 物体在过程本身中的这一运动对于作为单个物体的物体来说同样是一个在自身外的存在；

体中的存在。但是这些感性的东西的无差别性是一种形式的无差别性，或者说，是第一级次的无差别性。土直接作为各个元素的一体存在或各个元素的观念性存在是绝对的单一性、绝对的土性和绝对的反射点，因而每一个单一的土质物体都是按照这个统一体被设定的；这一物体的理念是进行区分的、对设的和在其对设中进行扬弃的总体的统一体；但是这个单一性的现实存在、简单的点的现实存在正因为如此，尤其无法依靠其自身展示一个统一体中的过程的总体性，并且实存的单个物体为了它的单一性，为了它的土性，只能总是表现为一个环节，而将其他环节置于自身之外，不论是静止地作为其他物体，还是作为过程的环节。这一物体只具有一种黏性东西，一种比重，它只有在与其他比重、其他物体相关时才有意义，或者说，甚至是在绝对的自身变化中，一种驱动它的陌生的火就是这个过程。盐性只是张力的可能性，它具有对于它产生张力的无差别性，在它自身之外，在它的比重统一体之外，并且就张力变成现实的而言，这一张力是物体的分解和毁坏。这并不是与盐性的可能性或中性一起被设定的，不是可燃性，不是分解为二的可能性，而是在其自身中具有不同比重的可能性；但是这并不同时就是［在］土的统一体中不同的比重合而为一。在自己的统一体中的土性同样不是没有区分自身的内在可能性；它也不是金属性的，无法自在地表达这一过程的理念。不论是现实存在的，还是在过程中的，这些要素都是在作为绝对简单性的第一级次中相互分解的；土性作为这些要素的统一体是一种形式的统一体，在这个统一体中这些要素只是被扬弃了，或者说，这些物体缺少自为的统一性或绝对的无限性；这个

(6，117)

物体确实是无限的和被赋形的，或者在它身上归根结底只有形式的一个方面、一个环节是现实的，而其他的环节像其他的物体或它之前或之后的状态一样是置于它自身之外的。或者说，它缺少第五种感性东西，这种东西将它那种与它的过程联系在一起的统一体撤回绝对简单的统一体，撤回自身，把它的统一体作为一种简单的、与对立面关联的统一体加以扬弃，将自身设定为回转来的统一体；或者说，它不是声音、音响或声响，后者是一种由外引发的一种声音。

　　c) 在这个物体的理念中处于对面的是物体以环节形式存在的自为存在、它的单个存在、它的作为其重量环节的总体性的存在、它在过程中的运行和变化，而在这个理念中二者已经被设定为一了；但是，这个单一的物体无法在它的自为存在中设定金属性或可燃性；它只存在于内聚性或磁力性这些环节的一种形式中，但这是所有环节的差别的绝对存在；因此，单个的物体并不具有真正的内聚性，后者是一个经常被使用、却不被理解的词。我们已经以形式上的形态把真正的内聚性理解为磁性，即理解为不同比重在一个统一体中、在作为总体的形态中的一种存在；在此我们进一步将它理解为与土性相对立的感性东西和过程的差异性，理解为土性和不同的感性的东西的绝对统一或一体存在。物体拥有的这个一体存在只是在过程的各个环节的差别中的一个分离者；因为它是土，它表达总体的理念，但它是一个形式上的一体存在，它不是一下子就表达出这一理念，它的表现、它的有差别的状态和它的无差别性并不绝对就是它本身；绝对的内聚性是这种作为一的无限性；｛上述的一切｝在不同时间和同一时间都作为不同物体现存着的总体性聚集在这个物体上①；这一过程的力量同样是总体的各个要素在其先后相继中的这种变化，或者就此来说，这些要素是同时存在的和彼此无差别的，它们向有差别的变化并不是物体自身的火。

土作为各个物体个体化的总体性通过它们表达的是这一过程的各个要素的不同关系②，或者通过其理念的不同要素将自身设定为土；土本身只［具有］绝对的内聚性，它是存在于所有要素的差别中的统一体；但是它本身也只存在于这一级次中；它并不是自为存在的东西；各个要素变成土以后，本身平静地存在于土之中；它在元素的过程中作为这种一体存在产生出来；只有在有机体中它本身才变成这个自为存在的一。

简言之，我们把这些要素看成是存在于土中的，或者说看成是土质的物体；由此〔我们把它们看成〕α）过程的理念，金属的金属性，β）把盐的对立物和燃烧性质看成是盐和燃烧着的物体，γ）看成是真正的土。

③a）金属是过程的理念的土质表现，是在金属中的过程，是 (6, 120)

---

① 在初稿中此后被删除的文字是：这种总体性在物体中是单纯的可能性；物体是这种被对设起来的现实东西，是一个被排除的可能的东西。土性的内聚性是易碎性。

② 边注：土质物体的划分

③ 在初稿中也许在这之前有下列被删除的文字：如果各类土不是要么作为绝对易碎的土独立地拒绝这一过程，要么在过程中变为盐，作为盐必然分解，它们作为土就可能是真正具体的和完整的物体。但这样一来，一切土就都是整个上的抽象。

这样一种物体，在这种物体从｛原有｝比重过渡到金属中的热传导和比重变化，但只是在观念上让这一过程变成从无形的、刚性的流体向流动的流体的过渡，并返回到这种物体的最初的存在，从而在观念上包含这个过程，而在这一过程之后、在比重的持续变化之后并不变成氧化物，并在这个过程中不在自身中设定任何其他要素，不设置任何其他东西与土质性本身相对立。它本质上是自身等同的黏性物、流体，在它的刚性存在中同样是自身等同的流体，仿佛是完全纯粹的，真正是没有断裂而成形的，正如没有结晶化一样。然而，这种最纯粹的金属依然还是一种土质的东西，在它的比重变化中直接存在着这样一种可能性，即将这一过程中的另外一种要素保留在它之中；虽然这｛两种｝贵金属本身在火中依然不发生变化，但是，这种土质的火本身就将金子氧化，它们相互融合，而且对于其他物体，它们具有像融化和烧红这类过程的要素的观念性①贯穿作用。但是，它们并不是更贵重的金属，哪怕只是一般性的金属也贯穿这一过程的要素，因为它们在它们自身的比重的分化中｛也贯穿这一过程的要素｝；它们所贯穿的这一过程的每一种要素在它们之中变得更持久。这种金属，这种在它的过程中自身等同的东西，这种也许同时最充分地表现这一过程的东西就是铁，它能够凭借它自身呈现出像镍和钴一样的比重的分化的外观，而不同于磁铁；｛这是｝一种在分化中保持为一的绝对表面的显现；这一倾向本身在铁中设定了不同比重的这种显现，但铁根本不会变得能够有更高阶段出现的分化

---

① 下注：不可燃性

的外现，即电的外现。

贵金属纯粹表达在［金属性］中存在的元素的第一级次的概念；它具有高比重，并且这一比重｛的形成｝过程是这样一种理想性的过程：它在它自身内设定这一比重的扬弃，作为流体来传导和播散热，并在这一过渡中将其置于另外一种比重中，在其比重常常会变得更大的烧红和融化中，它保持在自身之中①，并不在自身中设置这一过程的其他要素，既不设置盐性的要素，也不设置可燃性的要素，而只是凭借依附于它的那种观念性的方法表达这一过程。但是，出于其单纯性的缘故，这种贵金属像一般的土质的物体一样，具有这一过程的不同的要素作为一个在它之外存在的东西，并能够凭借它也拥有实在的过程；而它的观念性的过程本身并不在它自身中具有其运动的元素。

但是，非贵金属却不能在那个简单的过程中在自身中保持自己，而是这一过程在这些非贵金属中直接成为实在的，这一过程的其他要素的形式被设定于这些金属中。

关于金属系列已经有许多的讨论；[30]各类金属的序列只能意味着从它们的根本存在形式的端项向其对立物过渡的表现。另一方面，人们已经相信在比重和内聚性中能发现那些特性。[31]关于比重，它不只是一个很确定的概念，而且是金属的本质性的己内存在，这种存在是自身等同性。金属的这种己内存在的另一方面直接是进入过程、呈现这一分化本身的可能性；然而这种可能性是某种如此这般的普遍物，并在自身内包含了很多的东西，以至于

---

① 边注：更高的流动性

(6,123) 它是一种完全不确定的东西，或者只是在自身拥有和融化观念性过程的环节①，或者是与它们一起构成被酸和盐分解的盐性，或者在这个不确定的东西本身表现比重的不同程度，即不同的可氧化性，或者在本身表现土质性的形式，即易碎性——或者，最终表现与其他物体进入力学过程的方式，即硬度、广度可展性、长度可延性等等，以及重量关系本身——最后，又表现与其他金属

85 本身的关系，表现物合过程，表现在这一混合过程中比重的融合与变化关系，也表现在电反应中形成了与这一过程不同的化学差别。一种序列完全从其他序列转向这些特性中的任何一种，即一种特殊的差别形式，在此完全没有必要去发现两种特性的共同参与或者对立；因为这些特性没有任何一个是孤立的，一个纯粹的他物绝对就是对立的东西，它们在彼此交融中包含一切，没有任何一个是支配性的，不与作为其对立面的另一个发生联系，而总是与所有特性共同形成的关系相关联；能变成与比重相对立的东

(6,124) 西只是所有这些特性共同形成的关系，是它们的作为不同形式的总体性，就像存在呈现在过程中，呈现在其不同的要素和形式中。因此，在寻找到金属间的一种序列之前，毋宁必须认识到这些特性的绝对序列，认识到这些特性的绝对关系，即一般物体理念的总体性，此外特别是金属理念的总体性。施特芬斯曾经将内聚现象与比重相对立，[32]但 a) 从他的研究中可以看出，他还没有清楚地认识他称为内聚现象的东西；他的论文中并没有出现有关这一现象的理念，由于它是一个普遍的概念，因而［它］还根本

---

① 边注：导热性

不具有作为磁性的内聚现象的形式存在，不具有统一性中的差别本身的完全形式的概念；[33]然而，问题的关键就在于这种差别，在作为过程的形式总体性的这种差别的存在中，形成的东西并未超过纯粹力学的内聚现象，按照这种内聚现象，一根金属线在扯断之前，或多或少总是能够承受全部外在的东西，即承受重量比；[34]里特尔曾经给予施特芬斯以帮助的唯一的东西是表明这一过程的真正内在形式的东西，即金属对于烧红和融化的比例关系，也就是观念性过程的环节；[35]这一环节表示的是金属过程中的观念性存在，它本来就是作为金属在过程中存在的东西的理念，也就是它的比重的变化；但是，这一环节本来只保持在处于其纯粹状态的绝对贵金属中，保持在一种单纯的烧红和融化状态中；然而，联系到它的大小的规定，〔这一金属〕本身已经不是处在其现实存在中的一种单一东西，不是烧红对于融化的一种自在的关系，不是二者距离的关系，或此与彼之间、在前的存在与在后的存在之间的关系；正因为如此，直接呈现出来的只是这些形式本身，〔因为〕这一关系一方面设定了这一过程的其他形式，不〔能〕呈现二者本身，并不是从烧红前进到纯粹的融化，不是从纯粹的烧红前进到烧红，而是从纯粹的烧红前进到氧化——不再是烧红着的东西或融化着的东西，玻璃化——因而不是一种从融化到烧红的关系，而是从融化到氧化等等的关系，正是那种单一关系本身在氧化中发生变化，它的氧含量、质料的含量〔变成〕另一种规定。这根本不能被称为给施特芬斯实验奠定基础的一种理念；经验的东西同样是肤浅的，他关于金属特性的量所做的说明涉及

(6，125)

86

的就是这种肤浅的东西。[36]所以，最终涉及金属序列与各种土质的连接，涉及从各种土质向有机自然的过渡的东西，是与碳与氮的形式相关的，比重与内聚性的形式就在随后向这些形式过渡，这些还在物理东西中使用的化学元素，即抽象概念在此完全不再有任何意义，这是我们已经讨论过的；[37]毋宁说，绝对的本质东西，即有机体本身，完全宣判了这种形式的死刑；序列的观念，即将土质的有机环节的比例量还原为单纯数量上的差别，是一种哲学的误解，尽管哲学把实在的东西看作同一种绝对的量，即自身等同性，但哲学在设定差别时，正好由此具有了质的东西。然而，只是在量上把这种差别本身理解为大小的不同，也会完全结束认识活动，而对于认识来说，差别是绝对的对立，并只因为如此，也是对立的扬弃；对自然的认识，即将自然上升为精神的活动，现在恰恰是这样一种力量，它沉溺于自然的量的本质，由此它只能将无限性表象为一种在各个端项之间的无限的、经验的中介过程，而理性才是真正的无限性，扬弃这种中介活动，并坚持把各个端项当作理念的环节。

b. 但是，对立的物体，即盐性和可燃性的物体，显现为盐、硫和萘等等，因为作为纯粹的对立的物体，它们也显现为直接来自这一过程，即来自海洋和地火的物体；由于它们表现这一过程，它们就只以土质的形式自为地存在的，并不是土质的绝对的统一体，也在水中分解，盐分解为酸、钾和碱；盐的抽象首先在这一分解中才表现出土质的本性，然而是截然不同的，并且直接从气中产生了它的中性。酸在它的方面同样也是如此。硫这种可燃物在它的方面作为**绝对的**对立是设定到土质形式中的火，这个对立物是在它的绝对差别中与自身相对立，它不是以中性的形式存在的，而是以绝对统一体的形式存在的，这个统一体是自身运动着的对立物，或者说，在这一过程中正因为如此才是燃烧的；硫正因为如此才接近于酸本身，或接近于这样一种状态，在这种状态中它的火的本性变得不同，就是说，它同样为了自身统一体的缘故，以双重方式生成了酸：依照另一种酸的酸性原素成为硫酸；但是同样依照与真正的酸对立的、本身只拥有差别和一般性关联存在的不同的碱性，即依照钾性原素，通过氢变成了属酸的东西或硫化氢，后者在自身的分解中变成了氢气和硫。

c. 这样一些土本身是真正具体的东西，是绝对易碎的东西，它们是可燃性与中性的被消除的内在差别，是量的、外在的流体 (6，128) 性的这类差别，与他物融为一体。〔这些土〕根据其易碎性原素又表现为其他形式：砾石把这种易碎性总括为连续性，总括为流体性形式；在丧失了这种脆性的纯粹的黏土中则变成了纯粹的脆性，但正是在这里，或者说由于它完全扬弃了对外的绝对联系，即流体性，它才变成在自身中的联系，在内部分解，并作为在它的绝对差别的对立物，转化为诸如玄武岩、土等可燃烧的东西，但在另一方面则转化为石灰的中性。每一种物质的本质，即规定性，都可以又表现为流体性或连续性的端项，表现为易碎性或连续性的绝对中断的端项，同样接近于作为土质碎裂的透明晶体；而这一宝石作为把绝对易碎性东西绝对接纳到绝对连续性中的所在，既可以很好地表现在砾石中，也可以表现在黏土中，而主要是可以表现〔在〕二者的混合中。这种宝〔石〕，即钻石，在它的抽象中接近于排除所有的差别，接近于土质元素的化学抽象，

(6, 129) 并在它的挥发中表现为纯粹的碳。并不是说它自在自为地就是碳，而是说，它的绝对的土质性是绝对连续性的，在其挥发过程中直接转化为这种抽象。但是，石灰由于其中性的缘故，只能以更低的程度达到清澈的透明性；通达一种对于其蜕变可能性的更高程度的扬弃，它们就会不再是石灰，而会变成砾石。区分土类以及这些物体的东西恰好只是差别的形式。

这些普遍的环节可以引导我们标明端项的起始点，并且认识到秩序的绝对原素，但在它们之间则是自然东西的相互转化；这些转化和混合本身就是这些环节的具体东西。

因为像土这一概念所分析的这些同样的抽象并不是土本身，土在本质上是这些抽象的统一体。但是，作为这种土，作为它的第一级次，它无法在绝对的统一体中把它们作为它的环节区分开，即无法{作为}有机的{环节}，在这个统一体中把它们区分开，或者说，无法在这个统一体中表现区分开的各个环节，毋宁说，每一个环节对于统一体来说都变为这样一种自为存在的环节。但是，如果这个统一体表现的并不是这些环节的有机统一

(6, 130) 体，那么它在本质上表现的就是这些环节的有机混合，有时候才从它的那些抽象产生出来，并且本身作为这些环节的系统产生出来，这种混合开始于它们的统一体中，它们的更大的有机组织在其肢体中只是这些环节的一种不同的混合；这种统一体本身在此还没有从系统返回，而是被遮盖起来，{因为}统一体是这样一种有机的必然性，按照这种必然性，每一个环节都将成为一个存在着的东西，并根据这种统一体得到安排；但这还不是同时作为总体性和统一性而现实存在的自由的统一体。绝对的统一体只是

作为土质性、作为这些环节被扬弃的存在而实存的，这些环节又不带有它们被扬弃的存在：分离消解。

土只有作为整体才具有这样一种真正的内聚性，这种内聚性扩展不同比重的系统，并在其统一体中把不同的比重结合在一起；单个的［物体］只是一种特定的黏性物；这个整体就是所有黏性物的内聚的统一体，不过这个统一体却不是作为统一体而实存的，而是与其环节的彼此分离相对立。我们按照这一级次的这种定义，即按照土自身有机化的方式来考察［土的肥沃化］。

土的肥沃化在于，它是这一过程的绝对统一性；使土肥沃的能动元素是光在土中变成的火。比重的所有这些差别是在如此这 (6，131) 般的纯粹的热中共同构成自身的；有形的火不仅仅是保持流体性和自身等同性的热，而且还是作为进行区分的黏性物的光，这种进行区分的黏性物与热相对立，设定并保持着比重的多样性，限制热，即限制对于比重的流体性扬弃。被火所贯穿的自身黑沉的土只是得到加热，是一种无形的质块，是土本身的聚合；有机自然界的形成物只能存在于光与热达到平衡的地方。**土的内部**因而是杂乱和空洞的，没有得到发育的，既不是一种金属的核，也不是花岗岩的核，根本不是属于发育过程的东西。土的外皮是真正得到滋养的东西；土的外皮被光和热贯穿，从而被塑造成形，无机的自然的东西在其中毋宁说归属于｛土的｝黑沉与内部，因为土的个体化原素的扩展，即进行有机化的土的刚性，在其扩展中保持不变，并且本质上是以这种本质上自身等同的流体性形式存在的，土的形成物本身只能是一种黏性的东西、一种比重，流动的东西因而在其中占据上风。因此，发育和结晶化在白天要比在夜里发生得更微弱、缓慢和细小，美丽的晶体在土的黑沉的洞穴中孕育，因为在那里光的流体被激活，同时又没有被它限制，以致个体化在光的流体中占据了上风，内在的分化变得更为强大有力，并激发起一种有机发育过程。

土的这种发育的根源是花岗岩；这个根源并不是一个简单的东西，而简单的东西在无机自然界中是一个抽象；这是因为，简单的东西必定不是在自身之中，而是在自身之外拥有这一整体差别，并且只是表现这一整体差别本身的一个环节。因此，土的有机性根据在自身就具有这一差别，不过这一差别相互外在地表现为这一根据在自身中的一个部分；这个根据不能被看做一个生成中的混合体，一个偶然的沉淀物，而是应当被看做有机土质的有机统一体的绝对现实存在。花岗岩具有单一的、在自身中不能被分解的砾石本身的核心，其次具有形成平面并在对立中成为对立物的云母，最后具有作为尚未发展出的石灰中性的长石。可燃物的形成与石灰的形成，二者是作为云母和长石包含在它们的根源中，或者是作为存在于花岗岩中的东西而被包含在它们的根源中，即使是在砾石的结实坚硬范围内，二者中的每一个本身都是一种矿物质的凝结，这种凝结过程本身已经接近于黏性物的东西，接近于砾石的蜕化，而且本身还首先包含金属的胚芽，以及可燃物和石灰物质（作为钾、重晶石的长石）的胚芽，仿佛它自己已经造就了这一切。这一发展仿佛是从云母开始的，起始点是这种三重性的对立物。但是，这一发展同样直接是成为花岗岩的单一性，因为这一发展是将总体性设定为环节的活动，是根源变成一种内在的单一性的活动；在这个变成单一性的活动中，出现了对外的差别。花岗岩的这种三重性凝聚自身，它扬弃了在它自身中设定的多样性，因而转化为外在的东西；它将自身精致化为土质的东西，变成单一的，并转化为黏土，然后黏土页岩开始以多种多样的方式成为对立面的内在东西的生成，成为硫酸的化合物，正如它在页岩黏土中灌注了硫，转化为完全可燃平面的石煤层，在另一方面转化为具有土质形式的暗色岩的形成，转化为玄武岩，从而变成了土质的硫。在另一方面，中性同样得到了发展；云母这一最不稳定的东西似乎通过滑石土与石灰化合，而滑石土似乎构成了纯土质的盐，似乎像黏土页岩一样，处在盐与已形成的可燃性之间；因而在盐与已形成的石灰山脉的中性之间的滑石土，作为非易碎性的中性，具有一种惰性的流动，并无形地 (6, 134) 沉睡在脆性的和晶体化的另类山脉上，直至〔纯土质的盐〕最终在一般的漂浮的形成物中，或在涨大的、未形成的土地中混合和分离，而在砾石沙滩中，黏土与石灰则表现为内外都无形式的团块。有机形成过程的这些形式在黏土页岩和石炭矿层中具有它们的位置。这些形成过程中的许多东西都应当从历史上加以认识；但是，绝大多数则应当作为有机形成过程本身的萌芽来认识；无机东西在黏土层和石灰层中是如此广泛地得到开采，并且内在地存在着差别，同时还聚合在统一体中，以至于页岩物，正如它自身成长为硫的原素一样，在这里是从单一物向内在的差别变化的一个阶段，它必须被看作在有机物与无机物之间摇摆着，并至少可以表现植物的枯死的有机形式；在它完成它对于内在分化的抽象之前，在它重新回到无机的可燃性、把它的可燃性本身沉入大地之前，在石灰中它的中性的本质只需要阻止从单一性向枯死的

(6,135) 无差别的中性的这种突变,以便分清它向中性的变化,表现出动物的形成。诸如很美的透明石灰晶体本身这样的宝石则是更为细致地贯穿所有差别,是所有差别的彼此交互扬弃的端项。但是,这些金属是土的抽象,在这些抽象中,土彻底消除了土的差别,并在土自身消除了玻璃的易碎性及其点状存在,形成一种纯粹的连续性,并将其透明性的形式、形成脆性物的单一性本身提高为本质。因此,最需要分化的这些金属本身最喜欢与土质火焰,即与硫磺化合;作为观念性的黏性物,金属性就是观念性的自身等同性,即使黏性物不成为比重,也至少作为颜色到处播散。

从土质的单一性到分解为内在对立面和中性的转化是由有机形成过程的形式标识出来的;但是,绝对的流体性,即对于土质
(6,136) 东西的易碎性来说只是形式的自身等同性,同样如此生长出本质性的规定性;金属的不掺杂质的状态,即在纯粹土质的连续性中是单纯形式和透明性的自身等同的黏土,变得比颜色更明显和突出,直至金属本身作为它的抽象对于可分离的土进行渗透,特别是在黏土和页岩的形成过程中,作为土的易碎性的另一个沉淀方面以一种可分离的方式与土合为一体。另一方面,在土质的东西同样排除着金属的物质连续性,而在自身方面进而形成砾石,形成形式的连续性的地方,这些贵金属似乎活跃起来。石英矿脉是它们最肥沃的矿脉。其他的金属很少出现在这种纯然不杂的抽象中,并作为矿石形成一个完全土质的总体;特别是这种金属的纯然不杂性质喜欢与其在自身中存在的对立物、与可燃物或硫合成一体,而这样一些矿石构成了由无形的金属流体,即量的统一体与燃烧的东西,也即绝对的质的统一体或绝对形式组成的最完善

的土质整体。

简要地说，这就是自身进行有机化的土的一般有机图式；它 (6, 137) 本身就是各个元素业已变成土的、绝对化学的过程，而这个化学过程是与形态相对立的，并且本身就是与自身对立的形态的斗争；在形态的支配下处于稳定状态，并且构成土的有机本质的化学过程，就是这样现实地存在于对土的力学过程的关联中的。

地球的刚性轴、它的绕轴运动、这种运动与太阳的关系就是这样一些环节，自身进行有机化的地球要与这些环节进行斗争，地球的变化的踪迹充分表明了这种斗争；在北半球发现的南半球动物的骨骼，处在陆地中的巨大盐矿，看上去是联结在一起的陆地被海洋造成的分割，狂暴破坏的其他征兆都显示出地球与太阳的另一种关系，由此显示出有机形成过程与地球的力学过程的另一种关系。

当然，这些征兆不必过大地加以扩展。任何一个具有植物形式的石煤矿层，任何一种自身支撑着有机曲面的石灰，任何一个石化木的矿层，任何一种像玄武岩这样的可燃矿物，任何一种像页岩黏土矿层以及特别是页岩山脉那样的硫化物，所有层状矿藏都被归诸一种来自火或水的力学起源；而在自然具有有机秩序之处，到处看到的也只是力学的、偶然的秩序。[38]但是，地球构成的单纯外观已经告诉我们，地球形成的那个有机图式保持不变，并且在由流动的岩浆而来的力学沉淀中，并不是以如此确定的特征表现出来的，或者说，那种沉淀必须被看做一种有机的结晶，它的多种多样的地层造形活动相继［发生］，但并不是每一次造形 (6, 138) 活动又需要不成形的团块自身的膨胀和发酵，以至于每一次造形都会是自身的沉淀,而不是一种从一座山脉的形成转化为另一座山脉形成的新变化的沉淀。因此,自然界在这里只是大体上就整个一般特征来说,可以描绘为一幅理念的图像,这幅图像必须在地球史上每一次都同时只被看做一种状态。人们由此清楚地认识到,像三重花岗岩这样的旧大陆是与西部新大陆相对立的更完整的形态,这个新大陆只拥有南北的张力而缺少中部的坚固性,并且在所有的形态形成过程中,有机物的发展都较弱。完整的东西是从作为绝对坚固的中心点亚洲诞生出来的,而美洲则缺少这样一个中心点。几乎所有旧大陆的动物在新大陆都存在,但是动物形成中的无限东西则较为无力,真正居支配地位的是旺盛的植物生长;即使是植物的生长也开展得不像旧大陆的那样丰富多彩,而是林木茂密。人是一种绝对更软弱的自然产物,他们想得到人在统治自然中强化人的东西,即铁和负重的家畜;{因而人是}一个纯粹幼稚可笑的族类。在北方,土的团块是从北向南扩展的,水则笼罩了南方附近,陆地在这里伸展出它们的尖端,而在北方它们展示出它们陆地的正面。①

各种有机物更难承受地球的这些力学差别,它们仰望太阳,这就是它们与太阳的关系。太阳本身作为土恰恰是这样的,即土以其元素克服了由太阳激起的无限过程,把这一过程集中在自身

---

① 在初稿中此后删除的文字是:有机自然界在气候的差异中完全处于太阳的支配之下;在热带,光是极强的,不允许内外之间出现有一种飘荡;接近两极,它向内收缩,在炎热地区中,它使自身在各种鸟类里生出金属般颜色的光辉,使鸣叫哑然无声,正如四足动物在狂野地四散奔走,各种植物则依然保持向自身的渗透。

上，只不过一般的是被这一过程、被这一力学过程所规定，并服从于这一过程。

这种在自己的图式中一般得到描述的有机的个别化是地球的本质，{这个本质}在地球环节的每一种发展中，变成一个独立的东西，变成一个与其他东西相对立的无差别的东西。每一个物体本质上都是刚性的个体，但存在于这种刚性的个体性中的同时{又是}一个确定的、特殊的物体。因此，它的特殊性并不是与其他物体相对的活生生的差别，毋宁说，这种特殊性是沉静的、独立的；不论是这个有差别的他物，还是二者的能动性的联系，对于单个的物体来说都是一种外在的东西。

各个单个的、物理性质的土质物体能够在它们本身拥有各个元素的简单统一体，而没有展开过程，没有形式的对立，没有与它们的纯正性和刚性相反的无限性的对立；因而对于这些物体来说，这个过程是某种外在的东西；在这些物体的个别性中与其规定性对立的就是另一种物体，二者的相互关系同样如此，{这就是}火。在这一过程中的这些单个物体的生命是暂时的生命，这种生命并不在自身中延续，这一过程的两个方面的联结对于[它]来说是一个偶然的联结；在这个关联中没有绝对的转折点，各个相互牵拉的东西在自身中反映出对外的差别时，通过这个转折点而变成无限的，它们在这种独立性中会毁灭自身，因此扬弃这些张力的构成物，依然保持它们原初之所是，相反地，这些张力的构成物则变成独立的，并且分崩离析。

单个物体的这一化学过程潜在地是同一个绝对的、普遍的过程，这个过程是绝对的范本，而那个是一个摹本，一切生机、绝对的一体存在、普遍的理念在其中是偶然外在的，或者说，正如我们将看到的那样，那个过程只是在形式上表达自身。

在这个绝对的过程中，存在着这个过程的绝对概念或理念，(6，141) 作为现实存在着的、绝对实存的差别，它是在自身中自我毁灭和自我生产的东西，是能动者，即火。

这同一个理念作为被动的、带有作为单纯的可能性被扬弃的差别的理念，就是水。

二者之间的两个中点就是气和土；前者作为普遍的中点，后者作为综合的中点。

正因为如此，作为中点的二者是火与水的关联；火的一个支流是气，另一个支流是土；当火是自我毁灭的抽象时，存在于这种火中的土就以保持自身无差别的方式成为差别，这种差别作为气又是无差别的，是与作为普遍性的土的形式相对立的抽象的普遍，而普遍性是对立物的综合统一体。

水同样是作为可能性存在的，是根据这两个方面而被设定为气的可能张力和土的可能张力。

二者中的这种张力是其生成着的个体性或独立性，二者作为绝对普遍的元素无法胜任这种个体性或独立性，这种个体性或独立性因而自我扬弃、自我毁灭，并返回到第一种关系中。

单个物体的这一化学过程是同一个东西；但是，当它没有绝对地返回自身时，它处在较低的阶段；它还〔可以〕处在较高的阶段，这是因为，这些对立能够具有设定于自身中的差别，并在自身中进行个体化，从而保持这个状态。

在单个物体的化学过程中必定现实存在着同样的这些元素，但是由于它们在此并不是作为普遍的元素，而是作为特殊的元素存在的，个别化了的土加入到这一过程，因而只有那些〔普遍〕元素的绝对形式本身才是必然的，各个土质物体能够在或多或少完善的过程的几乎无限的彼此化合中取代那种普遍关系的方面；然而，要把握这个单一过程，这些元素必须在如下这样的物体中〔加以〕寻找：这种物体或者是作为绝对能动者的火，或者是作为流体的水存在的，后者具有差别的可能性，并会转化为差别；(6，142)或者是作为无差别物的气和土存在的，火与水的差别就现实存在于这些无差别物中并被设定于其上。在这一经验的过程中，这些元素既可能是物体性的，也可能是作为单纯形式而现存的，正如在金属的融合中，金属的持续的、流动的本性就是水在绝对过程中的代表。正如在绝对的过程中气和土是被彼此牵连的无差别的东西一样，这里存在着两种金属：化学过程的多样性一会儿具有作为现实物的环节，一会儿具有作为单纯形式的环节。

我们在此要论及的是理念，关于这一过程实存的经验形式只能受到很少的关注；关键是要认识这一过程运行的规律，最有趣的是〔认识〕作为能动者的火，即这一过程的真正灵魂的实存形式，而从对这一规律的认识中产生了有关规律本身的其他环节的实存方式，规律本身则必须被设定为理想的过程，被设定为这一过程的本质，它是绝对的形式。

A) 第一个环节是，为自身存在的物体被设定到了与另一个物体相对立的绝对差别中，b) 这一张力得以现实化，每个物体在他物中设定的东西都与自身在观念上成为同一的，各个在此中自身个体化的、对设起来的综合结果产生出来，并再一次回复到最初的无差别中；这些结果在此分崩离析，但这种回复只是一种形式的回复；从这一过程中产生出来的东西是与最初设定的东西不同的，而向原初独立性的回复就是重复这同一个形式过程，然而却是这样的，即这个过程具有了不同的内容，同样这些综合的结果［被］牵制着，对设起来的综合结果再一次产生，它们就是最初的那些结果；几乎可以说只有金属被区分开了。

a) 第一个环节是无差别物体的张力；α) 对于一个无差别的物体，我们想要么称之为金属，要么称之为盐，称之为一个中性的物体，或由土本身构成的中性的土，而并不想称硫为绝对的可燃物或钾化合物（纯粹的砾石、纯粹的黏土），因为这些本身只是抽象、差别，或者就像纯粹的砾石和纯粹的黏性物一样是形式的无差别（尽管在融合中是同一个东西）。a) 这个以张力牵拉的东西就是火，是占据无差别物体的绝对区别中的统一体，火的差别正是在无差别的物体中实现的，也正是在无差别的物体中，火的差别作为实在的东西就像拥有物一样拥有这种差别。这种作为差别的统一体的火是以四种方式现实存在的：或者作为实存的单一本质在此是作为自由的元素、作为火焰现实存在的；或者作为实存的土质的本质、作为酸现实存在的；或者不是作为实存着的东西本身，而是一种现存于物体自身中的差别，这种差别在其流动性中或者是直接有效的，是有差别的金属的形式；或者，如果这些金属不是流质的，而是就其本质来说是刚性的，那么它们首先［必须被］制成流体性的形式，从而首先与另外一种东西相联系，这种东西是在玻璃等物中作为通常的电受到激发的能动性。

[它] αα) 作为自由的火、火焰［而实存］，作为如此这般实存的火，它是偶然地、外在地附加于物体的；物体中火的理想的、能动的存在直接就是理想的过程，是物体自身中比重的变化；基本的火似乎要具有气本身，作为它现实存在的绝对条件，但气的形式本身能够具有土质的东西与气本身的对立，作为不可燃的气和氧，或者也能够形成大气层的气体和无差别的物体，火作为有差别的东西将自身设定为无有差别的东西，并在它们的张力中扬弃它们，使其无差别化，形成水的结果，但同样也形成了与水对立的另一种气，两种综合的结果产生了出来；因为在这些燃烧过程中总是存在着气的残余，水的方面对两种流体的形式本身隐藏起来。ββ) 它是作为酸实存的，无非是作为土质的火、绝对的差别物实存的；火本身是酸性与碱性的综合统一体，但是，正如二者彼此相互绝对否定一样，二者中的任何一个都不是实存的，在酸中存在的只是酸性；然而这个综合统一体是实存的，在酸性与碱性的对立中，它就是这个对立本身；它是火，在此作为单纯、抽象的酸的矛盾物；火必然拥有这二者，即它的实存的酸性和碱性；酸绝对必然地具有碱，即使它只是统一体中的一个方面；相 (6, 145) 反，这一综合统一体是实存的，这种绝对的对立、绝对的必然性就是变成与自身不同的一个东西，扬弃它的实存，正如火扬弃它的非实存一样；作为自为存在者而实存，而又必然同样地拥有另外一个存在者，这样一个矛盾是使事物的本质成为土质的火的内在的矛盾。这种对立的东西，即腐蚀性，就是这一矛盾。酸因而也具有水与气本身的矛盾，它在此必定是与碱联系在一起的，纯粹的酸如果没有通常对金属无任何作用的水，则必定被水稀释，

如果没有空气却不会被稀释。

γγ）火不是作为酸与碱本身的差别实存的，而是作为这两者的相互对立的差别实存的，因为前者本身是火的差别，而后者是物体的差别；自为地以无差别的、自我等同的形式存在的物体，按照与其相对立的规定性来说是绝对流质的，因而并不是硫、盐和土，因为它们是中性的或在自身中存在差别的，它们是易碎的，并作为自身易碎的东西分崩离析，而不是绝对的、单一的规定性。只有金属具有所要求的它们之中的差别，这种差别既不是钾的，也不是酸的，而是无差别的，而且不是对立规定性的统一体，而是一种单一的东西；在这一统一体的流质性或绝对纯正性中，它的不同的黏土直接与接触的统一体相互关联，这种与对立的统一体本身直接的关联就是火。这些接触中的金属直接就是受张力牵引的火，并开启了这个过程。电流过程完全是一个绝对的化学过程，只不过火的本质是以另一种形式设定的，而显现出来的火，即火焰，表现为一个产物，一个结果。水本身也存在于这个过程中，两种金属本身作为土和气、特殊的东西与普遍的东西是相互对立的。δδ）然而，在本性上不同的两个物体并不像金属那样是流质的，而是中性的或可燃的，或者是土质化的，通过单纯的接触并没有建立它们之间差别的关联，因为它们并不是流质的，自身不能传导，它们必须从外部被强制地加以传导，一种传导、一种流质东西被设定到它们之中。摩擦是一种强制地使流体本身流动起来的活动，流质东西通过这一活动扬弃了断裂和易碎性，并联系起所有的部分，把它们设定为一体，并以此方式扬弃每一个单个物体的内部断裂即易碎性，使两种相互对立的差别得以出现。

火以这四种方式被设定起来,因为火是以这些方式实存的,并且在不同的物体中成为实在的,火就被这些物体所设定,物体间相互对立的张力就直接设定在火的实存中;这一张力本身能够呈现出来,这一环节能够得到加强;这一张力作为火消耗自身,(6, 147) 但这个消耗过程可能被阻碍;即使是在真正的燃烧过程中,被加热的物体上也产生了显现出来的张力,比如这一张力显现在煮沸的水的蒸发中,或者是当[水]喷洒在烧红的金属或烧红的炭上蒸发时,或者是碳在不带火焰地缓慢燃烧时;无论这一张力作为放电的火焰是否是电与张力的扬弃,火焰本身作为流体从另一方面来说也像加热的玻璃一样是非同寻常的良好导体,玻璃通过加热丧失了它的易碎性,而作为被加热的流动物——无须成为现实的液体——就是电的传导物、导体;然而,这种火焰却是一种与它所扬弃的张力无关,而与一种普遍的、自我保持着的张力相关,即与大气电相关的导体。在与[火焰]涉及的这一张力的联系中,火焰在碳之类的东西中就消逝了,{这是因为}当火焰中断时,碳在没有火焰的情况下缓慢燃烧;[39]{虽然}伏打将[此] 解释为电的散射,但这是对于电的一种真正的扬弃,因为对于张 (6, 148) 力来说,电对它没有任何作用,电并不是通过散射发挥作用的,而是通过传导。

在张力直接转化为结果的直接化学过程中,并没有电能够产生,正如封闭的电流环并不直接具有张力;只有不封闭的电流环才表现出了这一张力;火只存在于张力中。γγ. 与传导相反,最确定地持有张力的是这样一种物体的摩擦,这种物体是绝对易碎的，而不是流质的或金属的，并且在这种物体上｛存在｝一种张力和一种压力。这些物体主要是像玻璃、树脂以及本身具有差别的可燃烧物这样的非导体；[40] 像物体中被设定的张力一样，前面已经解说了物体中电的激发；摩擦是一种外在的产生流质性的活动，是一种把物体的易碎性的孤立点相互关联的活动；摩擦活动扩展到哪里，传导也就扩展到哪里；这些物体获得了为了它们的非流质性而设定到它们中的张力；水是导体，因为它作为差别的绝对可能性，又是绝对流动着的。从这些物体的易碎性和它们的黏着的本性可以看出，它们在如此具有张力以后是如何与他方关联的；实际上它们是通过接触而与对方相关的；一块薄玻璃的两个表面本身就已经是对立面的这样一种联系。它们相互关联，更确切地说，在它们的张力中｛相互关联的｝，因而它们实际上根本不是绝缘体，相反地，它们在自身中就保持着它们的张力，并在这种自为的存在中与他方关联，因而它们是作为对立的方面与他方相联系的，并将对立的电设定到它们之中。保持非流质状态的非导体像玻璃、硫一样发挥着区分、分布的作用，设定了对立的电；一块玻璃板已经分布在它的｛两个｝表面，一块在一个表面被摩擦的玻璃板在一个表面是带正电的，在另一个表面是带负电的，同一个表面看来是同一个的对立；与摩擦物质接触，如果见到的一面是带正电的，另外的表面则是带负电的，在另一面则情况相反。冰洲石是中性的物体，通过单纯的有机连接在自身中设定了电，就像通过加热的电气石一样，看来成了具有电极性的。

b. 张力的这个环节是在那些被设定于张力的物体中实现的，

它们在自身中成为有差别的。这些物体的个体性的本性、这种否定性的无差别性使它们能这样：存在的是被消除了的二者的差别，与对立面的联系被设定在物体自身，由此产生了两个对立的、并且以某种方式综合的结果。在自身中以观念形态加以设定的对立二者的统一是以观念形态存在于张力自身之中，因而已经实现了翻倍，在每一个之中都出现了火；这一过程中止，结果分崩离析。进一步要考察的是由分裂而产生的结果，{以及}从统一体中分裂的活跃的根据，这种分裂是与最初两个无差别物体相联系的——

关于结果的产生，通常陈述的是物体的亲和力，它作为根据只是一个空洞的词，就物体的规定性来说，这种联系是物体自身的本质。这种活跃的亲和力就是火，两个物体则成为火的两个方面。要把握的东西就是结果的分布，即在实存的火中被设定为一、被设定为亲和力的东西；这就是说，一个物体与另一物体的某一部分［是］极其相似的，并占据这一部分而无视另一个物体，这样一来，两个结果真正说来并不是综合的两个结果，而只是一个，另一个结果则干脆被排除。① 这一过程的另一个活跃的环节在这一概念中完全被忽视了；② 通过在这一过程的同一体中被设定的物体，只有一个物体的一个部分会与另一个物体的一个部分相联系，而这另一物体的另外的部分则完全无关乎这一物体的那个能动的部分，这个物体本身的那个对于与它成为一体［部

---

① 在初稿页边被删除的文字：金通过盐和硝酸
② 在初稿页边被删除的文字：贝托莱

分]的联系将完全中止，而这个物体将纯粹被排除。[41]但是，两个物体的一体存在的这个环节并不只是表现得能动的部分对表现得消极的部分的一种影响，而是所有这些部分的一种混合；这些相互争斗的、表现得能动的方面绝对不是孤立的、彼此无关的，相反地，它们是 α) 作为对立面彼此相关的，并且 β) 二者共同与第三者相联系，它们确实是相互对立的，又是彼此混杂的；从这种混合中它们实现了它们在结果中与被动的部分相联系并彼此对立的关系，从而形成了两个综合对立的结果；显得被排除的 [部分] 在它被排除的存在中也表现出它对于它显得从中被排除出来的 {那个部分} 的关联，因而这个部分本身就是一个综合的结果，并且根本不会存在一个纯粹的结果，至少不会存在任何纯粹碱性的结果。

贝托莱就是攻击由伯格曼提出的、在化学中普遍被使用的亲和力概念的那个人，他主张用二者在第三者中的能动性取代一个部分的单纯能动性和另一个部分的完全变得非能动的部分，由此主张二者在两个结果中的一种混合，这是一种综合性的分离，在这种分离中二者与被动方面的联系会被表达出来；但是，必须加以肯定的不只是结果中的、二者在第三者的关系中的表达，而且还是强制性的分化的表达，是对立面的能动设定的表达；{这二者} 未得到肯定，是因为二者在以前是对立的。①

这两个被火相互牵制的无差别的物体 a) 将牵制它们的张力设定为观念性的电，b) 但 {一个物体因而} 将这一张力同样确

---

① 边注：它依然是一种非晶体化的流质性，包含着最高等级的氧化物

定为另一个物体的变化了的比重；c）二者将每一方在对方所设定的张力本身都设定为物体性的、实质性的；这种差别的实存产生了水或在这一过程中的水的代表物，无差别的物体在其中实现了它们的差别；或者，二者在自身就具有可分离的方面，这样一来，一部分依然自为地存在，另一部分则是在他物中进行设定的差别。这些无差别的物体如果还不是自在存在的，它们在这个过程中就显现为综合性的；它们具有一种双重的关系，它〔起先〕是它们的规定性，在被吸收到它们中以后是独立的，随后是它们与他物的关系，它们与他物的这种关系相对于任何一个他物是无限地不同的。如果它们是中性的，在它们本身中就存在着将其自身表现为综合的可能性，而这种差别的可能性就在它们自身之中。但是，例如金属，则只是观念性地表现它与其他东西的这种联系；金属将实存设定在水中。金属经过了一种酸的加工；受酸牵制的金属和气是无差别的东西；它们中受张力牵制的无差别者就是水。这个无差别者在水中占据着金属的差别的实存，将其设定为氢，并将氢设定于气中；金属的这种观念性的差别被称为燃素；[42]然而，金属把它的一部分得到分解的、自身如此分布的金属性甚至提供给这种氢气，或提供给以蒸汽形式泄漏掉的酸。气同样从水中［获取］氧，并将其置入金属中；作为氧的气则不同，是作为氢的金属。——正如无差别的东西在水中实现了它们的差别一样，在酸中同时也会［发生这样的情况］；金属获取了酸的一部分，气获取了作为蒸汽的另一部分，而酸作为土质的火本身是设定于结果中的差别，是水。或者酸像硝酸一样，不只是如此这般从形式上有量的分割，以至于这些对立的部分只具有对立的

(6, 153)

105

形式，具有蒸汽和土的形式，所以，它作为这种特定的酸就像通常的硝酸一样，经常完全消解掉了。

因此，正如这些无差别的物体在上述的意义上是综合的，这些结果以上述方式也是如此。在这一过程本身的活跃要素中一切都是混合的；这一实存〔过程〕的活跃要素同样是两个无差别物的相互联系，也就是说，在上述与酸共生的水的无差别中项的例子中，是在二者中作为被关联者的分离的设定活动；二者实质上被烙印在瓦解的结果上，独立地保留在结果上的东西，至少是差别，正如中项上的差别一样，是被另一个物体规定的。中项的分布发生了，在每个物体中由此设定的东西都是由另外一个物体规定的，它是另一个物体本身与那些中项的差别；在上述情形中，金属把氢从水中置于气中，气的氧化作用｛被置于｝金属中，而中项的水同时就是酸，因而酸同样被分布，金属为自己提供了金属性，提供了由金属规定和得到实现的差别的金属部分。

这就是化学过程的真正本质，即在这一过程中，火引发了两个无差别物体相互牵制的张力，这两个物体在中项中实现它们的差别，每一个都将它的差别置于另一个之中，这种差别这时应当是在观念上对中项的规定，或是它自身内的实在分离。（火或作为中项的、具有土质的酸，在有水的情况下与那两个物体相联系，并且这二者就存在〔于〕被分离开的结果中。）

化学过程的这种本质通过亲和力概念，被部分地弄成了肤浅的和形式的，部分地遭到了伪造。

亲和力表达的无非是在化学过程中一个物体根据它的差别的方面与另一个物体相联系的方式，比如氧化的气体与金属的联系就被表达为金属具有与气体中的氧的亲和力,或氧具有与金属的亲和力。但是,这一联系仅仅部分地是这一过程的一个环节、一种抽象,气与金属的这样一种关系完全只有通过这一过程本身的火才存在,或者说,这一气体只有通过火才是氧化的。在这一过程中混杂着如此多的材料,例如,金属在此事例中[主要]不是与在此出现的氢气或酸的蒸汽联系的,这样一来就出现了这种有差别的联系与诸多对他物的联系的一种对比;因此,那种有差别的关联与其他并不作为有差别的关联出现在结果中的关联相比较,就被称为亲和力;比如可以这样说,氧气对于金属比氢气具有一种更大的亲和力,如果一种酸分离了一种钾盐与金属的化合,从而消解了金属,并与钾盐发生化合作用,那么就可以说,这种酸具有与钾盐的一种亲和力。这一过程的生命完全毁于这种形式的考察中;① 正是在这一过程中一切都是相互联系的;中项的两个方面通过不相关物体的差别本身得到规定,并且相互无差别的物体具有彼此规定中项的力量,换言之,现存的、被称为亲和力的东西本身只能是火的力量。只有关于那种在自身中被设定为绝对差别的酸,才能够说它具有一种与钾盐的亲和力,但是这种联系不是任何绝对的联系,它表达的不外是这样一种可能性,即只有在特定的情况下,在一个特定的过程中,而不是一般的在任何情况下,在每个过程中都抽象地具有这种联系的可能性;因此,亲和力这一概念并不是确定的,或者说,如果这个概念是确定的,它就是错误的。关于亲和力的概念还有许多可说的。比如

(6,155)

---

① 边注:错误的

(6,156) 在亲和力中，与一个中性的物体相关联的酸只会与这个物体的碱，即钾盐相关联，这个物体的中性的他方随后表现为酸，并在这个物体中拥有这个物体的酸，所以，一方面在这一过程中会完全不再与碱发生关系，另一方面，这种能动的酸会完全不与在中性物体中随后表现为酸的东西发生关系。同样，如果一种酸与两种碱性物体、两种钾盐［发生关系］，或者与一种钾盐和一种金属［发生关系］，仿佛它通过亲和力只与一方发生关系，与另一方完全不发生关系，仿佛这两种钾盐同样彼此也不发生关系，结果也是如此。然而，关键是要断定哪一个物体代表中项，［不仅］这个物体不同于那些无差别的物体，那些物体本身在过程中通过它们的差别保持彼此隔绝和互不相关，从而再一次瓦解，而且它们在混合以后剧烈地撕裂；由于火同样是绝对对设着的和发生关联的，并且同样源于化学过程的那种在枯萎时的暂时生命，火的本质必定呈现为这一进行对设的东西，这不仅是因为以前的对设活动是现实的，这些结果也是对设起来的，而且还因为作为一体存在的火的活跃的、同样分化的力量无需通过以前对设的现实性得到规定，而自由地从自身产生出这些结果的对立面。

首先涉及的是中项的存在，是酸或碱的土质的东西，这个中
(6,157) 项应该具有它想具有的一种形式，α) 现在关于这第一个方面贝托莱在他的巨著《化学静力学概论》中[43]已经给化学毫无矛盾地证明他［称］为酸的基础或碱的基础的东西分布于两个结果之间的情况；与盐化合的酸并没有清除其他的酸，因而它只能与碱形成一种单纯的盐，虽然它形成了一种盐，但这种盐依然还保持由

碱与其他的酸的化合；⁴⁴或者一种源自盐的碱借助于另一种碱被消除，因而这种酸分布在二者中。⁴⁵（贝托莱这样来描述这种划分的关系，即二者是根据化学质量发生反应的，这就是说，是作为经验数量上的绝对量的结果与亲和力，即二者与第三者相对的关系的本质发生反应的。）⁴⁶一种金属从另一种金属的分解中被析出，但酸或者分布在两种金属中，或者也分布在析出的金属中，以至于这一金属的一部分分解在酸中，一部分则与析出的金属相混合，这样一来，也有从这一金属而来的一部分在分解中依然保持着，甚至由于一种酸具有气体的形式，碳酸气、硝酸气以及氢气就似乎完全分离开来了；一方面，其中的一部分保留在另一种滴状流动的化合中，另一方面，即使是金属的一部分，即钾盐，也与气体一同漏出。

①β）除了中项在端项中的这种分布以外，要认识这些端项本身由以得到规定的最根本的东西，分布的中项将自身设定于这些端项。首先这些端项一方面是受混合前在这一过程中设定的无差别的东西限制的；综合的结果是相互对设的，因为出现在这一过程中的东西[是]以前绝对在其自为存在中现实的，而先前对设活动的这种现实性规定了从这一过程中产生的结果的那种对设活动的现实性。不[可对此]这样理解：不同的酸对于一类碱的那

---

① 在初稿中这段开头的文字原来是：他方并不是两个对设起来的东西在第三者中依然存在的关系，而是它们的能动的对设活动本身。关于这件事情，化学早已与它讲的惰性的亲和力发生矛盾；这种亲和力将一种酸对一种碱的关系设定为绝对的，

种在统一体之外、并在完全独立于火的过程之中设定的、现实的和不同的关系是一种绝对的关系，并且火、过程只是各种酸本身相互间的一种形式的关系，在这种形式的关系中，只有实体的自然关系是确定的关系。在这种惰性的亲和力中，一种特定的酸对一类碱的关系也许是一种绝对的关系；但是很快我们就注意到，诸如温度这样的情况的多样性设定了一种结晶化的形式，一种不同的关系，换言之，我们认识到，这里只有实存着的火才设定了差别，设定了它们之间相互对立的特定关系，火的程度设定了不同实体的一种不同的张力，一种低温使一种火的张力达到了实体中的最大的差别，但另一种火的张力在此依然不活跃，前者的张力随不同的温度而减弱，后者的张力则得到加强。①47

α）混合环节的这种根本性的进行区分的力量首先［如此］表现它的力量，即这一环节将这一混合驱散到对设的**形态**中，驱散到一种结晶化的、流动的、滴淌的形态中，或以更大的差别驱散到具有气体形式的形态中；这些沉淀物完全只是由进行区分的原素规定的，与所有被设定为亲和力的东西相违背，这种原素与氧化物或碱的一种剩余物凝结成盐，而分解过程同时包含了酸的一种剩余物，这样一来，与源自同一流体的酸的剩余物一道，同样形成了各种盐。② 对于自然来说，没有比在流体中发现和产生个体形态的点更难的事情了，然而同样必然的是，自然在形态的

---

① 在初稿中此后删除的文字是：［关于］一种盐所保持的晶体形式，关于盐的不可分解性，在这里出现了进行区分的原素。

② 边注：纯化

差别中中断了混合过程的一切千篇一律。第一必然性就是在与滴状流体或气状流体的形式相对的形态中分化的必然性。

β) 这种必然性同样是一种在作为外在形态的内容的方面的区分活动，αα) 比如说，有两种酸来自相互之间与碱混合的环节，它们与酸或碱的分化相分离，在综合的化合中，一种酸分离为最小值，另一种酸分离为最大值。א) 化学因而已经花费了如此大的力气去寻找纯粹的试剂，也就是剥夺了所有中性的化学的单一物，但化学总是必然仅仅得出从盐的另一组成部分分析出的一种最大值，比如纯粹的钾盐通过最强烈的烧灼也无法使自己表现出纯粹，而总是依然与碳酸相化合，同样一种情况也适用于纯粹的金属；化学断言，它在烧灼中确实完全是纯粹的，但它同时又撕裂了来自自在气体的碳酸；[48]ב) 在这样一种分布中，有关上述对于酸或碱的多样性的通常表象可以断言，在这种分离中这些酸或碱之所以分离开来，是因为它们以前就是被分离开的；只有当在这同一个分解过程中，两种盐从所谓组成部分的不同分布中形成，这一表象才完全被取消。如果两种不同的酸没有纯粹从一种碱中分离出来，而是一方面分离出带有碱的最小值和最大值的对设的综合的结果，另一方面，或者在酸是居中物的情况下，给出带有酸的最大值和最小值的居中的［结果］，那么这种情况总是还可以归咎于对以前对设的酸或碱的计算，并且混合的结果表达了两种酸共同的作用。至此就是贝托莱的研究；他还停留在中项的这样一种分布上，即相互分离的酸在此表现出它们在第三者中联合的作用，但是它们的对设的作用是通过它们以前对设的本质、通过它们的差别在以前的现实性得到规定的。实际上，将它

110
(6, 160)

(6, 161)

们在这一过程的活跃环节中设定为一体的活动通常是一种形式的设定为一体的活动；这发生在以前存在的这些多样性的结果中；那个设定为一体的活动解体了，但它只包括这一解体活动的形式源泉；它使这些结果只在混合的定量方面成为不同的，而这种定量可以被看作设定在过程中的酸的本质和酸的数量的先行规定性。γγ. 但是，还必须继续前进，就是说，这种区分活动是一个活跃的过程，并且是一种均质的分解，一种金属在一种酸中向不同的结果的分解——在与这种金属本身的关系中，在与分给它的酸中，不仅仅有这种化合作用与气的另外结果之间的对立——是分散开进行的；在这里，与另一种酸对立的这种酸的化学质量不能被设定为分化的原素，因为它只是一种酸。例如，[49]用硫酸对铁进行的溶解，在它结晶时每一个晶体的内容有非常不同的情况；所形成的硫酸亚铁的最初的晶体是几乎无色的，另外的晶体越变越绿，最终依然有一种非结晶化的流体；在这里转入形式，说容易结晶的东西，即最先晶体化的东西，是毫无帮助的，因为事实恰恰在于，在均质的流体中，形成了一种很容易结晶的情况与很难结晶和根本不结晶的情况的这样一种差别。在金属的溶解中更为引人注目的是这样一些现象，比如铜的一部分被溶解了，而其他部分则变为不可溶解的氧化物（同样，对于所有金属来说，在溶解中都会形成不同程度的氧化作用），这样一种差别在这里是直接形成的。① 如果这种金属的溶解一方面达到最大程度的氧化过程，另一方面变成了还原，这种区分过程则最引人注目和最强

---

① 在初稿中这一行的上部有这样的文字：同样，与一方面相关

烈。几个月前我谈到带有浓缩硝酸的红色一氧化铅，在那时已经知道，氧化物一部分溶解了，而另一部分则转变为最高程度的氧化，变成一种深色的氧化物，并通过硝酸变成了不可溶解性，［因而］这样一种区分过程是现成存在的；较浅颜色的氧化物可溶于酸，如果没有足够用于溶解的液体存在，就沉积为盐，同时获得了还原的铅，即完全的金属；当我给这个全体添加点水，以便完全溶解较浅的氧化物这一部分时，但让我感到惊奇的是，一氧化铅就溶解在同一种酸中，而另一种氧化物则处于极高氧化的端项，处于还原的端项。几天前我发现车尼维克斯同样有着这样的经验，即他将赤铜算做百分之十一的氧，将其与磷酸进行反应，一部分的赤铜溶解在磷酸中，而另一部分则完全还原[50]。在这些分化中，完全不可能认识到决定结果之差别的先前的差别；正是这同一种形式相同的金属或氧化物对应着一种同样相同的酸。

如果在电镀操作中，一种金属的溶解一方面包含着一种作为溶液本身的较高的氧化物，而［另］一方面被还原，纯粹的水变成了氧和氢，事情也是如此。差别生成的这种表现在此并不引人注目，因为以过程的电形式存在的火在不同的金属中具有作为一种固定张力的差别，而这种差别在酸本身就是作为电呈现的，相反地，在对金属产生反应的酸中，火就是酸的不可见的差别，而在酸本身的这种差别还不是作为某种现实的东西被设定的。

最强的各种酸无法溶解为单纯的金、铂；为了产生这样的反应，它们必须以一种更开放的、在它们之中已经实现的方式具有它们的差别，并且它们只有以这种方式拥有了已经实存的差别，才将盐酸和硝酸、王水或氧化盐酸的混合溶解为一体——正如火焰在那种没有氧化的金属中同样隐藏着差别。但可能正是在电火花中，这种火是一种有差别的实存物，因为与此相反，各种极少流动性的金属，即各种极少自相等同、因而向差别开放的金属是被单纯的酸无限地溶解的。氧化酸或王水在此完全是同一种东西，是两种金属的电化合物；或者是里特尔所描述的酸与水的有趣的化合，酸与水是被交相引发的，而非混合的，在这种情况下，举例说，它们会对锌产生强烈的反应，相反地，在混合的情况下，这些实存的差别被扬弃和不起作用了，尽管二者的同一种数量是现存的。[51]

这种分化的现象同样出现在蒸馏的前后次序中，出现在不同的气体与流体所转入的发展中。但首先是通过对金属（诸如水银和铅）的氧化，通过对气体的加热，这些金属便氧化为一种灰色的氧化物，由此经过它们的更高程度的氧化，直至它们达到最高阶段，即成为红色的氧化物；通过持续的火，这些金属过渡到对立面，它们不是进行更强烈的氧化，而是又进行解除氧化的过程，水银又完全恢复了正常，铅至少回到黄色的一氧化铅的状态，然后甚至回到半玻璃化的氧化物的颜色更深的状态。锡则同时突然表现出它的不同的氧化程度；加入迅速猛烈的火，它上面便覆盖上一种白色的、由闪亮的针构成的植物状的氧化物；在它正面的是另一种呈红色的氧化物，然后是一种透明的、锆石一样的玻璃，最底下的则是毫无变化的锡。我当然知道，最上面的东西是由于气体的加入而得到最大程度的氧化，但是下面依次的衰减并不是一种逐渐的衰减，而是分化为不同的阶段。但是，贝托莱断言，氧化过程是一种纯粹量的阶段性结果，一种金属能够在所有居间的阶段保持自身；[52]然而，自然界被制约于这种起中介作用的进程，所以概念的本质是这个更强大有力的东西，自然界所跃入的不同的阶段就出现在量的进展中，它在不同的阶段更顽固地保持自身，质的东西也以质的东西的表现、〔例如〕颜色为标志。例如，水银的氧化转变并不是从第一阶段发生的，因为水银在第一阶段是灰色的①，并变得越来越浅亮，相反地，它转变为一种完全不同质的颜色，即红色，变成半玻璃化的氧化物，灰色的一氧化铅同样没有转化为一种单纯的更浅亮的颜色，而是变为黄色，接着变成淡红色，在此它被玻璃化了，然后变成了完全玻璃化的蜜黄色的氧化物。

金属在它的这一过程中从其自相等同性、绝对连续性和流体性的形式转变为土质性和绝对易碎性，并由此又变成易碎物的形式的连续性，变成玻璃形式。

作为一种活跃的能动性的化学过程的各个关键环节是中项通过在自身中实现的端项的差别，在不同的方面的分布是所有环节(6，167)的一体存在激烈分裂为对立的结果过程。

a) 这些结果的本质须得到进一步的规定。这些结果带有这一过程的活跃环节的印迹；每一个环节都是自为的，并且〔具有〕通过对设的物体在中项实现的差别；或者说这是中性的结果。α) 这个结果的中性一般说来是一种以分离的可能性设定的统一性；可分离的东西就是在普遍的东西中接受一种不同的特定

---

① 在初稿中此处上边还写着：暗的

物。a）这种普遍的东西具有最广泛意义的实存，它可以［是］单纯的形式，气体的形式；化学的抽象或元素就是这样的形式，它们因而也被描述为或多或少是纯粹的，而非中性的，但不可能谈到真正纯粹的氢气这类的东西。β）在实在的土质的物体中间存在着绝对的金属、绝对的可燃物，在土中间，在土质的东西当中，同样存在着一些要素的抽象；然而只有很少的人认识到，它们是作为这些要素的概念实存的，并且是从这一过程中纯粹作为端项而出现的。硫通常被看作单一的，温特尔却不这么看[53]，而是把它看作是流动的，即看作这样一种硫，这种硫以其绝对易碎性的本质又将其规定性纳入一种无差别之中，虽然这种无差别是形式的、观念性的，而非实体性的，但是对于这种硫来说是外在地被另一个东西设定的。极少有人将金属看作是单一的；在这一过程中，绝大多数人将它们与另外一个东西的差别描述为一种物体性的差别，描述为由以构成糊状物的一种粉末；即使是对于金银这些贵金属来说，人们也难以断定，它们是否应当被描述为完全纯粹的，而不是与其他东西相混合的。b. 在真正的中性结果中，混合的环节在其中是占据优势的东西；这种让自身表现为是被分离开、而非本来存在于分离中的东西必须被看作现成存在的。酸和碱已经丧失了它们彼此对立的差别，或者说，如果碱是一种金属的话，它就不是金属性质的，而是在盐中氧化了。碱和酸一样被钝化了；二者的统一体拥有完全不同于被分离开的二者所拥有的特性，而中性化合的特性的品质也不是由诸如硬度、比重、溶于水性、结晶形式这些合成物的特性形成的一种组合，而完全是一种独特的个体性。

c) 温特尔已经指出，酸和碱是被钝化了的，正如它们是以中性的形式现存的一样，它们也被描述为被分离开的；这样一种被分离开的、浑浊的酸和碱一起被置入化合作用中，它们又引发了同一种中性化合，并共同产生了一种新鲜的酸和新鲜的碱。但是钝化的酸对于新鲜的碱没有作用[54]。如果这样一种中性的化合出现在过程中，那么变得浑浊的酸和碱只能通过添加火元素而再次得到更新，［被］设定为不同的东西；不论是作为火本身还是酸，火元素进行区分的力量必须重新置于它们之上；正是这种在过程中进行区分的元素的力量分散在这一形式中。d) 总之，酸的酸性存在、碱的腐蚀性存在是与一个他物相联系的存在，而不是一种物质；因为物质是自为存在着的东西，而与一个他物的联系则是非自为的存在，是观念性的东西；酸本身就像硬度一样也不是一种物质。一个物体与那种在与它的分离中能够被描述为氧气的东西相联系，［可能］表现为酸，而这不外是说，在这一化合作用中它们失去了它们的自为存在，并且是不同的；真正说来，只有很少的物体在这种条件下表现为酸，而有无限多的物体在这一化合作用中是无差别的。对于诸如盐酸等许多酸来说，它们的酸是不能被分离出来的；完全未加证实的是，它们的基质、它们的自为存在通过与氧气的化合会变成酸；与此相反，另外一些酸却被确定地证实，它们是酸，但并不是作为任何一种无差别的质料与氧气的化合物；比如说，氢氰酸在被分离开后只表现为氢、氮和碳。氧气本身并不自为地是酸，而是对于某些实体是无差别的，对于某些实体则是有差别的。氢硫酸在分离中呈现为氢气和硫，并且它确实是一种酸。

(6，169)

116

总之，要注意的是：这样一种东西在酸与碱的对立中，在确定的物体方面全是某种很相对的东西；存在着一些物体，它们接近于这些端项，但中间的物体是相对的，对于另一物体来说是碱，对于其他物体又是酸。比如，氧化金属与酸相对立，就是真正的石灰、碱；氧与金属的化合是能加以描述的，它使这种化合物成为不同的碱，成为钾盐，而不会成为酸；反之，对钾盐本身来说，钾的碱性甚或腐蚀性不能被描述为氧；① 金属石灰在其他方面同样是酸，除了被称作金属酸之外，通过更高的氧化作用产生铬酸、钳酸等；别人曾经把氧化锡、氧化铁称为纯粹的锡酸、铁酸，[55] 每一种氧化物却都是这样一种氧化物本身，它不但与其他一般氧化物相对立，也与钾盐相对立；正如溶解在酸一样，它也溶解在钾盐中，特别是溶解在氨中。因而即使是这些最强的酸也不像酸一样对待金和铂。

为了总括这一切，绝对差别物的统一体、绝对的概念在化学过程中就被火设定为彼此无差别地设定到绝对关系中的物体，从这种混合了它们的所有独立性的绝对关系中，它们同样又被绝对地分离开，并分裂为各种结果；如果各种结果之一表现为一种酸，一种有差别东西，那么｛这一有差别的东西｝并不是事先存在于中性的化合中，｛因为｝在中性的化合中｛它｝已进入这一过程，已经是这种有差别的东西，而是说通过这一过程本身，它才获得了这种活跃性或理想性。

---

① 初稿中此后被删除的文字是：但是氧化物的本质正是由此得到了澄清，即氧化物表示的不是一种特定的酸化的差别，而是差别本身；

这些结果作为从这一过程中产生出来的结果，是在与被拖入这一过程的物体的以前的实存关系中如此得到规定的，即每一个物体都已经将它与另一个物体的差别在另一个物体中实现出来；按照这种方式讲，这些结果便不同于它们在有过程以前那样；由此产生了单个物体的这一化学过程与绝对过程的关系。

也就是说，这种过程是一种形式的总体，它返回自身，回到 (6, 171) 其本身最初被设定的那种无差别性，但只是从形式上来说，而非从内容上来说；它是从各个物体的绝对个体性开始的，与出现火的各个物体的无差别相对立，它的转折点就是这些物体的混合，而从它们的统一体中又出现了分离，这又是前者的无差别性；但是结果却是不同的，前者的存在被消解了，这些结果的要素交替出现；① 二者作为产生于这一过程的东西将无限性表现为一体的，但只是部分如此；每一个要素只是在它的一个部分与另一物体的一个部分合为一体。在这种过程的物体中再生出前一种关系是一个同样消失的新过程，只是在内容方面具有相反的规定。盐与气体的普遍性形式相对，或与先前曾经晶体化的液态酸的形式相对，已经晶体化了，它现在总是无法通过激活火而变成与气体或液态酸相对的普遍的能动者。更多的金属及更多的盐通过温度的变化而结成一种对设的关系，变成与最初是能动者的他物相对的普遍的能动者。水银、铅通过火形成相对于气的张力，进行氧 (6, 172) 化，气是有差别的酸，它变成被动的、自身等同的氮；通过提高

---

① 这个句子旁边注：AB　CD
　　　　　　　　　　　AC　BD

温度，氧化物变成能动者，将自身还原，将气氧化。然而，或者是温度的这种观念性变化，或者是另一个物体的实体性变化，对于这种反转来说却是必然的。① 刚才的能动者已经中性化，在综合中成为无差别的，但与这种综合相对立的他物并没有因此就变成能动者，因为它本身来源于作为与先行东西相联系的非能动者的分化；但每一个物体又作为能动者与另一个物体不同。因此，这些结果是作为彼此无差别的，并且只是与他物不同的东西从化学过程中产生出来的；在这一过程的活跃环节中，它们曾经是彼此绝对有差别的，绝对地相互关联的；它们的有差别的环节②与它们的无差别的环节现在分离开了。但是，它们的这种相互无差别性，即它们在结果中的情况，就像它们从过程中产生出来的那样，本质上仅仅是由它们在过程中具有的绝对关系设定的。像在化学过程中一样，自然界形成的这种对于自身构成的返回是有机体；我们就由此转入了讨论有机体。

在 a) 直接的、土质的物体里，个体性原则被设定为绝对的个别性、用数值表示的统一体，真正来说，仅仅被设定为个体性原则；这个统一体是各个环节组成的绝对统一体，是那些在观念上作为它的偶性的要素所组成的总体，那个物体是它们的独立性的绝对否定，而它们在那个物体上是现实的，不过是作为偶性而已。b) 那个统一体和各个要素组成的这个总体是单纯相互交融

---

① 边注：沉淀物的再次溶解。
② 栏上边注：一体存在

的、无差别的，并不彼此对立；否定的统一体和各个要素组成的总体在那个物体上并不进入有差别的关系。c) 但是，土质不是绝对的个别性，而且也是普遍性，并且在土质中以观念存在的各个要素也同时是普遍性，是像我们业已认识到的每个总体，它在 (6, 174) 土质中的理想性同时是肯定的普遍东西，所以那些要素是以普遍的要素返折自身，把自身设定为各个环节组成的一个总体。但是，单个的物体是与土质的普遍性对立的，而且因为那些要素在单个的物体中是观念的，所以它们的这种理想性就不是它们的作为总体向自身的返折；它们仅仅是作为它们的这种内在总体的环节存在的，仅仅是观念的、否定的统一体，仅仅是作为抽象思维的普遍的统一体。因此，对单个物体的颜色的感觉是一种抽象的感觉，并未作为颜色现实地存在于物体——真正说来，应该有一切颜色组成的总体——而是作为一种特定的颜色现实地存在于物体；同样，物体的作为物质的普遍存在并不是普遍的物质，而给物体对设的作为重力的存在，本身也不是作为普遍的重力存在的，在这里，特殊东西里的普遍东西只能作为各个重力组成的系统而存在，只能作为一种单个的、特殊化的比重而存在。各个要素组成的内在总体的其他环节都处于［物体］之外。b) 过程或过程的有生命的环节是单个物体越过它的这种个别性的向外行进；a) 要素在这里本身就是作为普遍东西、作为它的各个环节 (6, 175) 的无差别性存在的；但它在这种有生命的环节里仅仅是已经分解的个别性，是各个规定性彼此的进行否定的关系，而这个环节在自身之外拥有持续存在，拥有个别性的无差别性。但这个环节在本质上是与它本身的这种无差别性关联起来的，与产物的持续存在关联起来的；要素的个别性的存在来自对设起来的东西的存在，过渡到这些对设起来的东西，并且它们在本质上就是与这种存在关联起来的；要素的个别性同样在本质上是与其被扬弃的存在关联起来的，即与要素作为特定东西而变为普遍东西的过程关联起来的；绝对重要的是：一个声音、一个比重、一个颜色、一个中性环节和一个生命环节的自相等同的流质性，都是对这类"一个"的一种扬弃，同时也是要素的复多性的一种存在；或者说，绝对重要的是：要素作为普遍东西同时存在于绝对个别性中，各个要素的独立性同时是以特殊性的形式，以非独立性的理想性的形式存在的，并且在要素的这种个别化的过程中直接就变为普遍的①。

(6, 176)　　a) 在个别的［物体］里只设定了要素的一个环节；这种个别性是与对设起来的环节相混淆的，要素就是作为普遍东西以这种方式存在的，因为它的各个环节的统一性已经设定起来；b) 同样，在过程的有生命的环节里也有相互交错的各个环节的循环过程。但是，α) 要素的每种普遍性都仅仅是一种否定的普遍性，化学过程的有生命的环节仅仅是这个过程的各个环节现实存在的扬弃，同样，各个要素在化学物体中的循环也仅仅是它们的独立性的被扬弃的存在，要直接在自身分离出冲动；或者说，这个环节在本质上是与各个要素的双重无差别性相关联的，αα) 在它们彼此分开的过程中是独立的，ββ) 在自身属于它们的各个环节组成的一个总体。但这两者在本质上是相互关联的；这种关联，

---

①　在初稿中此后有删除的下列文字：这就是有机体。

即这种一体存在，是化学过程的自在东西，而这就是有机体①。

土质物体的用数值表示的统一体拥有 α）一切［要素］，作为自身之内的观念要素，作为现实的、彼此无差别的要素，它们自身并不矛盾，它们的过程彼此完全是静态的，但因为如此，它们〔就有〕它们的矛盾，处于斗争之中，而它们的相互扬弃的循环则处于这种个别的土质物体之外。β）各个要素同时在土质中有它们的自身之内的返折，并且是作为普遍的要素存在的，每个土质物体都是存在的一个总体；但在绝对个别的物体中，这种土质并不是作为普遍土质存在，在其中各个要素都是总体，相反地，绝对个别的物体是一种业已特殊化的物体，而这种物体仅仅是一个环节，是各个要素中的一种颜色。但是，α）各个要素的那种彼此无差别的存在绝对是一种彼此的差别，而且各个要素的那种个别的内在规定性在本质上同样仅仅存在于绝对的个别物体的普遍性里，而这种物体就现实地存在于其普遍性中；各个要素在本

---

① 在初稿中此后有删除的下列文字：绝对的化学过程里的各个要素，作为整体，彼此存在于它们的差别性中，它们在它们的这种作为整体的现实存在中，直接将自身个别化为它们的环节，这些环节的现实存在就是整体，它们拥有它们的现实存在着的环节，与此同时，那个绝对的过程和这个总体仅仅是作为否定性中介点的否定统一存在的，各个环节组成的总体在这种理想性中就是它们，α）它们的相互有差别者的整个循环在它们的个别化和理想性中，直接就是普遍的。

各个要素在土质中，在它们的中介点中，从它们的有差别的独立性变成了观念的；个体性的绝对本原是一切土质物体的存在；但它首先是这种单纯的一体存在，在其中，各个观念要素仅仅在形式上是普遍的，本身处于个别性的本原当中；土质仅仅在个别性土质物体中是真正现实地存在的土质；这种物体就是各个要素组成的这种直接的、用数值表示的统一体。

质上是 A) 它们组成的这种向外的总体，在其中，它们有绝对过程的循环，同时在自身之内是它们的这种普遍的、静态的和观念的总体，〔所以〕这两者是本质的，它们在根本上就是两者的一体存在。正是这种本质的东西，是土质为了成为其所是的东西而必须不断地走向的，所以，个别的东西是各个要素、彼此不同的要素组成的一个总体，同时这些要素是它们的内在现实存在的一种个别化，而这种现实存在本来直接是一种普遍性；化学过程就拥有这两者，不过把它们当作分离开的环节，在有生命的环节里，则有一切要素组成的那种一体存在，有它们的现实存在生产它们的总体时的混合存在。而这两者的一体存在就是有机体。从这里出现了有机体的本性。

a) 有机体首先是土质的绝对个别性，是土质在有机体里的有数值表示的统一体和被观念地设定的存在；不过，它并不同时是土质在它之内的静态的观念存在；在这种静态的一体存在中，只有各个要素的个别化本身存在于它们的实在性的各个环节；这种一体存在是作为过程，作为各个要素的这种个体化的被扬弃的存在而存在的，或者说，各个要素是普遍的要素，b) 它们作为这样的要素，出现在它们的个别化的现实存在的对面；它们的存在如果更有普遍性，而不在形式上更有观念性，就是有机的统一体，它是它们的这种普遍性，是绝对与否定的统一性合为一体的普遍性；它们在这里是作为观念上普遍的要素存在的；但它们的这种理想性是由它们的实在性制约的，并且在有机体的否定性统一里，处于它们的循环对面的是它们的绝对循环，即独立的、彼此有差别的循环。作为这些独立的要素，它们在有机统一体中映现自身，它们变为观念的和个别的要素，但也同样变为绝对普遍的要素，具体地说，变为既在观念中，也在实在中普遍的要素。这样，它们的绝对循环就转变成了有机统一体的循环，返回到有机统一体，而有机体就是这两种循环的循环。

α）各个要素在运动中，在它们作为阳光系统的绝对独立性中，是与有机体对峙的，在这种系统中，它们仅仅是通过完全观念的、绝对的时间概念而彼此有了差别，并且各个要素是通过火，通过自由的、实在的和绝对的概念而彼此有了差别；有机体是作为绝对概念存在的，因为各个要素丧失了独立性的任何形式，本质上是各个要素的扬弃，在火对它们的否定中，它们的现实的独立性单纯作为有差别的独立性对于有机体是必要的。

b）在有机统一体与各个独立要素的这种肯定性关系中，[各个独立要素] 完成着它们在运动中的理想过程与在绝对化学过程中的实在过程的循环，有机体在很大的规模上是一种在这样的普遍性中被设定的东西，本身属于这样一种过程，这种过程在有机体内发出反响，有机体随着这种过程及其一切发展时期而兴旺和衰落。c) 但有机体的个体性也同时出自它漂泊的空间；它在这 (6, 180) 个过程中的存在是它们的现实存在的普遍要素，而这个过程是以普遍要素返回自身的。有机体正像它转这个循环过程的圆圈一样，是这个过程的静态中心点，并且作为点，通过它的活动半径，连结到圆圈上，那些独立的要素则通它的个别化，从它们的独立性、它们关联的连续性和它们的自相等同的自为存在被撕离出来，而仅仅是数量无限的点、数量无限的个别性。

c）有机个体相对于各个要素的第一个环节是这样的：各个作为天体的要素的自为存在、它们的循环的连续性和它们的必然性在有机体中的相互交错被归结起来，此中的各个要素本身得到个别化①。这种个别化是各个要素在它们的自相等同的流质之外,在它们的彼此的差别性之外,向它们自身的返折,是它们在其中返回自身,在自身之内达到它们的总体的个别化;它们仅仅在土质的整体里,作为这种总体而现实地存在着。在个别的物体里,它们仅仅是以一个环节——它们的一个声音、它们的一个颜色——的个别化现实地存在的,它们的个别化作为重力的静态持续存在,同样也必然在它们的总体中得到扬弃,而它们作为观念上普遍的东西和否定性的普遍东西,即作为整体,必然被设定起来,然而是被设定为被扬弃者,被设定为这个被扬弃的整体;这就是说,它们必定变为思维。

d) 在各个要素成为这些观念要素的统一体里,它们组成的这个系统的现实存在是有机体,所以它们在此中像符合于它们的本质那样,本身是相互有差别的;作为偶性,它们的理想的持续存在同时也是它们彼此组成的有生命的过程。但是,它们的统一是各个有机物的统一,是过程本身,是唯一的统一,而有机体是自为地存在的,是它们的绝对混合为一体的循环;在有机体中各个运动的东西并不是这些要素本身,{因为}它们是观念的,相反地,运动的东西是有机统一体本身,这个统一体是现实地存在的有机统一体;它的运动中的每个环节都是有机统一体,不过是以观念要素的形式被设定起来;它将自身区分为各个环节,其中每

---

① 在初稿中此后有改动过的下列文字:就像土质的无机个体那样。但是,正像有机个体绝对把各个要素个别化那样,它也绝对把这种个别化扬弃,使它们成为观念上普遍的整体,不是成为独立的整体,而是成为被否定的整体,成为否定的普遍整体;它使它们成为思维。

个环节都有有机统一体的有机本性；贯穿这个统一体的各个要素（6,182）是不可分离地混合起来的；再出现的分离是各个有机环节组成的系统，要素本身是有机环节；有机体在它的各个环节里就是要素本身，它的差别的形式、它的各个环节的彼此相对的形式是要素。

因此，有机体是各个要素的这种单纯的统一，或者说，是绝对实体；在各个自由的要素里，这种独立性是形式，这些要素表现为很多实体的很多独立性，反过来说，在有机体里，实质性是本质，而这些要素的本质、规定性是单纯的形式、单纯有差别的关系，这种有差别的关系、有差别的一体存在同时也与那种肯定的普遍性、实体性绝对合为一体。

在这种实体中，各个要素仅仅是差别的形式，这种实体处于α）各个要素组成的系统的对面，在这个系统里，它们一方面是作为天体的独立性，一方面是它们的过程里的有差别的独立东西，它们保持在它们的缓慢的循环里，而这就是两者的同一个总体形象；在各个要素本身的方面，这种循环仿佛是圆车轮，有机体的理念方面则是这个圆的绝对快速转动，各个要素通过这样的（6,183）转动能够休止不动，表现为唯一普遍的声音，而没有任何东西必须加以区分。两方的那种表现为它们之间的中项的绝对普遍统一体，就它们被视［为］相互分离的而言，恰恰是这样：它们是运动的两种形式，是同一个总体，无论就它们的内容来说，还是就它们的本质来说，都是如此；但从形式来看，它们也是对设起来的东西，并且它们的一体存在或它们的中项的这个方面是绝对的形式、无限性，同样也是直接作为理想性的这种绝对的对设，是这种对设的绝对扬弃。中项的双方被分布于作为它们表现的形式的双方；各个要素表现为普遍地现存的、独立的和永恒的东西，而与有机个体的个别性相反,它们使有机个体在存在中经久不灭,在自身遭受毁灭时,也与有机个体相反,是永不消失的。但中项的另一方面,即无限性,则处于有机个体的方面;它是个体性本身,是那种翻转各个要素的上述存在关系,把它们的普遍性绝对特殊化的有机个体,是使它们的返折、普遍性成为个别的点,从而上升到绝对的普遍东西的有机个体,因为它们的那种普遍东西不过是现存的、无差别的和惰性的普遍性,而有机个体的普遍性则是否定的、观念的普遍性,在其中,它们是同样的,并且无差别地持续存在,然而是作为得到扬弃的和观念的环节,作为形式的环节。有机体从各个要素里给自身得到了灵魂,而这就是生命的火苗,是无限性的普遍东西。到此为止,我们反思过,总体的各个环节根本是无限性、一体存在中的一种关系,而这是现实地存在于有机体里的。

e) 有机体本身就是这样作为绝对统一体的循环,它的存在也是绝对统一体,所以它使自身成为这样的:它将各个要素理想化,各个要素组成的系统对它是独立的,只是作为否定的统一而存在。但是,它也在它自身这样设定了过程里的同一个矛盾,使矛盾作为绝对个别的、单一的东西和作为有机环节的总体而存在。有机体的理念是绝对的普遍性,是这样的两个方面的一体存在,即有机体的绝对单一的统一性和作为总体的有机体的一体存在,同时在自身将这两个方面分离开,{所以}这个理念现实地存在于有机个体性的双重化中。无限性在单一的理念中是绝对概念,这个理念本身必定变为无限的,必定将自身设定为绝对与自身对立的统一体,自为地设定对立的这种扬弃,将[自身]设定为一个不同于自身的他物,所以,这个他物就是这个理念本身,而且｛必定｝仅仅存在于这种一分为二的活动及其扬弃的过程中。有机个体性的理念是类属，是普遍性；它自身无限地是一个他物，并且在这种他物存在中它自身现实地存在于性别的分离，其中每个性别都是完整的理念，但这个理念是把自身当作一个他物而自相关联的，并且在作为它自身的他物存在中直观自身，扬弃这种对立。处于两者之间的是具有两个方面，即肯定的普遍性与否定的普遍性的中项；雌性表现为肯定的普遍东西，表现为被动的自相关联者、形式的接受者，雄性则表现为中项的否定方面，表现为提供形式的能动者。理念本身是这两者的绝对统一；理念只有是无限的，本身是一个他物，是个体性，才是现实存在的。个体是理念，而且只有作为理念才现实地存在，因此，在个体里包含着成为这个理念，同时也仅仅成为一个不同于这个理念的他物的矛盾，｛这就是说，｝个体是绝对冲动；个体之所以存在，仅仅是由于它扬弃这个规定性，是这种他物存在［的扬弃］。因此，在他物存在和两性接触的这种扬弃中，这时只现实地存在着理念；那些只充当冲动，把理念作为一个他物与自身关联的个体，才不再存在了；产物是现实存在着的理念，正因为如此，它才给它对面的各个存在的东西提供了它之所以是理念的本质，并且只允许个别性存在下去，因而只允许独立性作为形式，而不作为本质存在下去，使它们成为要素，｛于是｝子孙后代和这些变为个别性的要素或独立要素就无差别地相互分离开了。但是，理念只有作为它自身里的无限性，将它自身与他物关联，才是本质的，并且它在它的现实存在中就是无限的个体性；这就直接开始有了它的对于各个要素的张力；而整个循环都绝对返回到了自身；或者说，整个循环没有任何开端，也没有任何终端，是同一个永恒的循环。

f. 在我们反思有机体的这种循环时，我们看到，有机体是两个过程的统一，它们构成一个圆圈。一个过程是独立要素变为理想要素，由理想要素也同样绝对变为独立要素的循环，因为这些要素的理想性、否定的普遍性也直接是肯定的普遍性，是有机体中的基本过程保存自身和得以设定的循环；另一个过程是类属的循环，是得到现实的理念。如此扬弃了与要素过程相反的对外差异的有机体，由于它在自身之内设定这个过程，也就把各个要素设定到自身，在自身之内把它们分裂为有差异的有机个体，变为性别，并且也同样扬弃这种差异，而回到前一种对外差异。有机体直观它的他物存在，在那里本能地将自身直观为无机过程的总体，所以它是同样的总体；这个他物存在对它来说变为这样：这个他物变为它本身，或者说，它的他物存在是同样的有机存在物，并且这种差异又转变为前一种对外差异。两者直接相互交融。与无机过程相反的差异的被扬弃变为性别的一种差异，性别的差异的被扬弃变为那前一种差异。

我们由此看到，有机个体就是双重运动在自身之内的绝对统一，把自身与一个他物关联起来；土的本质在有机个体中完全得到了实现，或者说，土在有机个体中回到自身，展现为双重运动的这种绝对统一，这两种运动如已经表明的，是一种绝对的、不可区分的循环①，理念、类属是个体的太阳，维持自身的运动、

---

① 在初稿中此后删除了下列文字：而且就在这两种运动被区分为两种运动时，也同样存在它们本身的相反关系；被设定为那种对一个他物的有机关系的东西，反过来也是对自身的关系。

关联个体的运动绕这个太阳旋转；个体的这种围绕类属的运动在一方面将自身与理念关联起来，在另一方面则将自身与无机自然界关联起来。个体是中项，已外存在的无限性是在自身朝向自身之外的两个方面的；正是地球推动自身绕太阳运行，同样也推动一个月亮绕自身运行，在自己的存在中可以不让太阳和月亮靠近自己，然而地球作为能动者只不过是离开太阳，而对月亮具有力量；有机体也是如此，［它］对它所毁灭的类属力量以及无机自然界能维持自身，并且推动自身绕自身的轴线运行，存在于自身之内，能维持自身。但是，有机个体的这种运动在自身之内是无机自然界的消耗，而它在它自身拥有类属，是按照类属存在的；所以，普遍的东西是在自身之内推动自身的绝对中项，而不断地变为他物和存在于圆周上的个体性则绕着这个中项运行。维持个体的过程作为个体绕着其自身的运行唯独拥有类属、理念的力量，并且在维持个体的过程里，类属作为有生命的机体现实地存在于有机个体，而个体是绝对中项，是在作为无机自然界的总体和有机的理念之间的统一①，所以个体的这个形态就是个体的活动；但是，理念也同样将自身设定为对于个体是能动的。正是无机自然界在性别中发展为类属，取得类属对于个体的凯旋。

(6，188)

128

(6，189)

---

① 在原稿中此后删除的文字是：因此在个体本身，作为个体性，拥有两个过程，即包括个体性的理念的过程和包括无机自然界的有机个体的过程；将自身与理念、类属联系起来的过程本身是一个在自身推动自身的过程，一个将自身与他物联系起来的过程，一个同一类属的过程，而无机自然界的过程同样如此，所以，个体拥有两个过程，既把它们当作绕轴旋转的运动与将自身和他物联系起来的运动的统一，也将它们同样当作无限过程。

绝对的统一像我们将［它］作为有机体的本质认识到的那样，是绝对的生命力，是一种绝对普遍的东西，它不［能］为了它的统一性和单一性起见，用一个他物加以理解；它作为这种单一的东西是不可理解的，它是绝对的以太；作为这种自相等同的东西，它在自身拥有一切对设；它没有给它｛自身｝对设任何东西，也就是说，它不能从一个他物加以理解；它是作为绝对概念本身的普遍东西。正因为如此，它才不是抽象的单一性，抽象的单一性仅仅处于与一种对设起来的东西、复多的东西的关联中，不能以这种东西加以理解；但是，那种绝对的统一性不是抽象的统一性，相反地，活生生的统一性直接是无限的；它是对设起来的东西的绝对统一性，是理念和个体性的绝对统一性，是总体在统一性和无限性的形式中的绝对统一性。因此，[56]生命的单一性既不是各个因素的结果，也不是生命的结果，它同样也不是某种隐秘的、不可认识的东西；它靠它的单一性就是无限的，它是无限性的那种被摄取到单一东西中的绝对存在的理念，在这种存在中，绝对特殊的东西直接被设定起来，直接是绝对普遍的东西，而这种绝对普遍的东西同样直接是绝对特殊的东西；因此，这种东西在它是不可理解的，即不能根据一个他物认识的时候，同样也是绝对可认识的；因为业已表明的统一性是存在的，所以它是现实地存在的认识活动本身；认识活动从事于认识自身，并不是通过某种他物，而是通过其自身，在我们认识它是那种统一性或现实地存在的认识活动时，我们恰恰就在认识有机体。就有机体的那种处于关联中的绝对统一被看作一种特殊东西而言，有机体是在直接向普遍东西过渡，相对于一种特殊东西，被设定为普遍东西，并且返折回来，但这种过渡唯独存在于考察方式里；有机体在其自身就是这种进行过渡的一体存在，它就像有机体在其分化过程中依然是统一体那样，也同样是绝对分化［自身］的。有机体像空间中的特殊东西，在形式上是同样的单一的一体存在，它直接作为这种个体东西，同样绝对在自身之外存在，是在流质中普遍的，在它的个别性里直接是仅仅存在于普遍东西中的空间，或者说，是思想的单一性，思想作为一种特定的思想，直接是观念上普遍的，只不过有这样的情况：在空间的惰性的、形式的无差别中，空间并不同时是绝对时间，特殊的东西还是某种与其空间的普遍性分离开的东西，并且在形式的思维中，所思的对象还是一种特殊的规定性，在有机体本身则与此相反，特殊性是绝对特殊性，或者在特殊性本身作为特殊性被扬弃，是无限的特殊性。(6，191)

130

正是有机体与特殊要素的关系中的这个环节，才是激应性的真正理念。

正是这种有机的流质性或单一性，使所有根据力学或化学对各种符合于自己的本质的有机功能的理解都遭到了毁灭；这种被带入有机功能氛围中的单个东西，不再直接是这种单个东西，它像空间中的单个东西一样，受到有机统一体的影响，作为这种特殊性而遭到毁灭。各种有机功能只能在它们自身的范围里，只能在它们的统一体里加以理解，它们没有任何外在关系，它们仅仅相互有区分；它们在自身是以有机的单一性闭合起来的；随着无机物行进的东西，当它被有机体在其循环中撕开时，并不是有机体的一个部分，所以，它是从有机体里掏出若干东西，析离开其他东西,并且这种东西像在有机体中形成的那样,单在无机物本身也必须认识;但有机体的作用是一种绝对影响[57]。这就完全形成一些观念,它们认为,例如植物,把大气中的那种本来不存在于植物里的二氧化碳分解开,给自身保留下碳,显然再从自身吐出氧气——在这里,植物吐出氧气的纯粹事实是以简单地作出的实验为依据的——或者,认为在呼吸中氧气被分解出来,静脉血通过这种氧化,被转变为动脉血,也是这类观念;认为营养是与有机汁混合起来的,对营养品物质的吸收是通过分解、凝聚、结块等进行的,这种理解也是这类观念。所有这样的观念都仅仅包含着一种外在的、力学的或化学的作用,在它的产物里绝没有任何其他的、以前并不存在于无机物中的东西,但这种东西却进入有机体的氛围,是已经现存的。[58]有机体的影响对于无机物来说,是一种根本改变着无机物的作用,它在动物体里,举例说,是作为一般动物热能发挥的,不是作为一种确定的化学作用发挥的。这种影响的普遍形式也在极其确定的东西上被经验地展现出来;例如,动物的胃里的食物被送到封闭的肠道里,甚至胃壁被弄开,食物得以消化;同样,人们把切碎的小肉片装入棉布小袋,送到腹腔里,或者还在皮肤之下覆盖到纯粹的肌肉上,[它们]同样也像在胃里那样得到改变。在有机功能的产物里,属于有机功能的本质东西并不是破碎无机物的一种表面活动,或在有机功能方面表现出来的东西与展示给这个方面的无机物的混合作用,相反地,无机物是在本质上经过变化,受到影响的,被提高为有机功能的普遍性。

我们现在从有机体的这种普遍理念转向有机体的现实存在。

有机体的简单现实存在是植物；有机体的两个环节，即作为理念、类属的环节和作为个体性的环节，并不相互拆开；个体作为它在它的各个环节中进行的过程的循环，总是整体、类属；在理念本身的环节分化仅仅表现为一种外在的、表面的和先后相继的差异性，类属的过程、理念的分化同样是形式的，个体在某种程度上堪称永远不变的，因为它本身总是类属，而它的环节分化同时是类属的保持，或者说，个体在类属的过程中并未没落，并未把自身分为性别的对立物，相反地，个体设定自身为普遍东西，在自身作出环节分化的过程和个体被统摄在理念之下的相反过程会结合起来；个体把自身分化为环节的活动直接就是个体分裂为类属中的个体的活动，这样的个体是作为个体的一种复多性 (6，194) 现实地存在的；理念、类属似乎太软弱，以致它可以让自身分裂为对立的个体，而依托性别的差异。

①我们考察的是存在于其简单生命过程中的植物。植物表现为有机过程的第一个级次，是绝对有机统一体，它朝向无机世界培植自身，在这个世界里作为一种不同于它自身的东西培植自身，使自身成为过程的总体，并将过程作为不同于它自身的东西，在现存状态下加以扬弃，因此，在它依然是统一体时，它能把总体作为具有其各个环节的总体，而不作为直接同时彼此不同

---

① 在原稿中此段开端有删除的下列文字：在植物中要认识三个环节，那就是，它如何朝向它的无机自然界扩展自身，在自身之内实现自身，它如何在这种扩张中同时保持原样，或仅仅增多自身，以及后来它如何逆乎这种发展，在理念过程里扬弃自身，返回到理念的统一性。

的总体，仅仅展现于它自身的一种演替，由于这个缘故，它就不再是有机体在演替本身的那种形式上自相等同的东西；它在它的有机环节分化中依然保持原样，而在此中就有它自身的一种形式差异、一种增多。因为理念变为无限的，把自身作为无限的理念分割开，所以植物就更加无法过渡到各个个体的这种真正的差别（理念本身不再现实地存在于这种分割中）；理念现实地存在于类属的过程里，但不是作为一种用数值表示的统一体，而是在大量这样的统一体中，在大量个体性中，并且这样一种理念就是植物；类属的过程作为这样的分离着自身的过程，只有按照它的差异的方面，作为这个方面，作为个体性本身，才是抽象的，它的差异未在个体中变为现实的，它依然存在于这种个体性的规定之下，不是作为对设起来的各个个体出现的，或者说，本身［是］个体的一个总体性环节，以致类属过程并未靠普遍性的力量，把个体统摄到自身之下。

因此，具有这种单一性的形式的或作为植物存在的有机生命过程是以下列方式出现的：

自身在理念单一性中现实地存在的植物是种子，是理念本身包含的整个植物；种子把它［自身］作为一般有机体，与作为一个他物的它本身关联起来；它可以播种到肥沃的土壤里。得到滋养的种子，亦即将它自身如此与作为一个他物的它本身关联的种子，转向各种自然要素，以期使它们服从自己，使自己成为它们循环的中心点，在它自身有它们的循环；它的首要的普遍的得到滋养的活动，或者说它与无机物、与作为一个他物的它本身的关联，一般在于，这种无机自然界的东西作为普遍东西进入它之内，它这时是通过作为普遍东西的无机自然界的东西而存在的，因此，它在自身之内就将自身一分为二，给自己对设起一种无机自然东西；因为它同时也是普遍东西，包含着这种无机自然东西，所以它同时也是皮壳，皮壳包含着个体性这个点，包含着给它变为无机自然东西的东西，并以它的本质的无限性消耗完〔供给的〕无机自然东西，种子首先使其自身变瘦；它有一种蛋白，它消耗它的蛋白；作为无机自然界的理念，它是它的有机存在和无机自然界的统一体。在它包含的这种生命中，它自身在变，因为它消耗完的东西同时也是它本身，它首先作为整体使自己变为一种不同于它本身的他物，不过直接作为**这个整体**，是一种指向外部的东西；这种对外的紧张关系也分裂为一种对内的紧张关系，就像有机统一体，即植物的生命之火对气与土将自身一分为二，在自身之内消耗作为水的中项一样；植物扎根于土地，而耸立于空气。在这种水的过程中，重力蜕变为对设起来的比重；一方渗入土，绝对轻的另一方渗入气；不过，这种直线式的、单纯对设起来的运动，在将自身唯独与形态关联起来，以有差别的方式与流质和统一的无差别的一体存在联系起来时，就发生分裂，把线变为很多的线，变为广度，达到叶片的表面，而且整个分化过程都造成很多枝杈的形成，造成躯体的形式①；统一中的差别，即内聚性，就这样沉入流质，仅仅作为外在形态而存在，而水在此是下沉的，单纯机械地通过纤维管，即通过毛细管系统，才是上升的；可燃的东西沉入水中。这种发展是单纯流质形态的

---

① 边注：内在的形态形成的过程

发展，作为这样的发展，是一种非内在的展开、紧张过程和有机环节分化；在此作为循环统一体保持自身的植物，只能作为这种有机统一体，以种子的形式保持自身，并且到处都靠向种子的统一或恢复的这种统摄作用，把自己勾出的线条打断。无论在根部还是在种子的线条里，植物都给自身打出节点；每个节点都是一粒种子，每个节点的展开都是一株新的植物；每个节点都完全在自身封闭起来，通过很硬的木质隔膜与其他节点切割开，并且就像以前作为整体而面对根部那样，面对茎干发生分化；每个分化出来的东西都是一个新的个体。这种展开是植物的再生；叶片是整个植物和枝杈，木质纤维的线条和木质倒转了过来，圆柱形的外皮表面和叶片的纯粹表面都是一些与纯粹形态关联的抽象东西，也是这样一些抽象东西，在这些抽象东西中，植物使自身完全向内单一化，在外部则以冒出得最高为形式。

在形态的展开当中，没有任何内在差异设定起来；所以，此中形成的东西是一种纯粹的、扩大的结晶过程、一种绝对形成的东西、一种业已消亡的东西；植物中最强的冲动就是形态要在内部消亡的这种简单的冲动；有生命的过程仿佛是植物的表面的、消逝的东西。但是，当植物在其不断发育中无差别地保持自身时，〈在土中的〉扎根与在空气中的分蘖的对立也在植物中同时紧张起来，即形态的这种展开对植物的统一紧张起来。这种紧张关系的这种统一就是面临展开的形态形成过程的火元素变得有生命。根部线条与叶片幅面发生对立，并且在躯干中就有两者的综合对立；在躯干中，除了拥有细管间隔的单纯木质纤维，不存在任何东西，而在这类间隔中植物的水是上升的；叶片的水平面阻止着这个进程;同样,在躯干中水平的小叶片阻止着有机体的水的上升。这种阻止作用是在叶片中设定的活动,它属于通过火光激活的气,面向那种靠火对纯粹的根部长度发挥作用的土;叶片分化水的活动只能是一种尝试,试图使水中和,在有机统一中使水带有盐性,与此相反,对水发挥作用的火则试图在根部进一步给可燃东西、易碎东西和有尘的无内聚性东西提供水。各种仿佛依然受根部力量支配的植物向我们体现了这种粉末状的、无内聚性的和在自身之内分化的东西,它并未发生酸味或盐性。研究植物的物理学已经意识到,自身还没有确定地阐明这个纯粹的对立;普遍的东西是在气与土的支配下相互在叶片与根部有紧张关系的水,在水的紧张关系里,火元素的统一作为这种关系的统一显现出来;正像线条以前在形式上的进展会由节点打断那样,理想的统一性,即火元素在这时打断那种自行形成形态的整体进程,类属的不断变化的普遍东西打断了生命,类属不再增长。叶片的综合绿色返回单一的黄色,即个体性之光的单一颜色,个体性迄今都在自身提供普遍东西,即提供其无机的自然东西,就像这种东西直接有颜色那样;火元素统合于一种发达的节点中,在这种节点里仿佛作为一个太阳系,实现其内在的、绝对的分裂;(6,200)这种节点用许多叶片把自身包围起来,从内部出现分裂,属于形态的最美的分化过程,它在最讨人喜欢时是黄色的,在高度净化时是白色的,其中的一切木质线条和框架都混合为一体,没有任何纤维像在通常的叶片中那样,是可以区别的;[59]节点分化为雄性与雌性有差别的对立,即一种仅仅形式的、未使自身成为整个植物个体的对立①；因此，决不存在什么雄性植物和雌性植物，雄雌的差别是一些部分在同一株植物上的差别，而不是两种个体的发育；雄雌同株和雄雌异株仅仅是在植物的这些部分有差别，也许从来就没有什么真正的雄雌异株，因为按照布鲁门巴赫的看法，在绝大部分显花植物中并未单独看到雄性的开端，甚至也看不到雄性部分和雌性部分；具有这种分化作用的子房漂泊在可燃东西中，漂泊在油中，密腺是这种油的无性发育。油的性别分化作用同样又由子房统合起来，在性别的接触中，以前有未受精的中项，它回到自身；它是种子，是一种从整个植物和理想性形成的蓓蕾；它不是一种形式上的重复，而是分化为对立，从对立中发现了自身的重复。

这样出现的火元素最初仅仅阻止了进展的形态在气与土中对设的水的过程，后来独立地发展了自身，向水的过程对设起了自身，不过事情是这样的：两性在植物中的这种发展依然存在，植物的这种发展，甚至类属都本身具有这种分化，它仅仅是作为在各个观念环节中发展自身的火元素的一个环节；这种普遍东西依然存在，但植物的全部个体性这时处于那个形态对面，仅仅是作为一种普遍的个体性，以气的形式被表现为花朵的气味。不过，这样出现的植物统一体这时转向水的过程，引出这个过程中的气味，给这个过程提供一种现实的差异；这种植物统一体以植物性的水的理想紧张关系和无差异性构成一种中性东西，构成一种

---

① 在原稿中此后改动的文字是：在这种对立中，植物仅仅是理念，是并未现实地存在的普遍东西。

盐；不成熟的果实，即酒石盐，变为一种高级的盐，变为食糖；直到这种植物统一体为止，这种中性最后完全被归结为有机单一性，变成不可分解的，作为一切果实的有酒味的东西［而存在］，在这种东西里，火与水都绝对统一起来了。但植物个体都不能饮这种酒①，它把这种酒作为给高贵的自然东西准备的无机自然东西，仅仅献给这种高贵的自然东西；如果火与水在果实中的这种绝对统一能返回植物本身，植物则会变成动物，并且植物个体的那种仅仅是外在环节分化的形态会以分解的方式演化为一种内在的环节分化；内在的环节分化转变成的那些果实，依然仅仅是火与水的绝对统一的一些抽象，在它们当中，火直接就在水里、在植物个体里设定一种固定的差异，这种差异变成内在的环节分化，因此同样在流质的普遍性中仍然是统一；那些果实脱离开无法进行分化的形态，植物在种子里又回降到它的第一个发展阶段，即单纯形态形成的过程；正像植物在过程的果实里返回到了自身那样，植物存在于作为形态的种子中；在种子本身，植物达到一种内在的环节分化，表明它在自身之内就是它的无限的世界，裂变为［它］过去在自身之外具有的对立；但正像它已经达到第一个发展阶段那样，种子不再从属于植物个体及其过程，而且种子的能开始的生命是种子的内在性、种子的在自身之内被设定的存在的这种扬弃；种子同样指向了要素，而要素并不这样就为要素而存在，却在不断的流动中造成一种对设活动，针对这种流动，开始的生命只有［通过］增强力量来维持自身。按照植物

(6，202)

137

(6，203)

---

① 在原稿中此后删除的文字是：不能吃自己的面包；

存在的方式，各个要素存在于植物中；因为植物并不在其自身变为其自身与无机自然东西的统一，并不从形态的过程绝对撤回自身，所以植物也就只具有四类感官：当形态过程在土里变为现实时，对于形态与火的单一感官，当情况不是这样时的嗅觉和味觉的感官；植物缺少第五类感官，即声音或听觉的感官，这是无限性被绝对撤回自身的存在，是无机自然东西作为一种外在的自然东西被扬弃的存在；因此，植物具有的那些感官仅仅出现在循环中：α）它们不是绝对同时存在的，并且每个感官本身同样也缺少声音的本性，就是说，它们只是植物的特定感官；每一循环都缺少这样一种感官，这种感官在其规定性中是绝对普遍的，是自身无限的、在特殊性里依然普遍的东西；各个要素仅仅是在那些感官中变为感性的，它们当时在有机循环中受到有机统一体的控制，本身并不像在一种矿物中那样，仅仅处在有机统一体的现实存在的一个规定性里，倒如特定的单个颜色，或者说，它们当时是单一的，又是特定的；所以，植物有形式普遍性的一种自由的、突显的现实存在；作为颜色的火现实地存在于叶片中，是综合的绿色，它是转化为黄色的，［首先］从蓝绿转化为纯绿，然后从植物转化为黄色；重是向轻的一种上升，是比重的一种多样性，但并［未］走向偶然运动；热仅仅是比重的一种同时的复多性，并不是比重的一种不断的扬弃；气味作为在气的形式统一中突显的个体性，仅仅是一种气味，但作为这样的气味，是比在矿物中更加自由地现实存在的，在矿物中，气味通常必须通过摩擦或呵气，才被激发出来，或者说，主要仅仅在过程里存在的，甚至就是一个过程——如能蒸发的酸。主管味觉的中性感官①并不是作为盐及其有差别的东西现实地存在的,而是作为一种已经从有机方面被克服的盐性现实存在的,并且不再是中性的,而在自身拥有可燃东西的本性。

正像植物的各个要素没有普遍地同时在自身绝对特殊化一样,植物的形态也没有在自身特殊化,而是在其环节分化中自相等同的,以致大家知道,蓓蕾、叶子能被连结于轴干,植物被倒置过来以后,根能被插向高处,枝能被插到土里,并且这种枝立即作为枝,那种根立即作为根,不分阶段地生长起来,外皮甚至不带蓓蕾就让嫁接到另一个枝干上,并且蓓蕾生长时展现出包含外皮的植物。为了这种单一性,植物并不特别作为类属来维持自身。有机的环节分化决不同时是这些环节的个体化;植物不必作为单一的个体扬弃自身,也不必作为有差别者的相互分离而统合自身的环节分化。由根部进行的不断繁殖在植物界几乎比由种子进行的不断繁殖更加普遍;(种子的不断繁殖是自然力的一种浪费,仅仅以此暗示其更高的种属分化;)在隐花植物中,繁殖器官就像种子那样,采用得无限微少,大量植物的情况都是如此;但是,结出香蕉的棕榈表明,它虽然产生出种子,但决不产生出任何能发芽的种子[60]。

有机环节分化过程是各个有机地生成的要素经历的一种演

---

① 在原稿中此后删除的文字是:也仅仅是一种感官;当这种盐性、味觉的分离转化为一时,这种感官就是单一的,甚至是一种特定的感官。植物在其过程中仅仅先后相继地是总体的各个环节。

替。但是，形态和要素演替过程这两者是相互关联的，两者必定彼此交错；形态的环节分化必定在自身就是一种在有机方面不同的环节分化；植物的果实、水的过程和火的过程的流动性一体存在，必定通过死亡的、只拥有一种外部长度差异的木质倾泻出来，必定靠流质性具有固定的东西，靠固定性具有流质的东西，即在那种木质里钻出的差别①。

(6，206)　　这种有机的统一和完善的有机组织就是动物；它的形态在自身之内是绝对经过有机环节分化的，｛以｝形态和有机过程的单纯一体存在｛为一方｝和｛以它们的｝不同的一体存在｛为另一方｝的对立，用一种不同于植物里的方式分裂；形态和有机过程的单纯一体存在是一种绝对有机过程，即个体过程，而在它们的不同的一体存在中，各个不同的东西本身就是有机个体，单纯一体存在是它们的理念；它们存在于类属过程里，类属的普遍东西作为个体，把无机自然东西统摄到自身之下，而它们在类属过程中时却反而消逝于普遍东西。

　　有机过程的每个环节都被接纳到形态本身的单纯性里，由于这样，就是一种普遍东西，并且以这种普遍性现实地存在于其整个的分割开的存在里；对植物来说，与无机自然东西的关系不是现存的；这种关系并非独立地是植物的对设起来的关系。对于动物个体的自身之内存在的无限性来说，这种分离才是现存的，所以动物个体的普遍性里有分离；动物个体同样进入有机个体的他在，进入有机个体关联的外在东西，本身就是一种对立；动物个

―――――――――
① 边注：植物的单纯变长，就是植物的一种数量增长。

体是理想的普遍性、抽象；它将自身与这种外在东西分开，在被对设起来时现实地存在；外在东西变为一种返折回来的、独立持续存在的和各式各样的东西，作为这种各式各样的东西出现于动物，在这里，植物与其无机自然东西处于不绝的流动中，而这种流动同样是一种自身不绝的流动。动物有感觉活动；刺激起来的存在对它是一种个别性；它直接作为普遍东西而与这种个别东西 (6,207) 区分开，这种个别东西直接变为一种普遍的观念东西；感觉是一种个别的感觉，或者说，在其存在中被设定为得到扬弃的存在。

在个体的过程中，个体直接扬弃无机自然东西，{并且}在种属的过程中自身被扬弃；{这样}两个方面的统一，即它们的一体存在的返折，就是理论的、理想的过程。同样，在植物个体的一体存在的直接性与种属的一体存在的直接性之间出现了感觉的中项；动物的种属存在是作为欲求和真正的感觉存在于动物中的；动物感觉自己，并且感觉它的种属的他物，或者说，它像这个他物一样，持续存在于它的他在中；它在它的种属中的被扬弃的存在是本身作为欲求、作为未被扬弃的存在而持续存在的，同样也是作为他物的未被扬弃的存在、作为直观而持续存在的。

在这种中性里，要素已经变为真正的感性；它是普遍的、理想的东西，并且在此中已经特殊化；蓝色在这里是颜色；被感觉到的蓝色不独是蓝色的这种规定性，对于这种规定性，没有任何东西是他物，相反地，这种规定性已被设定为有差别的东西，因而同时被设定为被扬弃的东西，被设定为一般颜色；感觉在这种规定性中是个别化的外在东西在观念上的毁灭，还不是这种东西 (6,208)

的被毁灭的存在，不是欲求，而恰恰在这里是这种东西的持续存在，是真正的感觉、直观。

个别性的直接被扬弃的存在的或对设起来的东西的简单相互关联的这种理想性，是作为系统的感觉，是动物体的独立发展的绝对特性①。

A. 有机形态形成的过程或发展为总体的个体的过程

α）一般形态在其本源中首先是一般个别性和在个别性的普遍要素里与土关联的个别性；通过动物的感觉特性，个别东西的这种单一普遍性就被［联系］到土上；重力被打断，个别东西同时出现于个别性要素对面；土变为一种与个别东西的绝对单一性相对的形式上的普遍东西；这种普遍东西将土特殊化，扬弃个别物体沉入的直观过程，并且这种普遍东西是一种普遍的个别东西，赋予土以存在的普遍性，特殊东西持续存在于这种普遍性中，但是，这种普遍东西是否定性的普遍东西，是针对土的时间，所以，动物具有随意的运动②；动物表明自身是针对业已分化的、能持续存在的土的生命时间，在它特殊化的土里是消逝的。

---

① 在原稿中此后删除的文字是：同样是形态形成过程的特性，或者说，作为种属过程的发展为总体的活动相对于无机自然界的特性；这种普遍性发生中断，因而将其对外关系特殊化；外在性的理想性是这种关系的中断的、个别的存在，从各个要素的普遍流动中取得这种普遍性。

② 在原稿中有下列废弃的边注：动物是时间，是消逝的。

有机体与精神哲学

残篇 11　β）如此普遍地与土质分离以后……

β）如此普遍地与土质分离以后，动物或发展为总体的个体作为有机统一体就是一切要素的普遍混合，是绝对封闭于一体的存在，即一种动物胶体，在此中是没有任何东西区分开的；这种胶体包含着生命的萌芽，已经由绝对概念浸透；但是，这种胶体的绝对统一与张力相反，是绝对地、不可分离地统合到一起的，通过绝对概念被带入动物流质；流体作为绝对的传播是这样一种东西，这种东西按它的本性来说，作为一种己外存在，是肯定的普遍东西，绝对概念在此中实现自身，并且以其绝对的对设活动，在现实存在时拥有其单纯性；有机体作为它与这种流质的绝对统一体既在自身之外拥有无机自然东西，也绝对在自身之内拥有无机自然东西。植物不能在自身之内承受这种流质；在种子里，植物就是内在世界与外在世界、形态与流体、普遍东西与绝对概念的这样一种一体存在；植物最初靠自身维持生命，消耗自己的流质，从而消除一切内在组织活动的可能性，并且普遍的流体是植物的外在要素；与此相反，具有流质的动物则绝对无限地存在于它的这种绝对己内存在中，存在于它的这种绝对在自身之

143

(6, 212)

外的流质中；它游移于普遍的要素里，这是它自己的内在动物性要素。对于植物来说，流质、普遍要素是存在于它之外的；动物的胶体则［是］在它自身存在着的这种普遍要素；动物像生长出来的植物一样，存在于普遍要素中，它的营养是一种未特化之流，而这种未特化的营养流就存在于它本身。各种处于很低的发展阶段的动物并未如此［从属］于特化的要素，即土，而是［从属］于在形式上普遍的、外在的要素，即气和水，因而在这里接近于植物；所以它们就像植物一样是在卵中生出来的；它们作为具有形态者游移于水和气的普遍的、外在的要素，因此，它们大多只能在卵中上升到一个自身封闭的世界的这种天然产物。它绝对在它自身拥有普遍的流质；这完全是已经得到发育的绝对动物。

γ) 这种胶体从一个方面来看，最初本身是动物与外在要素的这种普遍关联，并且动物必然在分化外在要素，其条件为动物通过它的流质，在它的本质的一切方面都截断要素的这种普遍流入；由于动物让胶体当作皮肤，而胶体依然是与普遍要素气和水的关联，所以它同时上升到生产一种与这些要素对立的内在流质，并且通过嘴，将自身设定于与要素的一种能特化的关联，在这里它特化这种关联，从而将自身置于一种营养的关联，而这种关联是与那种依然存在植物的、涉及气和水的关联对设的，这种营养则在经过有机的特化以后，将火元素的性质纳入到自身。皮肤是产生动物的低级发展阶段的残余物，是动物从属于整个外在要素的性质的残余物，正是这个阶段不断保留着［这种性质］，而在特化过程中不占有任何地位；皮肤是流质的驻地，是气和水的过程的形态与流质的绝对形式的驻地，动物将它的营养化解为这种流质，普遍关联将动物有机组织的要素化解为这种流质。

(6，213)
144

δ）与要素的关联的特化，或者说，具有特化有机土质的动物与要素有对立关联这个现象在外部的产生，同样是一种在胶体本身之内的绝对特化；动物体的绝对概念将自身分裂为与具有流质的皮肤相反的固定东西，而这种固定东西在动物体本身拥有对立，将自身在自身之内分离为骨骼形成过程的绝对易碎连续性，分离为对立的一个方面（即能散发的、具有可分东西、绝对易碎东西的特性的核心，而这种东西的本质就是从自身出发的点）和对立的另一个方面，即中性的、外部裂变的对立，［伸］肌和［屈］肌的对抗。

ε）骨骼作为易碎性的方面，发端于核心，发端于统一点在流质中的一种仿佛复制的活动；骨骼在有机体里存在时，本身就是一个系统，代表着总体在这个系统的易碎性的规定性中的形态，并且在这种有机发育过程中必然从如此原始的规定性返回相反的规定性；核心的点从自身放射出来，过渡到躯体线的形成，

(6，214)

并且由此过渡到圆柱形躯体、向球形环抱活动的整个转身。变为长度的单个骨骼核心对外形成圆形，在作为全部长度特化以后，把自身分为大量这样的骨骼线条；各个端点本身直接指向了土质要素的特化过程，而且绝大部分已经特化，绝大部分接近于单个核心形态。各条骨骼都已经从核心返回，在对外长度和对内长度上都变形成为圆的，［自身］作为胸椎，返回开通的、对腔口裂开的、但依然存在的核心，并且返回依然存在的许多放射活动；一些长的骨骼在胸部结合起来，致力于表现躯体的健康，而在头

(6，215)
145
颅发育中以很完善的方式做到了这一点；这些长的骨骼在内部统合起来，变为平面，并且从集中 ossissphenoidei〔楔状骨片〕开始，仿佛向头盖骨的中心点隆起来，而成为头盖。

ζ. 像在有机胶体里骨骼系统作为易碎性方面发育那样，在其他方面肌肉系统是作为进行瓦解的分离活动——这是中和性，不过是消解了的——的驻地发育的，因为动物的普遍性是一切可能性中的绝对现实性；肌肉系统在它的统一性中具有现实的分离活动，并且〔必定〕在它的作为中和综合者的普遍性中具有现实的分离开的东西。肌肉最初在它自身就以可收缩性具有这种对立活动，因为它受到外部东西的刺激以后，会先收缩又伸开；但是，这种在此只属于偶然情况的对立活动，肌肉实际上是在舒展的肌肉和收缩的肌肉——伸肌和屈肌——的双重活动中拥有的。肌肉系统的全部发育过程也又会表现对立向一体的统合，当对立扩散开，共同进入韧带和关节的黏液囊时，那种发育过程的差异就获得了流质。

η. 这种在内部得到发育的、在自身之内蜕变的形态系统对
(6，216) 于外在性就是激应性系统；骨骼的发育是这个系统的可感的方面，这个系统在自相关联，并且作为这种固定性，或对自相关联是可激应东西的可激应系统时，就统合了肌肉的发育；两种发育都〔处于〕封闭的皮肤当中；但激应性系统游移于自身之中，游移于同样在内部形成的蜕皮变形的普遍流质中，即游移于淋巴系统的普遍流质中。

θ. 形态形成过程的这种首要的内在系统将自身区分为肌肉和骨骼，是内在的皮肤和有机的联合，因而是直接的、单纯的个体

系统，它的形态形成是有机的统一，在这种统一中，它与无机自然东西相对立，并且作为系统的一个总体在自身之内将自身分为各个环节。这种内在形态形成的过程与无机自然东西相反，恰好与形态形成本身相合；系统消耗着无机自然东西，以自己的形态生长起来；或者说，那种消耗就是系统的生产。消耗无机自然东西和靠这种东西得到营养的特定方式是这样的：系统通过它的动物性行为特化与它的普遍性相反的无机自然东西，在自身扬弃这种东西，但系统并不是〔把这种东西〕转化为特殊的、动物性的环节，而是转化为动物流质。营养品变为淋巴，｛而且｝就像我们在此所能称谓的，是通过有机感染作用而转化为淋巴，（并且就像在甲壳动物和其他动物一样，也像在依然处于形态形成的这个阶段的介壳软体动物和昆虫一样，这种再生绝不是任何动物性的）。这种动物性的淋巴是动物流质的普遍产生；它既是动物体的普遍东西，也同样是整个动物体的产物，而这种普遍东西就是我们已经作为出发点的、在此时已经形成的流质、胶体；这种业已形成的东西就是在其中骨骼和肌肉分开自身的流质，它又把它们统合起来，是它们用于它们的产生的东西，是它们消耗的无机自然东西，又是绝对有机自然东西生长和毁灭、分离和统合的东西；这样就设定了一个内在的循环过程，它把动物流质转变为骨骼和肌肉的区分，在它的分离存在中由动物流质统合起来，而这种流质有生命，从那种区分转化而来，把外在东西转变为流质本身。有生命的存在的自身封闭的循环过程，介入经过转化之后以时间直线走过的自然东西，打断这种东西的关联的必然性，在动物体中又毁灭这种东西的特殊性，因为动物体使这种东西转化成

(6,218) 了自己的反面,转化成了动物流质。这种在有接受能力的胞囊里的转化,即同化作用,在其规定性中决不能采取任何其他的进程,而只能这样:经过特化的无机物首先在其外在形态中被扬弃,被机械地转变为小东西,然后它的内在形态被动物热毁掉,变成流质,流质是动物化的东西,由动物的火元素激活,经过特化的无机物终于完全由此进入动物同一体。营养的普遍质料必然是先前的各个发展阶段的最后结果,这种营养值到随后的阶段被提高,并且由此真正被引入动物同一体。

残篇 12　θ. 动物体的形态形成……

　　θ. 动物体的形态形成就像它被看作一种存在那样，也绝对是一个过程，一个针对无机自然界运动的生产过程和一个处于自身之内的过程；它是这样的循环过程：有机统一体对无机自然界有紧张关系，能动的东西是与无机自然界对立的，扬弃着无机自然界，因而扬弃着它的对立，扬弃着作为能动东西的它自身，沉入两者的一体存在，沉入它的普遍性的本质，在这里变为内在的，对它自身的普遍东西，即对它的普遍性是能动的，而这种普遍性同样区分开，以致区分开的东西是普遍东西本身，像普遍东西刚才在自身作为整体把普遍性区分开，把一种自身外在的东西区分开；这种内在的区分活动正是变为骨骼和肌肉的过程；业已完成的区分过程，即普遍东西的被扬弃的存在，又是整体变为一种能动东西、个别东西的存在，与一种普遍的东西相反，一种外在的东西是作为无机自然东西存在的。

　　α) 动物体与无机自然界的关系是与作为无机自然界的普遍东西的，即气和水的关系，相对于皮肤这个对设起来的过程，是与特化过程和特化了的自然东西的关系；皮肤的营养品与那种普遍东西对设起来，必然是以往的发展阶段的最后结果，是这种阶段的最高上升活动，在这种活动中无机自然东西把自身提高到动物体的边界上，提高到水过程与气过程的完全区分，提高到变为有液汁、有精髓的果实；这些果实的最后产物属于气过程和水过程的对立当中的各种植物；动物体的过程则将这两个过程设定为一体，产生出它自己的内在要素，即动物体的淋巴；作为我们的出发点的动物胶体是一种由动物本身变成的东西。营养品向动物性过渡中的绝对东西是动物统一性对营养品的单纯影响。营养品的消耗会在它的依然很多的逐渐变化中被分解为动物性，所以从它的规定性向动物体的绝对过渡依然存在。变化的逐渐性[1]要使这样一种过渡成为同样可理解的，因为在两个端项之间插入了大量越多越好的中介环节，以致两个环节中的每一个起先都是在另一个里以不可见的、无限小的方式被设定为现存的，这时并不是首先由此变为单纯出现的，而是变为已经现实的，不过在此中是潜在的。但一个端项在另一个端项里还会被看成变得很细小，所以它依然是营养品的端项，所以它总是过渡到绝对对立面的同一个分离性和同一个必然性，而这种过渡在绝对概念里是无限的。所以，营养品在与活生生的动物性对设起来时，是唯独通过无限性的威力而转化为动物体的；这种过渡是单纯的和直接的。动物有机体的能动性并不是变化混合比例的一种单纯形式的能动性，相反地，根本是物质的能动性[2]；因为营养品作为物质，本身无非是一种经过有机化的规定性；它不是作为它包含的绝对物质，即以太被扬弃的，而是作为这种规定性被扬弃的，或者说，它是作为它自身所是的观念东西被设定的。在热血被吸取出来，或从一个人体、动物体被输入另一个人体、动物体的血管时，有机过程的转化着的能动性当然是［或多］或少形式上的，也许是最形式上的，不过热血还没有由此被吸收，这就是说，还没有在内部又被分化到有机过程的系统里。营养品的外在的、直接的转化是以它接近于动物的有机组织为前提，或者说，是以它本身成为一种有机特化的东西为前提。动物像植物一样，通过表皮，与普遍的、未特化的有机过程结合起来，处于同一个过程里；但是，要跟有机过程有活生生的关系的东西，必须在其本身是一种封闭的东西①，只有咸味的、含钙的和含硫的东西才以矿物成分造成了对有机组织的一种作用；金属仿佛一直存在于淋巴流质里，对整个有机体强化了这种流质的威力。所以，药物与营养品是分开的，两者只是属于普遍东西、流质东西，在这种东西中自身固定下来，并不可能在其中被分解。

因此，有机过程对于营养品的能动性是有机过程的动物性影响，是向动物流质的转化。但是，这种单纯的过程本质作为一种过程，同时**在各个环节中**是本身区分开的；如已经提到的，并非这些环节好像仅仅是营养品的排泄，相反地，普遍的东西是一切相同的东西，是转化活动；转化的这种单纯东西本身就是转化的各个环节。同化作用不可能有任何其他进程，而只能是这样：营养品首先在它的外在形态中得到扬弃，经历一个机械的分解过程，然后通过动物热，在它的内在的特定自然东西中被分解，从而在动物体里进入［一种］化学过程的环节②，随后被动物性的火元素激活，它的咸味性质和它的火热性质这两者被绝对设定为一体，如此进入动物流质的同一体。

但同化作用的这种特化过程却不再属于形态形成过程，不再属于生产过程本身；同化作用是内在有机过程到外在有机过程的

---

① 边注：封闭起来的差别
② 边注：动物的重要性

介入；所述的各个环节首先在高级的有机过程里是实在的，直接的、外在的有机过程并未拥有淋巴流质的这种内在环节分化；这种流质的作为统一体的内在环节分化，正是有机过程在自身之内的映现，即返回自身的过程的映现；有机过程只返回自身，因而它使自身成为形态，或者说，变为动物性的流质被特化为形态的环节分化，流质之变为动物性的活动本身直接就是这种过渡。

这样一种同化作用的生产能动性是动物流质形式的直接设定为一体的活动，就像把动物流质作为一种特殊的、属于火过程的营养与气过程设定为一体那样。这个过程的对设是同化作用的能动性的特化，这种特化直接拥有外在过程的特性；饮与食、气过程与水过程的这个统一体构成了被生产的动物流质，通过这种流质的生产，同化作用对外在东西的紧张关系得到了扬弃，把这种东西设定到作为统一体的自身之内。外在东西变成的这种中项，本身就是一种单纯动物流质，作为整体的外在东西是这种单纯的东西本身；它的内在无限性在自身叠合起来，是统一体；动物沉入了消化和睡眠中；这是针对营养品的一种完成的能动性，但在其完成的过程中，正是能动东西消耗了自身。这种有生命的相互融合并未分解为一种内在的紧张关系；动物流质被分裂，并未分解为涌出的流质的分离活动，而依然不可分离地是一体，并变为有差异者，它的每个方面本身都是这种动物体，{所以}动物流质就变成了骨骼和肌肉；这种在动物中变化的对设活动变为动物的能动性，或者说是这样的：动物在自身之外拥有普遍的流质，又在它自身产生了欲求。动物用以涉及营养品的直接东西，本身就是流质，它通过它本身的区分活动，业已变为有生命的、能动的。

残篇 13　ι. 我们认识到的这种有机组织……

ι.① 我们认识到的这种有机组织是形态与其营养活动的统一体；过程返回到了自身，因为有机流质的统一体，即有机的胶体，将一种无机的天然东西特殊化，在自身之内扬弃它，使它成为自己的流质，从这种流质出发，将自己分化为肌肉与骨骼，而正是这种流质由此才是被激活的有机流质，这种流质在自身就是普遍性和绝对概念，作为流动的概念，同时也是形态形成中的差异，并且作为这样的差异，能够将天然东西特殊化和扬弃。

但是，这种循环是形态的一种纯粹的循环，有机体在此中并不是自为地存在的；动物体不是作为对其形态形成的绝对阻碍和打断存在的，或者不是作为能感觉的有机过程存在的；有机体要

---

① 残篇 11 的续文。在初稿中由此往下至单行本 153 页 α）"有机个体"经过修改的文字本来是：动物体在它自己的形态和它的营养活动的这种统一中就是在绝对流质中的这种统一体和两者的合为一体；在这种合为一体中，过程返回到了自身，是作为这种返回到自身的过程现实地存在的，而动物体就完全是这种返回的存在本身，并且变为一种作为外部过程与内部过程的统一的自身决定了的东西；它在那种流质里把自身在自身之内分为各个环节；它的无机的天然东西属于它自身。当它从这种作为绝对微观宇宙的统一体出现时，它就变为它的能撤回涉及外部东西的有机过程、能进入流质的普遍中项的系统，对这类系统来说，外部微观宇宙本身是一个环节，而且当这个能返折的系统与一种外部东西关联起来，从这种外部东西得到来源时，它也就绝对统合起来，使自身完全处于孤立状态，变为一种绝对普遍的系统，它作为绝对普遍的系统进入那种中介系统的两个分支；一方面，就像它在观念上变为普遍的，另一方面就像它在实在中变为普遍的，或者

自为地存在，这种进行创造的循环过程就必须对动物体本身变为一种外部东西，或直观这种作为单个循环的循环。无机世界必须对于动物体变为这种外部的有机过程；动物体必须作为类属返回自身。因此，这种更高的有机过程是作为返回到了自身的有机过程，作为普遍的有机过程存在的，而有机整体则作为外部的有机过程和这种内部的、仅仅涉及动物体本身的有机过程的统一，变为一种真正在自身整合起来的东西，因为它的无机天然东西是属于它自身的。当动物体将它的涉及外部东西的有机过程收回自身，它就是α)这种有机系统，这种系统把自身作为一种单纯的能动者，与其进行创造的、形成形态的有机过程关联起来，由此得到了来源；但是，它仅仅是这么实现它的绝对普遍性的：当它β)将自己同样绝对统合起来，完全孤立时，它就变为绝对普遍的系统，而作为绝对普遍的系统，它在与对立面的关系中分为两个普遍系统，它进入了那种中介系统的两个分支；首先，α)像有机个体自为地是类属那样，像它的个体性作为普遍的个体性①依然存在那样；其次，β)像它在普遍性中扬弃它的个体性那样，前者作为普遍东西与特殊东西的综合，作为能分开的关系，是动物感性的系统，后者［作为］绝对普遍性，是作为性别的类属的现实存在，因此个体性在此中就毁灭了。

κ. 直接来源于外部东西的系统将自身与外部东西关联着，或者，前一种东西的再生就像它经过了自相等同的流质那样，是易碎的骨骼向神经的流质和有差别的肌肉向其他的系统的转化，

---

① 边注：规定性

并且α）两者的直接一体存在、两者的绝对联结是两者直接成为一体的无限中介，β）把两者相互分离开、两者在其中实现自身的肯定性中介，是两者彼此设定它们的差别、相互产生自身的流质。

我们考察的是α）在普遍性的元素本身，什么变为这种返折里的外部的、自身形成形态的有机过程的两个环节；是什么在直观普遍性的要素本身里对于外部有机体的双重关系，在直观这种有机过程本身的作为其自身的有机过程的他在，因而是一种内部系统，即返折的外部有机过程，对于那种内部有机过程而言，形态形成的这种最初的有机过程就是无机的天然东西。

于是，那种内部有机过程是最初绝对动物性的有机过程，它在其自身拥有了无机的天然东西，不单纯把这种东西当作流质，而是当作在自己内部业已分节的流质，当作这种东西本身的部分。

λ）以流动方式整合在自身之内的骨骼，当它仅仅属于纯粹的形态时，将自身作为胸椎和头颅发展起来，当它变为这种僵硬的总体，返折到自身时，〔它〕将自身提高到普遍性的形式，并且〔在这时〕出现了它的普遍的、绝对流动的方面，它的精髓变为神经；它作为易碎东西与流质的绝对合而为一，相对于特殊东西绝对分出的东西，变为一切特殊东西的绝对普遍性，或者说，变为能感觉者；并且在另一方面，它也变为将能感觉者特殊化的能动的普遍东西；通过神经，无机的天然东西才特殊化，如果动物性东西认识自己是能特殊化的、能动的或受动的，它就是特殊化本身的绝对能动性；作为能动性，普遍东西设定特殊东西，能动性则表现为随意性、偶然性；神经是像感觉那样的随意运动①的场所。神经在考虑到的两个方面与外部的、形成形态的有机过程关联起来。在普遍的流体中，外部有机过程的毁灭活动受到阻碍，在观念上被设定起来，扬弃外部有机过程的东西存在于普遍的、流动的和肯定性的元素中，当这样的东西作为那样的普遍的流体在其被扬弃中得到设定时，神经就是有感觉能力的；同样，神经也向外映现或折射外部有机过程；它把普遍的元素、无机自然界的普遍东西设定为特殊东西；外部有机过程的活动与无机自然界相反，由此表现为随意的。

②被动东西与能动东西这两者是神经对于外部有机系统的关系，因为这种系统都与一种外部东西有关联；因此，神经在这种系统里关联的不是骨骼本身，而是对立的方面，即作为那种与被动的、僵化的骨骼相反的生动统一的肌肉，神经在内部对设起来的肌肉里实现其流质存在的内部差别。神经是绝对普遍的东西，是不可分解的流质，特殊东西本身在其中被设定起来，而且是在这种东西被扬弃、被忘却和消失不见的时候；因此，神经与肌肉的再生产丝毫无关③；神经并不存在于能有差别的流质那里。

---

① 在初稿中由此往后删除的文字是：作为绝对有机的普遍性，作为感性中的感性。

② 在初稿中这一段开头被改动的文字本来是：神经就像骨骼那样，必然分裂为统一的对立系统，分裂为对于特殊化的关系；我们在这里所谈的特殊化首先不是神经经过中介进入外部有机系统的特殊化，并且在这里不是与骨骼本身关联起来，而是与对设起来的方面，即与肌肉关联起来。

③ 在初稿中删除的边注：瘫痪的环节依然活着。

神经将自身与外部有机过程关联起来。就像它以前的关系是生动的、能作出区别的、进行感觉和运动的关系，是一种对于有差别的肌肉的关系那样，这种关系是它在它的关系中无差别性的方面，并且在这种关系中它不是随意性里的这种统一，而是本身就沉没到这种统一中，因此，它不是作为一大宗纤维，像它与肌肉关联起来那样，进入这种统一中，而是不具备有差别的形式，就表现一种抽象，是不可分解的流质；在流质中，它是作为一大 (6, 228) 批结节存在的，是一种不间断的传递过程，包括在流质当中，而不是包括流质；它的绝对的、在自身有差别的统一变为一大批核心，它们往往变为软骨状或细骨状的核心；交感神经不可视为一种出自脑的神经，而是可以视为这样一大批结节，这些结节只不过容易与脑神经交织到一起，并且骨髓在其中构成向进行再生产的脑的过渡，而这种脑的神经 plexus〔丛〕并不是神经纤维的一种更单纯、更深入和更结实的联结，而是变得十分单纯的结节。

μ. 通过绝对流质返回到自身，获得无差别性形式的肌肉系统，变为另一种系统，而外部的差别，即肌肉，部分地作为可收缩性，部分地作为双重性，即牵引肌和弯曲肌，在对设活动的持续存在中变为绝对循环过程的一种统一，变为绝对循环过程的一种通过持续存在的对设活动返回自身的统一，肌肉在心脏中达到它自身的、绝对的收缩与扩张的生命，这是绝对没有神经的，没有感觉，没有肯定的普遍性，而是有自身之内的绝对无限性，有绝对的、从自身而来的和对设起来的运动。在牢固的心肌里只作相互交替的、绝对的运动在血液里变为流质的，并且在这种流质

(6，229) 中，在这种普遍性中变为血液的对设起来的运动或绝对的循环过程的一种同时存在。

ν. 神经作为绝对概念是以普遍性的形式存在的，直接传导着现实存在的感觉，即特殊化，直接在观念中设定着这种特殊化，是骨骼的展现出来的易碎性，而这种易碎性依然是以其单纯性的原素存在的，正像这些情况那样，血液系统是以差别的形式存在的绝对概念，是肌肉的综合为一的差别，不过，血液也正是对于持续存在的差别的元素存在的。神经把自身与外部有机系统的差别，即与肌肉关联起来；血液在其能在肌肉里返折的流质的方面返回来，在所生产的和能生产的流质上返回来。血液作为内部有机系统的差别方面，构成外部系统与［内部］系统的绝对关联（无限性的点）；血液是作为外部流质的激活活动现实地存在的，即作为这种流质向两个方面的活生生的活动现实地存在的，所以这种活动滋养着骨骼和肌肉，因为绝对的对立在其各个方面都得到实现，以致这些方面没有再复归于流质。

157　　血液仅仅在心脏里是自为地存在的；血液在其对设起来的循环过程中是完全对外有差别的；流质作为在过程里产生出来，表现为有机过程的普遍性的流质，就像消耗有差别的无机自然东西那样，消耗着业已形成形态的有机过程的有差别的方面，有机过程则变成这种无机自然东西；流质消耗着肌肉，并且在对设起来的方面分化为肌肉，滋养着肌肉；血液吸吮着各个部分本身的一
(6，230) 切流质和直接的营养流质，在其他方面也在这些流质里消耗着自身。血液的循环过程是整个有形态的有机过程里的一种普遍的、实在的有机过程；血液是绝对的、能动的概念，它在整个有机过

程中拥有其活力，并且以绝对地对设的方式存在于整个有机过程中；生产的淋巴是有机体的中项，无机的天然东西在此中突变为动物性的天然东西，在这里有机过程的内部差别像扬弃自身那样，也设定自身；在淋巴本身并未现实地存在着这种内部的、双重的运动，淋巴仅仅是作为无差别性的中项的环节，与这个中项关联的是有机过程的所有这样的斗争和活动：在淋巴对有机过程是能动的，因而变得对外能动时，克服淋巴的无差别性，把它提升到神经和血液或骨骼和肌肉，〔或者〕从有机过程的差别绝对复归淋巴。淋巴的这种对设起来的运动，即淋巴的被动性与能动性的运动，在血液里是现实的；它就是这样的运动，因为它是被激活和能激活的，淋巴作为这样的淋巴依然是无差别的流质，在这种流质里，有机体摆动于有机流质与无机流质之间，是向产物的直接过渡和从无机产物的发源。

血液在它的对立中既消耗也存在，是被激活的淋巴，这种淋 (6，231) 巴变为各个有机的、有差别的部分，同样也把它们拉回淋巴的无差别状态，血液在它的两种对设起来的功能中就是以这种方式成为流质的，到处都普遍地传播于有机过程里，并且它的那些对设起来的功能是伴随着出现的，并不是作为这样的对设起来的功能出现的；但它们也必定作为这样的功能现实地存在，在血液形成的独特的、对设起来的系统里显露出来。血液的这种双重的、对设起来的活动是作为独特的系统出现的，循环过程在其中向着两个方面扎根于气与土；α）针对气的元素，循环过程有呼吸；这给有机过程赢得了对土和水的再生产，血液一方面在有机过程里给纯粹的区分过程作出消耗，另一方面在肺呼吸的一个统一点里做出消耗。淋巴的消耗像在普遍的有机过程里是一种实在的区分活动那样，在肺里是仿佛以观念方式对设起来的东西；动物的、主要从各个部分返回的静脉血液在肺里被转化为能在区分开的东西中起激活作用的动脉血液；以前关于淋巴由血液加以区分的一般说法在肺里有其现实意义，血液在此中变为分解的、暴露的血液，并且能直接变成各个有差别的、有机的部分。循环的血液就像在这个方面靠气变为有差别的血液那样，在另一方面扎根于它的土质，它的内部差别在自身之内变得更加受到压缩，并且在门静脉系统里血液作为可燃的、外部有机过程里的能动的方面，产生出胆质的淋巴，从而提供了淋巴消耗营养品的极其有力的环节，淋巴自为地从血液在腺体中的普遍激活作用达到一种能动的、内部的系统，并且在吸入与排出的管道里，作为一切部分的无差别的流质保持下来；但特别在生产过程里，消耗营养品的内部——给胆质对设起来的方面——的环节仿佛构成中性方面的从内而来的、能动的环节。

ο. 血液系统以这种方式把再生产活动分到一切部分，一方面把肺中的流质区分开，以变为有机部分，另一方面把肝中的流质激活，达到对营养品的能动作用，普遍地把它作为无差别的、动物性的淋巴保持下来。

π. 这种如此与自成形态的有机过程关联起来，实现其内部生命的内部有机过程，这种动物性的神经系统和肌肉系统，最后摆脱这种与外部有机过程的联系。个体在两种有机过程的这种交互作用中是完善的，必定会变为普遍的个体①；在与外部有机过程的关联中不是作为普遍的有机过程现实地存在的内部有机过程，必定会作为自由的、自身普遍的有机过程现实地存在。内部有机过程由于作为神经而与外部有机过程有关联，所以是α）完全有感觉能力的，而不返折到自身，不是在自身之内划分为段落的感觉。内部有机系统在**作为血液**而与外部有机系统关联起来时，就是能扬弃自身并产生自身的个体性的运动；这种运动也还没有自为地返折回自身，同样也还不是作为一个整体的个体性的扬弃和作为一个整体的同一个体性的再生；那种扬弃和再生全然是个体化的，并不是一种撤回自身的、能自为地构成自身的普遍运动。内部有机过程的两种关系必然变为普遍的，必然自为地构成自身，是个别东西在其中直接变为他物的感觉的理想运动，并且是整个个体性在其中变为他物的个体性的现实运动。在那种理

---

① 在初稿中由此往下修改过的文字本来是：那种外部的、能特殊化的过程必定是真正的感觉，即普遍东西与特殊东西的一种综合，外部东西在此中特殊化得很完善，以致有机体直接扬弃外部东西，而不在其过程中［进行］，〔因为〕对于其过程而言，外部东西是一种物，有机体的过程是形态，一种僵硬的东西与一种僵硬的东西相对立，倒不如说，有机体在此中是一种没有任何对立的绝对流质，是一种直接的交错存在，因而完全在观念上是特殊东西，或者说，是这样的：有机体直接以一种连续性就拥有其对设起来的东西，在这种东西中扬弃自身；有机体绝对自为地扬弃其实践的差别，在其对设起来的东西中外部东西就是同一个有机体的某种东西。在这种有机体的绝对存在的对面直接出现的是它的非存在；在外部东西的那种理想性里，这种外部东西变为有机体本身；外部东西作为他物扬弃自身，但不消失；外部东西在其绝对变为不同于自身的他物的过程中，就是有机体本身；绝对是外部东西的有机体，在其无限性中必定是同一个有机体的一个他物，必定自为地存在。

想的运动中，个体性是普遍的、对个体有个体性的运动，它被扬弃，并作为一种被扬弃的运动对个体被设定起来；个体性作为一种被扬弃的个体性的这种设定，或被扬弃者的持续存在本身，是作为总体，作为在自身之内有机地组织自身的感觉存在的。在后一种现实地运动中，个体性，即一种个别东西反而得到扬弃，并作为得到扬弃的东西，被设定起来，或者说，这是类属本身的过程。这两种对设起来的普遍性形式是直接关联的；当个体在前一种运动中是普遍东西，个别东西从属于普遍东西或者是感觉时，个别东西就是普遍的，并且在这种普遍性中作为个体扬弃自身，而变为类属。从外部东西方面同样也呈现出这种向对设起来的东西的绝对过渡；对于感觉的个别东西被设定为一种观念的、得到扬弃的东西；作为存在的个别性与普遍性的这种同一性，个别东西在它的被扬弃的存在里变为有机体，它的全部感觉活动对于有感觉能力的动物体变为一种外部东西；{这是}它所关联的东西，它本身是作为能感觉者存在的，或者说，感觉的理想性对能感觉者直接转化为性别。当它作为能感觉{者}是类属时，两者就是作为类属的个体的**存在**的无限性，或者，**它**是感觉，外部东西是一种能感觉的、个别的东西，反过来说也一样，它是个别的东西，普遍东西、感觉是一种对它来说的外部东西。

ρ.[①] 在这种感觉过程里，或在理论过程里，神经将是主宰

[①] 在初稿中本段开头经过改动的文字本来是：ρ. 理论过程属于神经，它以往在现实过程中是进行感觉的，是能动的运动者或感受者；它在自身作为感受者时，有机地组织起内部系统，因为它在内部系统里设定的特殊化活动整合成为现实的过程，整合成为皮肤的单纯性，并扬弃了内部系统中的过程的一切实在性。

者；就像在与外部有机过程不同的内部有机过程里，差别方面拥有了血液，绝对概念拥有了其完善的发展那样，神经这时作为普遍的传导者拥有了把绝对概念归属于自身的地位。神经将它的传播收拢到脑里的分化的系统，将它的总体既作为感觉活动本身的感觉者，也作为随意运动的感觉者，集中于脑中，并在独特的、与一般运动神经相反的感官神经里，为那种能返折回自身的分节感觉活动进行传播。

当神经变为这种有机过程的主宰者时，它就扬弃肌肉与骨骼的现实过程在这种有机过程中被设定的特殊化活动，把［这种活动］整合为皮肤的单纯性；当它把感觉的普遍东西分为段落时，这种活动就变为**感官**；这种活动是 א．一般的感觉，是理想的流质，把自身作为这样的流质，与整个的**形态**关联起来；［这种形态］就是被感觉的土质要素。

但对于土质或对于形态本身，运动、运动的理想性是处于土质或形态之外的，感受作为普遍的感觉活动与成形者的普遍自为存在关联起来；各个环节是在与运动关联的特殊化中的自相等同，即重力与在运动的特定特殊化中各个物体彼此相对的重力，并且是运动的普遍的、流动的扬弃，即热与冷。就像这种感官对于普遍的感官是普遍的那样，这种普遍的感官也是动物体的整个**形态**的感官。于是这种感官作为普遍的感官在任何特殊的感官里都同时是感官。动物体使其他感官成为这样一些感官，这些感官在其特殊化中就是这样普遍的感官。但是，其他感官的普遍感觉活动也是与其他感官的感觉活动的特殊性关联起来的，前者不同于后者，并把后者作为特殊的感觉活动加以扬弃；ב．普遍的感

(6，236)

受就是这样与形成形态的物质关联起来，像声音向着一切维度把这种感受传播到流质中那样，相对于这种感受，有声音的现实存在的对立面，像声音作为其单纯的现实存在依然是纯粹的，是一种抽象那样；正像声音完全摆脱这种沉沦的存在一样，形态的完全观念的东西是线、面和点的抽象，这种抽象在运动中是与时间关联的，也是与声音的完全超时空的单纯存在关联的。视觉［涉及的］丝毫也不是躯体本身，〔而〕是它的纯粹的、亦即作为外在形态的理想性，是作为与空间关联的时间的、在它的抽象中的绝对概念，是运动和颜色。在视觉里，动物被传到最后的、对它可能有的自然东西的抽象里。视觉是光线和空间，是它的线条和平面；但是依然有时间本身，因为［否则］，时间对它就会成为一种外部的、被直观的东西，时间是更高的方面，这会成为它直观到的无限性本身，或者说，这会成为进行表象的。

　　]．形态的能够相互分解的现实方面和理想方面在它们的各个环节里属于感受和视觉，聚合成为一体，在它们的一体存在中组织起来，并且作为土质的这种有机组织或个体性，而与气关联起来，在气的这种普遍的环节中作为一种完全单纯的东西，表现它们的特殊性，〔最后〕变为对于可燃的东西、简化的个体性的感官；气味涉及特殊化的土质，它是一种在其有机组织中简单的土质；颜色仅仅是简单性的抽象，作为黏性物的有机组织的原素不是这种组织的简单的个体化，这种个体化在自身之内消耗其得到发展的差别，将其总体性表现为这种简单性。

　　ㄱ．对于中性的东西、对于在这种东西本身散发的气味和对于以其中性分离的水元素的感觉，是味觉，味觉以咸味的无差别性整合碱性东西与酸性东西的分解，给咸味对设起甜味，而作为这两者的综合就是苦味；此外，[这还是]因为，这些味觉的差别通过有机体，本身或少或多地被无差别化，与嗅觉叠合起来，仅仅在形式上作为感觉有区别，以致嗅觉把中性东西当成无差别的，而味觉则消除这种无差别的中性东西。 (6, 238)

ЛЛ. 普遍的感觉是这样一种感受，这种感受普遍地在这种感觉本身瓦解为无差别的感觉，即感受与视觉，但是又分裂为有差别的感觉，即嗅觉与味觉，｛这是｝特殊东西中的普遍东西，它必定能把自身作为绝对的、否定的普遍性，作为这种特殊性，绝对地加以扬弃，把自身设定为能由此撤回，把自身设定[为]一种普遍东西，一种纯粹的单一东西；任何感觉本身之所以是感觉，原因都在于，它是感受、普遍的感觉，它在感觉活动的普遍东西里扬弃它的特殊性；感觉的这个否定方面必定是作为这样的方面现实存在的，必定出现于感受里的肯定的普遍感觉的对面；对于一种声音本身的感觉就是这种单纯的无限性，动物以这种无限性把它作为普遍感觉的情况，向它的一切特殊性对设起来，并且以声音把它的个别性高扬到空气中，普遍地使之成为清澈的和不减弱的，绝对得到传播，就像它在耳闻时也接受这种传播那样。土质躯体的连续性的声音不过是噪音与乐音，之所以是噪音，是因为它仅仅表达摩擦的直接的、外部的和被迫的连续性，而乐音则是表达它的内部的连续性的，就像金属出色地表达的那样；但是两者，即声音本身，是仅仅在外部发出和激起的，它们作为一种单纯的统一是躯体在其自身的一种机械的维持，它们并不是这样一种官能，这种官能把运动的绝对自为存在作为一种(6, 239)

绝对单纯的东西表达出来,也对于表现得自为存在的和单纯的运动是有差别的。作为能动的听觉活动的声音和作为被接受的声音的听觉活动是这样一种听觉活动,在这种听觉活动中个体的感觉将自身撤回自身,并且将自身作为绝对普遍的东西建构起来。

σ. 在这种理论过程里,个体使它的个体性成为普遍东西,将自身设定为普遍东西,或者说,类属是以个体性的形式①存在的,把自身这么设定为普遍东西的东西就是在自身之内分节的感觉,是感觉的总体的系统,而感觉作为普遍的感觉在视觉里使总体成为形式上普遍的、观念的,在味觉和嗅觉中成为单纯设定的无限性和展现的无限性的可燃和中性方面,并在听觉和声音中把自身[作为]单纯的、在自身之内自己运动的无限性设定起来。在个别东西以声音绝对返回身,个体把自己表达为绝对普遍的东西时,这就是它的全部个体性的自行回归,并且直接是它自己作为这个整体变为他物的过程;它的单纯的声音迸发出来,个体有性别。类属与个体、普遍性与无限性合为一体;它作为完整的个体在个体性的这种绝对的、已经返折的统一②里,变成了一种外

---

① 在初稿中由此往下改动过的文字本来是:以无限性的绝对个体性的形式存在的。个体作为这样的个体,直接变为另一个体,而它所变成的声音,它的单纯的声音,是中断的;它听到它说的东西;这种声音在另一个体中成为现实时,就返折回自身。

② 在初稿中由此往下经过改动的文字本来是:会无限地瓦解;但作为绝对的统一,它不能瓦解为别样,而无非是完全作为它所是的东西,成倍地增长。

部的东西；感觉返回到了自身，并且对于那种统一本身就是感觉，或者说，那种统一已经在自身瓦解；那种统一作为它所是的这个整体已经倍增，并且在这种倍增里对自身是有差别的。有机体的最后完成在于，它像在植物中那样，{作为}个体与类属合为一体；但各个个体的倍增不是一种不分轩轾的众多，而是一种具有差别的众多。

残篇14 理想的过程或感觉的过程……

理想的过程或感觉的过程就像它存在于动物体的两个过程，即个体过程与类属过程中那样，也自为地构成自身，并且就像感觉在这两个过程中是确定的，它与它们有差别、有对立那样①，也分离开感觉，因为它支配着动物，让动物完全感觉到疾病是存在的②。

总而言之，理想的过程或感觉的过程规定α) 个体性的过程，规定营养过程；αα) 在无机自然东西被有机体扬弃的实践直接性中间，感觉是作为中项出现的，阻碍着这种被扬弃③；有机体作为一种进行毁灭的东西在观念上被设定起来，就像无机体那样。有机体就这样停留在加以毁灭的东西中，持续存在于自己的紧张状态中，因而有机体作为这种紧张状态同时是有机的和无机的，或者说，是加以毁灭的东西，不过是作为一种依然持续存在的东西而存在于加以毁灭的东西，这就是欲求；欲求是作为普遍东西的感觉，动物就是这种普遍东西；动物在欲求本身中是两个东西，一个是能动的有机体，一个是加以毁灭的无机物，决不是任何外在东西，倒不如说，这种分离是存在于动物本身；动物是α) 进行毁灭的东西，被毁灭者本身是一种不同于动物的东西；

---

① 边注：无差别的系统，动物的血液
② 边注：疾病造成向理性的过渡
③ 边注：一种持续存在

β) 但是，这种完整的关系、这种分离的关联属于同一种东西，它就是作为欲求的普遍东西本身，是紧张的关系。ββ. 对设起来 (6, 242) 的东西，即无机物同样是由感觉规定的；对于作为普遍东西的动物来说，无机物在停留于被毁灭的直接性时，变为一种对设起来的东西，是一种经过特殊化的东西。为了动物有感觉，α) 元素被对设起来，是一种在自身经过特殊化的东西①；元素在动物中获得了它的普遍的现实存在；对于动物来说，生命之流是一种绝对有间断性的生命之流，动物在它自身之内把生命之流分为各个阶段性的环节，而它对无机物的毁灭活动则是对各个分离的无机物的一种连续操作。

γγ. 在动物的其他方面也有它的这种欲求，并且这种欲求的遏止是享受及其延续，阻碍毁灭的注视活动也是一种单个的活动；各种感觉和享受，它们在动物中逐渐消逝，它们在它们的存在本身是单个的，即普遍设定的；{在这里}设定的仅仅是被扬弃的。在动物中，绝对的独立性、土质的重力首先变为其自身的绝对他物，变为实在时间的抽象。在全部有机体中，在植物中，现实地存在着两类运动的相互契合，一类与自身相关联，一类与他物相关联；{它们}处于其无差别性，因为它们合而为一，{这就是}全部运动；在动物中就开始有了这种自身在观念上进行变易，把自身分裂为自己的各个概念环节的运动；这种运动是在动物中作为时间现实存在的②；这对动物来说是一种特殊东西，是

---

① 边注：另一种东西，作为加以毁灭的东西
② 边注：不变为时间的主宰

在自己的存在中又扬弃自身的反思点,而动物就是这种进行扬弃的、作为特定东西锁闭于自身的和在自己的锁闭中依然自身等同的点。在人之内,时间本身变为特殊的、得到扬弃的东西,而人变为绝对现实存在的空间。

(6,243)　　β. 正如感觉规定个体性的过程一样,感觉也规定类属过程的特性;类属本身一般在于,有机个体在其自身就是类属;因此,类属过程就一般是一种在两个个体里分裂的活动。但是,对于感觉本身来说,个体性本身是作为普遍的个体性存在的,而对于个体来说,个体在类属中的被扬弃是归于感觉的级次的;感觉在这种被扬弃的直接性当中也变为一个中项,它属于个体本身;关系最初一般具有普遍的欲求形式,那就是个体的被扬弃受到阻碍①,个体的存在和在这种存在里的被扬弃同时被相互分离开了。这种被扬弃作为得到满足的欲求,在于个体变成了类属,作为类属的个体存在向个体展现了一种不同于个体本身的东西;在对产儿的认识中,动物是自身业已生成的类属,它的已被毁灭的存在在类属中阻碍着自身,并且在业已生成的类属的对面设定自身。产儿的类属对于动物变为一种他物,动物与类属有了区别,这种情况,即普遍性的外化,是动物所能达到的合理性的最高形式,在这里动物涉及的是作为一种单个东西的类属本身。但是,在它不是涉及作为单个东西的类属,而是涉及普遍东西,与作为自身分离者的个别性有关联时,在它麇集起来,共同寻找食物、共同居住时,它就是与类属的一种更高级的关系的表现,不过,

---

① 边注:提供一种持续存在

这种普遍东西在这里无非是单个东西的一种大量集合，它并不是一种普遍的单一东西本身；随着普遍东西本身的现实存在，随着个别性直接转化为单一的普遍性，有机体才走向理性。

γ. 这个阻碍着对立的直接合为一体，但又把对立中分离的双方统合起来的中项，就是感觉，所以感觉就像是类属过程和个 (6，244) 体性过程的普遍东西那样，也是自为地存在的，相对于涉及性别的有机系统的环节，把自身构成独特系统，即感性系统、普遍系统；于是，在动物里一直有一个作为整体的环节的系统，它一直处在个体性，即用数字表示的统一性的支配下，或者说，一直是作为时间存在的；这样的系统并不符合于动物是类属的事实，并且作为自为地存在的系统，是一个与动物过程没有差别的、不支配类属的和在自身之内消解着的系统；当这样的系统把动物在它 168 自身当中加以提高，达到它的普遍东西针对它的差别固定下来，自为地存在，不与这差别协调时，疾病就设定起来了，而在疾病中动物想超出其自身；当这样的系统能自为地组织起普遍东西，力求不涉及动物过程或作为动物生命的非普遍东西而固定下来时，动物生命就只有转化为其死亡。

残篇15 τ. 因此，有机体……

τ. 因此，有机体就以这种方式完善了自身：它从形态形成过程把自身撤回到内在有机体，而这种有机体本身是一种有差别的、与其他形态形成过程有关系的有机体。

对于外在有机体来说，个体性整个是在自身之外，给这种有机体对设起它的无机天然东西的，即对设起一种与它本身不同的东西。外在有机体变成一种内在有机体；它把它的无机天然东西设定成它自身，因为它创造了它的普遍的、动物性的无差别状态，即动物性的流体。在这种自身合而为一中，它变为一种内在系统；它把自身作为有机体折射到自身，它到自身的折射就是内在系统的环节分化。这种中介系统①摆脱这种关系，在感性系统里使自身成为理论的、普遍的过程；感觉在感性的复多性中实现自身，在呼叫中折回到自身，个体则变为它作为一个整体的这种绝对折回，即对另一个体的感觉者。这个整体和它的客体，即它那种由它涉及、由它消耗的无机自然东西，是被动物化了的无机自然东西，是再生的淋巴，即那种它在其中实现自身、分化自身的流体，而这种流体是能在自身区分〔自身〕的。内在系统与这

---

① 在初稿中此处被改动的文字原来是：感性系统就像在感官中把自身统合为一体，而又分化为复多的感性那样，〔在〕生殖器官中把自身绝对统合为一体；有感觉能力的、分化为各种感觉神经和器官的系统作为中项对再生的淋巴有关系，变成了绝对有差别的，在生殖器官中变成了绝对单一的东西和对外不同。这种整体都是感性系统。

种流体有斗争，设定了它区分为普遍理论营养的内聚性，设定了淋巴向动物系统的一切环节的特殊化。因为淋巴变为任何特殊器官的流体，所以，淋巴就像感性是理想的普遍东西那样，［变成了］特殊东西中的实在的普遍东西。因为高级神经系统中的流体摆脱了特殊东西中的这种实在的存在，在特殊东西中只是一种被扬弃的东西，所以，流体是理论系统。

整个有机体都这么划分了环节，是这种系统三一体，同时也是绝对统一体，并且它的每个有机部分都是这种系统三一体，是没有分离的变易。

υ.① 作为感性系统的理论过程是个体本身的普遍化；个体是有感觉能力的；感觉对于真正的动物性、形态形成过程以及中介系统与个体的关系都是无关紧要的，仿佛仅仅是一种附带的、无关紧要的功能，是普遍的一体存在，这种感觉是过程的活力，但不介入对这样一种个体的活动，而是在个体中消失，在个体中沉没；神经在个体中仅仅是下肢的神经髓，并不是有感觉能力的、可以传导的脑。作为两性关系的理论系统同样不折射到自身；这

---

① 在初稿中这一段开始于下列被删除的文字：υ. 疾病唯独在这样的情况下才是可能的：或者，动物淋巴系统没有成为主导，它的生动统一没有与流体组合起来，因而没有进入神经系统或血液系统的流体，使这种流体在自身成为有差别的和有内聚力的，或者，疾病过度消耗这种流体，使相互作用完全陷于自身，个体消耗自身，在自身构成一个锁闭的整体，流体对于外在世界的能动关系不复存在。

内在绝对系统是一种自身封闭的世界，它同样绝对包含着它的无机天然东西，在它的过程中只朝向这个世界；这种流体是联结外在有机体与内在有机体的纽带。

种关系仅仅是一个个体对另一个体的关系；物种是不出现的中项，它本身对个体有关系。但动物个体的绝对本质是成为理念、普遍东西的物种；两性关系据以成为普遍可以传导的神经的这个方面是向它的个体性本身对设起来的，它是一种不同于它的动物性过程的关系，在其中普遍东西仅仅是不出现的东西，而仅仅存在于个体中。有机体根本是在要成为这样一种运动的情况下拥有其生命，这种运动从流体的无差别性逐级上升到有机体的各个环节的差别，在流体中保持有机体的有差别的运动。作为过渡的中项并不是对它的各个方面对设起来的。过渡的这种直接性是动物有机体的本质。由于流体的无差别性是与绝对差别化分离开，对设了起来的，所以在有机体里疾病就被设定起来了。疾病在本质上是有机体的肯定性普遍东西与它的无限性、否定性普遍东西相反，而变得自为的活动；流体不再是直接的、有差别的中项，不再是其自身的直接对立面。关于外在有机体与内在有机体的差别，如我们已经认识到的，前者是在骨骼与肌肉中区分自身的有机体，后者是在神经与血液中区分自身的有机体，所以，不能把这作这样的理解，好像骨骼和肌肉是同神经和血液分离开的，倒不如说，每个有机部分都是有机体本身的一个整体，在每个有机部分本身，骨骼和肌肉、神经和血液都是存在的；各个不同的环节本身又是每个部分的各个环节；每个部分同样直接是内在有机体与外在有机体，是在每个部分区分自身的流体，一种向流体的复归在有机体的分节中是有机体本身的一种以牺牲流体为代价的设定和有机体本身的一种扬弃，有机体向流体的变化则是能激活生命的差别和能加以扬弃的差别；每个部分都同样向作为中项的流体的两个方面表现出来，这些方面对于流体是内在的有机体；对于内在的、被激活的有机体而言，流体是能加以扬弃的东西，在这种东西里，有机体获得它的神经与血液的差别，在它的过程中消耗能加以扬弃的东西①，而这种东西是各个链条的那种总是被应用于许多环节的组合者，这些环节在其中同时生动地关联起来。就像流体在这里是消极的中项那样，这些环节也对流体是外在的有机体；流体是被激活的东西，是进行活动的[中项]，指向它的无机特殊化，把这种特殊化应用于动物流体的无差别状态。它的这种活动不过是流体在与内在有机体关联起来时获得的张力的差别，是显现于流体中的火。借助于流体与内在有机体相反而获得的力量，即借助于依然是一种无差别东西，而不在级次方面被提到这种有机体的差别的力量，流质的力量与外在的、在自己的特殊化中能把自己固定下来的有机体相反，在直接地、逐渐地消失；因为那种力量在于，流体不是作为无差别的流体本身依然存在，而是这种有机体的火同时在流体中就是差别，是否定性的、有力量的②；作为肯定性普遍东西的流体与成为这种有机体自身的直接对立面的绝对活力概念是彼此分开的。

　　流体这时作为普遍的中项不再朝着这两个方面是有差别的，不再变成它自身的对立面，而是自为地构造自己，或者说，感觉

---

① 边注：在这种对立中，流体与火原素彼此获得一种固定的持续存在。
② 在初稿中由此往下被删除的文字是：但如果这在流体中变得过分有力量，流体作为流体就丧失了它的无差别性；躯体的全部营养正在耗尽，不能从外部得到补偿，因为它的能动性同样在于它的动物性的无差别状态。

属于动物性有机体，作为这种有机体的流体而自为地存在，所以疾病就存在于这种有机体里。这种变得自为的流体同样没有能力拥有其消极的功能；没有能力被提高到内在有机体分节的阶段，对这种特殊化的有机体是能动的；没有能力把这种有机体作为外在的、变成产物的有机体不加区分。因为流体是如此固定下来的，所以它同样没有这样的能力：或者在自身感觉到火元素的活力，变为能动的东西，或者调控各个变得自为的、成为个体的系统的活动，使它们复归于普遍性、无差别性。一切部分的普遍的、活跃的原素不再与流动的中项相组合，而仿佛四处乱跑，进入神经或血液，从一种东西跳跃到另一种东西，因为它这时是在一种东西中拥有它的驻地，仿佛把［一个］方面提高为全部内在的系统，而使另一个方面成为流体①，但在这里恰恰有了两者之间的交替，使得这种在这时是流体的东西通过它与另一种东西的关系，过渡到能动性，而且它这时变成了能动的东西。

　　纯粹的发烧过程就是生命原素和流体在有机体里的自行分离与恢复两者的统一的这种显现。在这种过程里展示出有机体绝对进行区分的活动，就像它在流体之外使不流动的环节划分成为流体那样，并且因为这是它的产物，就把流体的惰性设定为得到克服的，正因为如此，也使那种环节划分成绝对被动的，也就是能在自身划分为各个特殊部分。［作为火原素］在健康状态中被设定为一种现象的发烧，在这里表现于一种演替过程。发烧的前提

---

　　① 在初稿中此处被删除的文字是：或者说，它在一个这样的系统中巩固它的驻地。

是一切功能的一种普遍萎缩；整个有机体系统都处于自为地固定 (6, 251) 的流体中，α）［作为］绝对差别而有激活作用的元素并不进入流体中，流体是没有能动性的和没有被激活的，而任何有激活作用的东西都没有肯定的、无差别的统一性，陷入了一种单个的部分，β［流体］同样对其变为差别的过程能进行抵制，而没有被激活，而且就供给营养来说是绝对被动的。有激活作用的活动并不存在于有机体的一般流体中，并不是有差别的统一，而是属于流体的环节，即有激活作用的对立面的本身流动的、能普遍传导的环节，在由此自在地获得血液与肌肉的表现的神经里收缩与膨胀，在自身之内的战栗，同样使肌肉不处于感觉的统一状态，而让它自由活动，使它在一种扩展和收缩的交替过程里震颤；这时在作为神经与肌肉的无差别状态的皮肤里也仅仅是表现出神经［的］孤立激活作用和感到寒冷，因为绝对流体、传导物体和神经元素在自身是有差别的，在要变为具有形态的、固定不变的东 174 西时就是有了疾病。

　　神经原素的这种健壮有力的情况直接将血液系统降格为无差 (6, 252) 别的流体，因为这种原素在自身是完全活生生的东西；但有差别的元素是属于神经系统的，所以这种元素本身就变成了那种真正是血液运动的东西；在造成差别的激活作用如此属于血液时，［血液］就以这种方式不拥有一种给自己对设起来的原素，而神经系统的健壮有力的情况也转变成了血液的健壮有力的情况；这是因为，血液本身是有机体的这种有差别的、活跃的方面，其活动与在下列情况下不同：血液本身也在自身拥有其运动的绝对无差别性，这是生命进程的全部方面，因为在健康状态中绝对无差别的流体的一个方面属于神经；动物性的淋巴，即两者的无差别状态，是第三者。这时单纯是血液的有机体在此中变为无差别的流体，或者说，血液表现为它被设定成的东西，而一种出汗水、一种出皮疹，或一种发皮肤病，以及种种排泄，都呈现出流体，这流体是在有机体的各个活生生的环节中产生的，仅仅是一种无差别状态，既作为它们的无差别状态，同时也作为产物被排出来，不是独立地存在的，而是来源于它们；随之而来的睡眠仿佛强化和创造了各种功能合为一体的存在，或者说，睡眠就是对这种存在的感受。但是，这种流体并不立即作为汗水等，作为产物，完全处于有机体之外，而是作为排泄物等，处于皮肤当中①，所以，神经与血液仅仅建立起了有机关系的一个方面，就是说，扬弃了它们与流体相反的对设活动，变成了流动的；但是，另一个方面，即流体同样又被扬弃，被区分于它们之中，却尚未设定起来；在对设起来的发烧中，颠倒的分节过程使自身成为能自行分解的淋巴。淋巴先后相继地表现出它的存在的两个方面，它的能动性在神经和血液中变为流体性，而它的被动性〔在

---

① 在初稿中此处被删除的一段文字是：血液变为无差别状态的过程就是在这里停住的；血液的健壮有力的情况作为发炎过程不断延续下来，流体的尚未逾越的存在依然恰恰是这种发烧，只不过它很短暂地停留在神经里；——直至能够自组织的流体完全变为僵死的产物。在疾病的这个结尾，内在的有机体保留了它在流体中的支配地位；流体又变成了自身能动的；外在的再生产就是在这么被激活时进行的。

在这段被删除的文字的第一个分号之旁还有下列被删除的边注：与提高流体级次相反的东西停滞于血液和神经。

于}，它又复归于分节的这种差别。

这就〔意味着〕，有机过程的各个内在环节通过血液本身变为流体，生命的维持、有机的过程全靠血液本身的支持；在这种自组织的维持生命的活动中，那种变为流体的过程是在有机过程与这样的情况之间受阻的：这种变为流体的过程不是普遍的流质，它一直只是以得到产物为止；于是，出汗和排泄一般就在变弱；产生出来的流质必定是靠能动性本身进入流体，进入皮肤，(6，254)所以同样达到无差别状态，达到对自身孤立的神经活动与血液活动的平衡；它必定是神经和血液的无差别状态，或者说，必定绝对结合着这种状态；否则，它的赋予生机的活动就会处于神经差别与血液差别的赋予生机的活动之外，而它并不同时是后一种赋予生机的活动的阻碍者。

φ. 这就是主要的疾病理论。关于这种普遍的疾病过程，一切疾病的无限多样的形式必须加以理解；发烧仿佛属于疾病理论要讲的；疾病的各种特定形式被设定于下列情况：任何有机环节本身都是完整的有机过程，生命元素能处于其中，在其中逗留，对待其他非流质的东西，但这种非流质的东西在变为有机过程的流体，或者说，与疾病莫不有关；所以，流体并不具有它的贯通一切系统的纯粹进程，这种贯通是以普通的无差别活动告终的，依然是一个固定不变的环节。例如，寒噤就始终是这样一个环节，在这个环节中，绝对运动处于神经原素中，绝对是固定不变的，以致在能动性过渡到其他系统以后，决不存在任何发烧的迹象，所以疾病是癫痫和诸如此类的疾病；这个环节依然是固定不变的，以致它并不经历其余的系统，而只表现一种形式方面的发

(6, 255) 烧，神经系统的绝对强健有力居于主导地位，所以它是神经的发烧。如果能动性受阻，［血液］通过它的能动性把自身还原为它的无差别的变得流动的过程，整个在这里〔存在着〕内在系统，能动性总是仅仅变为产物，而这种变得无差别过程、这种流质不再返过来被化解为级次被提高的过程，因而各种特殊化的东西不再变为产物，那么，有机体就在患肺结核病或高烧时把自身消耗殆尽。如果外在有机过程和内在有机过程，即流体级次向分节的被提高的这种分节的被扬弃，以普遍的流质［共同］协合起来，流体就完全变为一种固定不变的、不可分解的流体，变成一种并非被生成出来的流体。流体变为神经，更具体地说，变成作为进行再生产的大脑系统的神经，这样一来，高级系统就能使自身分裂为其理想性，达［不］到自由的意识功能，因而有了多疑症，它在更多地固定于进行再生产的血液系统方面时，就变为抑郁症①。

(6, 256) 我们看到，各种特殊的疾病仿佛是不纯粹的发烧，发烧一般是变得活跃的疾病，在神经中显得软弱无力，是癫痫病，在血液中呈现棕黑色，是坏疽病，因为内在的理想的有机体在低级的进行再生产的有机体里已经形成多疑病；但向健康状况的过渡也必然是发烧，并且大家都看到，过去有经验的老医生⁴为什么特别把这视为绝对令人欣慰的身体走向康复的努力。

---

① 在初稿中此后有下列被删除的文字：如果在此受到限制的生命脱离发烧，从而流体系统在与赋予外在有机过程以生机的流质的对立中是处于胃部、胆汁、胰腺和静脉血里的，许多以前所谓的胃病。³

χ. 要把这些有关疾病的看法与现在和过去列举的理论加以比较，或者强调它们的一致，或者突出它们的矛盾，在这里都不是地方；我只不过是说明，有机体和疾病犹如一切认识对象，完全能从形式上加以观察，就像完全能从质料上加以观察那样。体液病理学[5]最后被降低为完全讲质料的、僵死的看法，对于作为一种自身无差别的东西和多方面被分割的、特殊的东西的有机过程有所论述，把每个疾病系统都视为自为存在着的，对这种过程作出反应，好像各个系统以及显得能动的东西对于显得不能动的流质东西是完全分开的，不在本质上彼此有差别，并且流体就像表现流体环节的纯粹产物那样，既是仅仅要不断创造的，不由整体的激活作用赋予生命，也必须滋养整体的各个有差别的有机部分，独立地对整体有强烈的作用，而不作用于有机过程的生命力本身。

形式的观点[6]把有机体和疾病看作一个整体，即绝对组合到一起的东西，而它的各个部分简直只有在整体中才有它们的存在；疾病对于同样作为一个整体的有机体作为反应。但是，疾病依然是形式上的；这个整体并不是由各个系统组成的一个整体和这些系统的一个活生生的过程，而是这样一个整体，这个整体的运动并未被认识到是这个活有机体的一种运动，而始终是一种形式的、单纯逻辑的构造。各种反应能力，即兴奋、激动和刺激，都是一些形式的、单纯逻辑的关系，它们的实在性就像它们［在］动物有机过程里那样，并没有显示出它们。在动物有机过程中的具体东西对这种形式主义形成某种东西的地方，这种东西

(6，257)

是不要以前持续存在的种种抽象而形成的，诸如化学抽象中的分子、微粒和显微镜下的元素，坩埚和蒸馏罐中盛的已知酸性物质的元素。在疾病里固定不变的流体与无限东西之间的对立，依然是对刺激与反应能力的平衡在形式上的、非正常的干扰。因此，并未深入理解有机过程的环节分化的形式看法[7]，如果这时要认识多种多样的干扰，视之为一个系统，则会立即处于窘境。这种形式看法除了达到表面的、无助于认识任何东西的或多或少激动的差别，就再也无法进而理解作为健壮有力与不健壮有力的抽象的疾病；它如果想把这种或多或少的东西本身认为是刺激与反应能力的关系中的一种不同的关系，就会陷入过去受到指责的矛盾，那就是它抬高一方贬低另一方，因为两方简直只有相互支持的意义，除非这是能动的，就不是对反应能力的任何刺激，反过来说，双方绝对始终是平衡的，差别只能同时是同等的双方的一种加大或缩小，而这并不是什么认识。重要的是，有机过程由这种动态的看法提高为绝对概念，变成了一种完整的、在有机方面自身有差别的东西。有机过程的单纯无差别的质料已经消失，按照这种质料来说，有机过程的物理活动与其说是一种生命活动，倒不如说是一种外在的、机械的活动，并且一种疾病在特定质料里的所在本身是一种以机械性为主的、单个的障碍，而一种对有机体的外在反作用是可能的。但是，动态的看法必定同样不依然是质料东西的纯粹对立面，与形式主义的意义相同，相反地，动态的看法[8]必定把它简化了的有机过程也又在其中分化为各个环节，而不认为那些作为有机系统的有机过程与其疾病在形式上得到理解的差别就是神经纤维和肌肉纤维、甚或氮素物质等等的抽象，就是这些系统彼此相对的活生生的运动；这种看法必定会在本质上实现自己的概念，也据此认识疾病，而这在特定存在的有机过程中就是有机过程的环节，自身固定不变，旨在将自身提高为整体，将自身设定于对全部其余有机过程的能动性中，因而在这种外观对这个有机整体作出反应时，也对全部其余有机过程作出反应，就像它这时被设定于一种规定性那样。

ψ. 动物由于疾病而超越了它的本性的界限；但动物的疾病是精神的变易；普遍的东西在患病时把流体孤立了起来；因为流体绝对是由系统差别的无限概念赋予生命的，完全仅仅作为统一体不是它的普遍性的生命，所以那种孤立只能以死亡告终；因为在对立中无论生命元素还是流体都在消耗自身。整个有机体都在试图变为理论过程，变为普遍东西的自为存在；但是，绝对概念 (6, 260) 只是作为动物的有机环节分化过程现实存在的，并不能由此上升到那种能自身孤立的普遍性，绝对与这种普遍性合而为一，从而变为单一的①。有机体的理念是普遍东西与总体合为一体，而植物就表现这种理念。但是，就这种理念在它变为它的他物时仍然是它自身而言，它却不再是个别性；动物有机体是绝对个别性的无限性和单一性的开始合而为一，因为这种合而为一是感觉，或

179

---

① 在初稿中由此接下来删除的文字是：理论过程确实本身是个体性与类属的这种统一，是绝对概念在单一性中的存在；它是以类属特性指称个体性的东西。但是在我们现在所处的这个阶段，单一性与无限性的这种统一是不自由的；它只有在下列情况下才是自由的，或有它自身的实在性：它自身之变为他物是普遍东西与无限性的这种统一，它作为总体是由这样的对立变成的一种东西。

者说，它在它的个别性中，在它的单一性中，有它自身的他在，是在感觉自身①。但是，这种普遍性不是独立自由的，而沉入个别性中，只有个别性才是当下存在的②。在动物有机体的感觉里，能感觉者是一种个别的东西，是一种不同于他在本身的东西；但是，动物有机体却不是在它自身，而是在它之外拥有这种他在；动物是在此中走过的时间，这时间是在它的许多单个的感觉中消逝的；普遍性只存在于必然性的形式，无限性仅仅是时间上的各种对立的隐蔽的统一。感觉中的个别东西对于动物被称为一种理想的东西、否定的东西，它是一种被扬弃的存在；但是，它不是在它本身拥有它的理想性，相反地，它的理想性仅仅是作为对立的他方存在的，普遍的东西仅仅是一种向他方的过渡；单个东西的这种被扬弃的存在是通过对设起来的东西、通过单个东西本身的他方被对设起来的，是两类活动、两类感觉。

动物的感觉作为有机整体，作为有机环节分化，也是从内在有机过程到外在有机过程的一种过渡，动物把它的感觉直观为它所是的这个整体，把它的总体直观为另一性别和它的产物，所

---

① 在初稿中由此往下删除的文字是：这种理念感觉到的东西是合而为一中的个别性，动物机体在感觉这种个别性，这是它的普遍性，它的类属存在。

② 在初稿中由此往下被更改的文字原来是：是不同于个别性本身的他物，并且合而为一作为自身感觉自身者，作为对它自身的感觉，作为另一类属或儿童，完全是一种个别东西。在疾病中，合而为一中自相区别的东西就是它的流质，它的普遍性本身；但是〔有〕这样的情况；有不同的普遍东西，那种根本只存在于感觉中的普遍东西仅仅对个别东西有关系。

以，这也完全是在它的个别性的形式下被设定起来的，并且它仅仅是通过欲求而与另一性别关联起来，与扬弃个别性关联起来，而这并不是在这样一种直观中〔进行的〕，在这种直观中个别性直接在欲求里得到扬弃；正因为如此，动物的变易仅仅是作为被扬弃的、被直观的个别性，对后代才又是另一个别性，是个体的一种多样化；动物并非作为个别性才是自身变成的总体，而是作为这种变成的总体才是另一个别性。在疾病中开始有对个别性的解脱，这使它自相区别，并且有作为一种实存单一东西的过渡的设定。但是，它像它突显的那样，只有作为单一性才是普遍性，才是无差别的流质，并不同时是过渡到这种单一性的绝对概念，而是〔这样一种绝对概念〕，这种绝对概念只存在于内在有机过程与外在有机过程的对立，并且在这一对立本身仅仅与单个东西有关系。(6, 262)

　　但是，动物有机体的绝对本质是普遍东西与无限东西的绝对一体存在，这就是说，绝对概念在其对立中像火那样是绝对单一的，对立的存在绝对在动物有机体本身有肯定的普遍性，有它的生计活动，所以对于有机体的感觉来说，被感觉到的单个东西直接在有机体本身是一种普遍东西，是有机体的个别性的他在；于是有机体才感觉到自己是有机体、生命体。因此，一般都有这样的结果：他物是作为有机体本身存在的，表现有机体的绝对本质，并且就是这种本质，所以被感觉到的蓝色不再直接是蓝色，它本身的对立面是其余与它对立的颜色，是所有在级次上与它对立的其余东西的统一，因而它直接变成了颜色，而这就提高了对自身的感觉；感觉过渡到了意识，动物变成了有理性的①。疾病作为针对能感觉者的个别性、针对对立的无限性的流体自为存在，将这种个别性与无限性纳入自身；疾病变为流质中个别性的一种简单持续存在，普遍东西与无限性的统一变为被扬弃的、被毁灭的存在；疾病的固定不变的普遍性仅仅毁灭对立的无限性，过渡到死亡，精神的普遍性使流质持续存在，因为这种普遍性扬弃了流质本身中的对立，扬弃了对设起来的东西，作为感觉出现的绝对概念在流质本身是普遍的；动物有机体的绝对本质在持续存在者当中是从它的沉没的存在突显出来的，变为类属，变为自在地普遍的。在过去，感觉的理想性在于，个别性东西在感觉的被设定的东西里是作为一种可能的东西设定起来的，在这一种可能的东西之外则有另一种可能的东西；在这里，那种个别性东西、即现实存在着的可能性本身，在感觉的被设定的东西本身就是可能的。在过去，类属的理想性在于，个体在另一个体中直观它自身，而在它的这种他在的扬弃里消失不见，变为另一个体，就像感觉在其个体性的他在的存在中消失不见，变为另一感觉那样；在这里，个体之变为他物则是它的存在，或者说，它是包含个别性本身的被扬弃的存在的普遍东西，而动物在这时就是三个

---

① 在初稿中由此往下改动过的文字原来是：它中断它的疾病，在这种疾病中，感觉的个别性对它来说是想从自身出发，消逝于普遍东西；它作为动物的个别性维持自身，普遍东西与无限性的统一作为感觉已经沉没于个体性，这是从它的沉没的存在中突显出动物有机体的绝对本质；内在的有机过程作为普遍的有机过程分裂为性别关系和感性系统；两者在这里结合起来；感性直观中的无差别东西变为类属，或者说，变为依然存在于动物有机体中的个别性的一种直接的被扬弃的存在。

有机体的绝对三合体，它们是外在有机体、与外在有机体有关系的内在有机体和绝对内在的与自由的有机体。第三个有机体作为前两个有机体的绝对普遍性也规定了前两个有机体的功能，给它们刻印上它的特性，就像它自为地与它们对设起来，是它们在自身的绝对总括一样。它作为绝对的普遍东西是绝对的流体、能传播的东西，是外在有机过程与内在有机过程的中项，但同样也是绝对的能包容者、肯定的统一，就像它是绝对的内在东西、前两个有机体的本质统一体那样。

外在的、塑造和再生个体的有机过程通过流体将自身提高到 (6，264) 这样一个阶段：它的个体性直接变为绝对普遍性，个体自为地所为者直接成为一种为整个类属做出的行为；内在的有机过程、感觉在绝对的普遍性本身成为整个类属的一种感觉，成为整个类属的一种活动；同样，整个类属的存在与所为也成为个体的存在与所为；动物的自利是直接不自利的，无自利性是个体的个别性的扬弃，直接是个体的有益之处，就是说，是［个体］作为一种这样的个体的存在；个体的自为存在，即个体的生产自身和塑造自身的活动，变为空洞的幻想；这种自为存在意指自己创造自己，所以是整体的一种产物，并且创造整体①。动物的本质从个别性

---

① 在初稿中此处被删除的文字是：这是精神的特性，所以说，个体东西是作为不同于精神本身的另一种东西存在的，变为直接普遍的是精神本身；个体是绝对本质；精神已经现实地存在，精神在意识中是作为精神现实存在的，意识是它的现实存在的形式东西。在意识中总是有一种有区别的个别东西，但这种有别区者在它的被区别中直接是一种不同于它本身的东西；这种特定的蓝色变为颜色。

的这种出现同样直接是自然东西向自然东西本身的绝对回归，是绝对内在化。绝对者同样［是］以太的己内存在，以太是作为己外存在的绝对纯粹的、自相等同的无差别性，作为这种规定性，具有无限性，即在自身之外，在对立环节或天体的绝对独立性中具有理想性；以太的这种与现实存在的无限性相反的无差别性，在土质中过渡到以太的相互差别，各个天体变为元素，变为自为存在者，但在它们的自为存在中绝对相互有别；它们的自为存在崩溃于土质的绝对的、有数值的个别性；它们变为理想性，变为普遍性与无限性的统一。这种统一仅仅是作为一种统一，作为无限地、绝对地在自身的运动者｛存在的｝，在它们的运动中是绝对单一的，或者说，是以太通过绝对的无限性概念向自身的绝对回归。在精神里，现实地存在着作为构成自身的本质的东西的天然东西。

Ⅲ[①]. 精 神 哲 学

在精神里，绝对单一的以太穿透土质的无限性而返回到了自身；在全部土质中，以太的绝对单一性与无限性的这种一体存在都是现实地存在的，扩张为普遍的流质，但在其扩张中是作为各种个别性固定起来的；统一对于动物是本质的规定性，这种统一的用数量表示的一体本身变为一种理想的东西，变为一个环节。这样得到规定的精神概念，就是作为单一东西与无限性一体存在

---

① 这个标号在原稿中写为Ⅱ.

的概念的意识①；但在精神里无限性是自为地现实存在的，或者说，是作为真正的无限性现实地存在的；在无限性中对设起来的东西是两者本身的这种绝对单一性。这种精神概念就是被称为意识的东西；［对于意识来说］给它对设起来的东西本身是一种这样的单一东西、自身无限的东西，是一种概念，而在概念本身，任何环节都完全是它自身的单一的、直接的对立面，单个东西没有任何矛盾，就被吸收到普遍性里②；但是，意识本身同样也是它自身的直接的、单一的对立面，一方面是给它所意识到的一种东西对设起来的、分为能动者与被动者的东西，另一方面是这种分离的对立面，即区分开的东西的绝对一体存在，现存的区分开的东西与被扬弃的区分开的东西的一体存在。

---

① 在初稿中，这里还有一些文字，但它们不属于续写的下文，它们是：它是 α) 一种对设起来的东西，并且是向它对设起来的东西，β) {它} 作为意识，是向意识对设起来的东西，但同样也是意识自身的对立面；就它在对设中与一个他物相对立而言，{它} 是对设起来的东西。

② 在初稿中此后删除的文字是：作为单一无限性，是一种平静的无限性。两者根本没有走向一体的运动，是在绝对运动中的绝对静止和在绝对静止中的绝对运动。

在过去，直接的被扬弃的确在动物中受到阻碍，对它有一种对设起来的东西；但这种对设起来的东西本身是一种与它不同的东西，只不过他在是在它之外的统一；在现在，动物在它本身就是单一的普遍东西，但因为给它对设起来的东西未曾是普遍东西，所以这种普遍性本身未曾现实地存在，反之，如今自为地存在的始终仅仅是一种特殊东西。

(6, 268)
185

残篇16　Ⅲ．精神哲学

Ⅲ．精神哲学。哲学的第一部分构成了作为理念的精神，达到了绝对的自身等同性，达到了绝对的实体，它在变易中通过那种在无限对立里与被动性相反的能动性，既是变易的，也同样是绝对存在的。这个理念在自然哲学里绝对相互分离，绝对的存在、以太使自身与这种存在的变易或无限性分离开，而｛分离开的｝两者的一体存在是内在的东西、隐蔽的东西，它突显于有机体中，是以个别性的形式现实存在的，即作为一种有数值的一体现实存在的；在精神哲学里，这种一体存在则是以自行返回绝对普遍性的方式现实存在的，它作为绝对的变易确实是绝对的一体存在。

残篇17　单纯的、本质的杂多性……

单纯的、本质的杂多性是刚才加以规定的概念，是直接被纳入肯定的普遍性的个别东西，这种个别东西是作为一种自相等同的东西自己使自己等同的。相对于它设定起来的东西是绝对不等同的、绝对进行排斥的统一性，即用数字表示的一；{它}虽然是自相等同的，但是在它的自相等同中有它自身的直接的他物，作为绝对进行否定的个别性或作为绝对的个别性[①]。

因为这么一来，精神概念是绝对个别性的绝对一体存在，对于杂多性来说是一种被否定的东西，并且相对于绝对杂多性是肯定的杂多性，或在自身是普遍的、单纯的杂多性[②]，所以这个概念必定会实现自身。

[①] 在初稿中此后还有被删除的下列文字：（土完全是有数值的统一体的元素；但是这个统一体只是作为无限的可分性存在过的，这就是说，这个统一体本身只是作为可能性存在过的；在有机体里，它是作为个体现实地存在的；不过，植物个体性以及动物个体性仅仅以为其自身而保持自身为目的，但就其本质而言，只以自我扬弃为目的；这个统一体向自身的回归、向绝对个别性的变易只是其本身的被扬弃的存在，是另一个别性的生成，是其个别性不在绝对个别性中的保持。在意识里，首先真正现实地存在着这个有数值的统一体，它否定一切杂多性，而被否定的杂多性就是一种简单的杂多性。）

[②] 在初稿中此后被改掉的是这样的文字：绝对的统一体是作为绝对的中项现实地存在的，所以也是作为一种在各个个体中现存的东西，作为一种向各个个体对设起来的东西绝对现实地存在的；它是作为各个个体的意识的客体，作为一种外在东西现实地存在的。它是各个个体的普遍中项；不过，在两者中现存的东西和各个个体观念地所在的东西都是作为被扬弃者设定起来的。

整个的意识，即个别性、否定的个别性和业已设定的自身普遍的杂多性、得到规定的概念的这种统一，必定会把自身提高到绝对的个别性，把这种个别性本身提高到总体性，并且从个体的这种自我造型过渡到其对立面；就像在那里绝对的意识概念是作为绝对的个体性现实存在一样，在这里它必定是作为得到规定的概念现实存在的，或者说，是在自身根本作为一种复多东西、外在东西现实存在的，并且必定会把自身从这两者统摄为绝对的总体，以致这种复多东西、外在东西就像一个民族的精神现实存在那样，也是一种巨大的、普遍的个体，它绝对是作为一种存在于各个个体中的东西现实存在的，这些个体就是它的个别性、官能，它是同样在这里也对它们设定起来的东西。它是作为它们的单个意识的对象现实存在的，是作为一种外在东西现实存在的，在这种东西中，它们既是绝对统一的，同样也是分离自身的，自为地存在的。它是一种普遍的统一性及其绝对的中介，在这种中介里，它们理想地被设定为被扬弃者，它们的这种被扬弃的存在同时也是为它们本身存在的；在它们的被扬弃的存在中存在的仅仅是生动的民族精神，它们的被扬弃的存在是为它们本身存在的，这种精神即使是一种单个的精神，并且这样显现出来，也自在地是对任何一个民族的意识。这种精神同时是作为一种与各个个体不同的东西、可直观的东西现实存在的，是作为如实存在的各个个体的他在现实存在的，但这么一来，它们的这种他在对于它们本身就是绝对普遍的东西本身。在我们认识精神的有机组织

(6，271)

188

时，我们认识的不是作为各个个体的单纯内在东西的意识①，或者说，不是各个对立环节在个体本身如何显现为那些涉及作为特定概念的特殊对象的不同能力、喜好与激情等等，相反地，在我们按照意识的概念，认识②这种作为个别性与特定概念的绝对一体存在的意识时，我们认识的恰恰是它的各个具有有机组织功能的环节，是它们如何作为绝对意识的环节自为地存在，〔或者说， (6，272) 我们认识的〕不是某种单纯以个体的形式，在绝对意识的一个方面作为激情、冲动、喜好等等存在的东西，而是意识如何绝对自为地存在，自为地组织自身，因而当然存在于各个个体中，而〔这〕直接就是各个个体的另一方面，是各个个体本身给自身设定的对立面；意识则是两者的本质。

---

① 在初稿中此后删除的文字是：相反地，是作为现存者的意识，是作为在各个个体中现存的东西、它们的本质的意识，但这种意识同样也是给它们对设起来的，因为它的无限性是实在的；它同时也是这样一种意识，这种意识由于是各个个体的意识，所以是它们的被扬弃的存在，同样也是一种对它们来说外在的东西；因此，我们并不是在个体的可能性、禀赋的形式中考察这种意识，相反地，我们在考察它如何自为地也是绝对外在的，并在它的有机组织的这种自为存在中也是必然的。

残篇18 意识的本质……

意识的本质在于，一种超越尘世的同一性里直接就有绝对的对立统一；之所以能有这种情形，仅仅是因为，就意识被对设起来而言，两个对立环节直接是意识本身，在作为对立环节的它们那里，直接是它们自身的对立面，是绝对的差别，是能自己扬弃自己的和得到扬弃的差别，是单纯的，——在这种对立统一里，能意识者是对立的一个方面，能意识者所意识到者是对立的另一方面。两个方面在本质上是同一的，都是个别性与普遍性的一种直接的统一。但是，这个能意识者与其所意识到者只有对于一个第三者才是意识的这种统一性，对于它们本身则不是；这是因为，在能意识者与其所意识到者的对立中一方确实不是另一方；意识作为一种能意识者，本来就是作为能动的、进行否定的同一性的意识，这种同一性从它的一种与它不同的所意识者返回自身，以意识过渡到他方的方式扬弃这种所意识者。意识本身就其本质而言，同样是这两者的所扬弃的存在，只不过显现于一个方面，而这个方面本身是被规定为能动者的，因此是能扬弃者。意识只把自身设定为意识，而不把自身设定为它所意识到者，那就只是个别的、形式的和否定的意识，并不是绝对的意识。这是因为，意识并不把它所意识到的东西设定为自身等同的东西；它仅仅是以否定的方式设定这种自身等同性，那就是它把它所意识到的这种东西作为一种与它不等同的东西；但是，只有它把自身作为一个他方对设起来，它才是意识。因此，意识必定在这个他方的地方让一种不等同于它的东西出现,扬弃任何这样的不等同者;但它由此达到的仅仅是经验的、外在的无限性,这种无限性总是在自身之外具有其自身的他物。这种经验意识却必定是绝对意识,换句话说,本身存在的他方必定具有它的他在,具有它在它自身与意识的肯定的等同性;它是绝对的意识,因为这个本身存在的他方〔必定具有〕它的真正的、完善的意识,而不具有一切自为存在,不具有一切真正的差异性,只是通过他在的空洞的、无内容的形式,才与绝对的意识有了差异,这种形式由于作为形式是无内容的,所以一般在其自身也就是理想的。——这就是目标,就是意识的绝对实在性,我们必须把意识的概念提高到这种实在性。这是意识作为一个民族的精神所拥有的总体性,精神绝对是对所有的民族的意识,所有的民族都在直观精神,并且作为意识,把精神给自身对设起来,但同样也在得到扬弃的意识中直接认识他们的对设,认识他们的个别性,或者说,认识他们的作为一种绝对普遍东西的意识。

意识作为它的概念已经把它自身直接从动物的有机组织中提升出来①;我们已经使意识摆脱了这种有机组织,因为我们〔业已〕认识到,对立作为一种存在、一种持续并不像在自然中那样,是自在地、理想地得到扬弃的,一切有差异的东西、对设起来的东西在它的差异中都是直接自在地存在于它的对立面中,并非现实地存在于此中。意识是无限性的单一存在,但这种存在是意识,因而必定自为地是对立的这种扬弃;意识必定首先从它的

---

① 边注:这种意识是已经变易的。它必须自为地变易。

(6，275) 概念变为自身现实的意识。在自然界里精神不是作为精神现实存在的，直到这个阶段，我们在我们的认识中都已经是自然界的现实存在的精神，在自然界里这种精神不是作精神现实存在的，而是隐蔽的，只不过是它自身的一个他物。精神领域里存在的东西是它自身的绝对能动性；我们认识到，精神把它自身从自然界里提升出来，自然界在它的持续存在的对立中是观念性的，得到扬弃的，这种认识必须作为精神本身的一种认识加以认识。或者说，{这种认识必须作为}精神的变易，即作为精神对自然界的单纯否定的关系{加以认识}。这种对自然界的否定的关系是整个精神的否定方面，或者说，是精神作为这种否定者如何在自身组织自身的方面，即精神如何变为个别性东西的意识总体的方面；因为能动的、进行否定和扬弃的意识是它的他在的存在，是作为它的一个方面的意识，是主观意识或作为绝对个别性的意识。

意识是单纯东西的普遍性与无限性在对立形式中的理想性；它作为普遍东西是两者的绝对无差异的统一，但作为无限性却是它的对立所在的理想性；在意识中被区分开的两个方面是彼此外在的，它们都使自身分离；因此，它们的统一性显现为它们之间的一个中项，显现为两者的成果，显现为两者涉及的第三者，在这个第三者当中它们是一体，不过，它们的统一是显现为这样一种东西，在这种东西中它们也同样区分自身。能意识者既使自身与那种在意识中区分开的东西区分开，也使这个中项与自身区分开，所具有的区别在于，能意识者将这两者也与这个中介联系起来。绝对普遍性只有在主体中，在对立的孤立状态中，才变为中项。作为这个中项,意识本身是一种对设起来的东西,或者说,意识在此中具有它的现实存在的形式;因为它的现实存在是它作为一种对设起来的东西所在的东西。所以,当我们认识意识构成它的总体时,我们就是在认识意识作为环节如何存在于一种规定性里,而意识是作为一种规定性,作为一种在被对设起来的东西中的规定性存在的,因为它是一个中项;意识在它的各个环节的实在性里的有机组织是它的各个作为中项的形式的一种有机组织。意识必定自为地作为绝对普遍的东西、单纯的东西同样变为它自己的对立面,必定经过对立,或者说,必定在产物中是综合地对设起来的东西。意识仅仅是一种得到规定的东西,被设定为它的总体的环节,因为它存在于对立中;或者说,它是现实存在的,因为它是这样一种东西,在这种东西中双方——自身能意识者与其所意识到者——在它之内将自身设定为统一体,也把自身设定为与它对立的,这就是说,意识本身以这种方式成为一种带有规定性的东西、现实存在的东西。(6,276)

就像意识在它自身里设定迄今属于我们的反思那样,它的整个存在首先意味着它是自然界的理想性,或首先对自然界有否定的关系;在这种否定的关系中,意识是作为在自然界之内涉及自然界本身的东西现实存在的,它的现实存在的方式不是自然界的一种特殊性、个别性,而是自然界的一种普遍东西、一种元素。意识作为中项现实存在于其中的元素,是作为无差别的、自身等同的要素的气与土这样两种元素,而不是火与水那种活动不已的元素;因为意识只是作为绝对自身等同的东西存在的,而作为现实存在的中项,它本身被设定为一种宁静的、无差别的中项。

　　这个中项作为意识的概念存在于这样一个元素里，这个元素在各个元素当中是单纯的、自身等同的东西；它的外在媒质就是气。

　　因此，意识的现实存在的前三个环节是这样的：意识作为理想的东西现实存在于气元素里，这种理想东西是一种并非固定不变的，而是消失于其显现中的东西。于是，意识从作为一种个别性、[一种] 变化的、外在的元素沉入土本身，在这里加固自身和发生变化，因为意识由它的概念、由它的单纯性的形式变成了实践的，变成了一个中项，在这个中项里，它的各种对设作为理想的对设 [使自身] 关联；它的现实存在的这种方式作为个别化的土，作为业已变成的或受到强制的土，表现①为这样一种土，这种土仿佛被设定为其天然的个别化中的第三种元素，被设为一种普遍的土。但意识是绝对自由地、自为地存在的，所以就在各种特定的元素里使自身摆脱了它的这种现实存在，而它的元素也不过是绝对的以太元素。

　　作为中项，意识的第一种受到束缚的现实存在是意识的作为语言、工具和财产的存在，或者说，是意识的作为单纯一体的存在，即作为记忆、劳动和家庭的存在。对于只注目于意识对立的

---

　　① 在初稿此后有被删除的下列文字：但它的现实存在的这三种形式构成它们的理想的级次，因为意识在此中沉沦于外在性，沉沦于天然东西；意识必定使它的现实存在由此摆脱出来，意识本身必定也是它的现实存在的形式，是它的外在性。

意识观点而言，意识本身的这两个［方面］显现于对立的两个方面，记忆显现于所意识到者的方面，语言显现于另一方面；所以，劳动显现于那个方面，工具显现于这个方面；同样，家庭显现于那个方面，家庭财产显现于这个方面。但在事实上，语言、工具和家庭财产并不单纯是对立的一个方面，不单纯是与那个自身定为所意识者的设定者相反地设定起来的东西，而且同样也与这个设定者有关联；中介是这样一种东西，在这种东西中他使自身与他的真正的对立面分离，用语言与他所谈到的其他东西分离，用工具与他靠工具能动地对待的东西分离，用家庭财产与他的家庭的成员分离。这个设定者是作为能动者存在的。这些中项不是他能动地对待的东西，不是他能动地对待语言、工具本身和家庭财产本身的东西，而是中项或所谓的中介，通过中介，或经过中项，他能动地对待另一种东西。

同样，这个设定者也只有通过中项的另一方面，即通过记忆、劳动和家庭，才是能动的。个体的能动性能针对两个方面及其各个环节，把两个方面本身理想地设定起来。但是，并非像个体能理想地设定、毁灭单个的事物那样，而是两个方面必然绝对是普遍的；就像两个方面在个体中显现为属于个体的、在个体里被理想地设定起来的东西那样，两个方面同样在自身是绝对必然的，而个体与其说是受到自身的支配，倒不如说是作为个别东西受到两个方面的支配，不过，在这里根本不存在支配个体或反对个体的任何关系，毋宁说，个体只是对立的一个形式方面，本质则是两个方面的统一，而这种统一就是意识，它本身作为普遍的东西表现于它的普遍性的两个方面，这两个方面在它们的对设中

（6，279）

是所意识到的个体和给个体对设的东西的那种理想对立的两个方面的统一；这种统一既作为普遍的统一是记忆、劳动和家庭，也作为现实存在的统一或中项是绝对的普遍东西。这后一种普遍东西是现实存在的、绝对现实存在的和持续的①，具有普遍的现实存在。与此相反，对立的两个方面，即能动的个体和与能动个体相反的被动东西，仅仅是作为一般对立持续的，并且它们的这种普遍性作为对立恰恰是现实存在的中项。这两个方面自为地所是的东西是可变的、偶然的东西，它属于自然界本身的经验必然性。在两个方面里的本质的、普遍的东西就是这类中项。现实存在着的意识虽然现实存在于能动者与一个被动者的对立中，但在这种对立本身中现存的东西却是现实存在着的意识的中项。意识的对立的那些理想方面仿佛是总在交替湮没的火与水，而意识作为普遍东西和中项则是气与土。在意识变成的这类中项里，意识获得现实存在；意识达到了一种持续的、绝对的产物，与此相反，自然界则不可能［达到］任何持续的产物，总是达不到任何真正的现实存在，总是仅仅处于差别中，因此也就达不到第五种元素，而只是在动物中发展到呼叫与听音的感官，即发展到对于单纯形成的过程的立即消失的表示，发展到内在东西的完全形式的现实存在。

---

① 在初稿中此后还有被删除的下列文字：是**自在地**现实存在的。

残篇 19　精神的现实存在的第一种形式……

(6，280)

　　精神的现实存在的第一种形式是一般意识，精神的概念就像它作为这种概念或作为意识使自身成为总体那样，是精神的纯粹理论的现实存在；在它的这个概念里，它的各个对立的环节也是这样的概念，也是完全普遍的，因此，{这些概念}不是作为绝对对立的概念相互关联的，而是以意识的单纯元素在形式上相互关联的，在它们的自为存在中并未得到把握，反而仅仅在它们的形式中相互扬弃，在它们的形式之外还自为地持续存在。但是，因为意识这样从它们那里择取了它们的形式，所以［意识］就在一个方面把对立规定为绝对自为地存在的形式、在自身之内的绝对反思和概念的绝对空虚，在另一方面把对立规定为绝对的内容。意识最初是作为记忆及其产物，即语言现实存在的，并且通过作为特定概念的存在的知性，变成单纯的、绝对的概念，变成自身之内的绝对反思，变成绝对抽象的形式禀赋的空洞性；对立的关系成了自在地相互区别开的东西的一种扬弃；理论的过程转化为实践的过程，在这种过程中意识同样使自身成为总体，所以在这里就保持着一种与以前的理想实存对设起来的现实实存，因为意识在劳动中成了工具的中项，在第一级次中表现出它对自然界的理想性的支配，在这里表现出它对自然界的现实性的支配，从而将自身构造为自为地出自自然界的精神，并且自为地形成了自身的形态，对外扬弃了对立；这样，意识就在自身出现分裂，把［自身］体现于各个彼此区分的环节——其中每个环节本身都

(6，281)

是一种意识——，体现于两性的差别，意识在这种差别中同样扬弃人的各个欲求，使之成为始终存在的爱好，在家庭中变成个别性的总体，并且使无机的自然上升为一种作为同样持续的、外在的中项的家庭财产，由此过渡到意识的绝对的现实存在，即过渡到伦理。

  这两者，即意识作为形式理性、绝对抽象、绝对空虚性与个别性的理想构成和意识作为现实结构、家庭与个别东西的绝对丰富内容的理想构成，只是精神的现实存在的理想环节，或者说，是精神直接在其对待自然东西的否定态度中将自身有机地组织起来的方式。[精神]在自由地、自为地存在，绝对享用其自身时，是作为伦理存在者出现的；在一个民族的有机组织中，精神的绝对本性发展为这个组织的法。

残篇20　Ⅰ. 级次

Ⅰ. 级　　次

首先要说的是：像精神那样，理性的产物是作为理性概念、作为意识的中项，并在此中实现自身，或者说，是作为记忆与语言在此中实现自身；精神通过知性和形式理性，由这种中项创造出实践对立，并且在劳动中扬弃这种对立。

作为概念，意识在其理想的级次直接从感觉提升了自身；感觉作为理想的感觉，作为经过扬弃设定的感觉，是一种个别性，对于这种个别性，它在是感觉之外的一种他物①，并非直接本身就是感觉。感觉活动的理想性达到的目标，或它变为意识的过程达到的目标，在于感觉在意识中变为一种在自身被对设起来的东西，它拥有它在意识本身的他在，而且恰恰在这里所感觉者与能感觉者在意识本身都是一种普遍东西。感觉作为个别的感觉应该无限地变为这种普遍东西。个别性本身在感觉中是无限的，所以感觉依靠这种个别性就永远是完全具有其规定性的个别性，或者说，分离的无限性在其概念的直接现实存在中是时间和空间；意识直接在空间和时间中进行直观，在空间中直观的是作为持续存在者的个别东西和意识在意识之外的

---

① 边注：能感觉者的另一种感觉或对物的另一种感觉活动，这是相同的。

198 他在，但因为意识的他在同时在时间中被设定起来，所以意识的他在就是作为一种短暂的东西、作为一种在意识的他在本身理想的东西存在的，而不再是现实存在的东西，因为现实存在的东西是存在的；〔这〕并不是〔说〕，意识仅仅在时间中流逝，而是〔说〕，意识借助反思被设定为在时间中现存的。意识并不直观空间和时间本身——自在的空间和时间是普遍的、空洞的、自身更高的理想性、概念——，倒不如说，意识只是就它们是普遍的理想性而言，直观到它们是现存的，

(6，284) 就意识把它们设定为个别的、特殊化了的理想性，充实它们而言，则直观到它们不是现存的，所以〔这也〕同时〔是说〕，意识就像空间和时间是它的肯定的普遍东西那样，也同样直接在形式上使它们成为它们本身的对立面，并且把它们特殊化；意识的那种存在既是实践的，也是理论的、被动的；那个方面在于，就意识同时以否定的普遍性存在，并且特殊化这种普遍性本身而言，它在肯定的普遍性的形式中就是如此。意识的这种形式是经验的想象力，作为肯定的普遍性是在时间和空间的连续性中进行的直观，但同时中断和个体化它们，使它们成为个别的、特定的，也就是得到充实的时间与空间片断。

　　b. 但是，这种个体化依然直接存在于意识的普遍要素中，存在于意识中，存在于意识的普遍空间与意识的普遍时间中；不过是 a) 这样，即意识的这种空间和时间既是一种充实的单纯性，也是一种空虚的单纯性；直观活动的那些个别性是在意识中同样

消失了的，并且直观活动是它们的普遍可能性。在这种空虚的可能性中，它们摆脱了它们自在地拥有的感觉的方面，感觉的方面过去是感觉的个别性，是按照感觉的必然性的一种与其他个别性的外在联系，其他的个别性就只属于意识的普遍性。但是，意识恰恰绝对地又特殊化它的这类空虚的时间和它的这类空虚的空间，又在自身引起那些〔充实的时间和空间〕片断。按照内容说，这种特殊化首先是那种最初的感性表象，但加以特殊化的普遍东西是意识本身的普遍要素，是它的作为时间和空间的空虚无限性，是在意识本身引起那些以前的或另一方位的直观的活动；这在意识中是感觉的规定性，是时间和空间的这一个，而感觉的先后相继与彼此并列表现为一种自由感觉；感觉对于普遍要素完全无关紧要，是一种能动的再生活动，因为加以特殊化的正是这种普遍要素。

(6, 285)

199

意识的这种形式的存在没有任何真正的实在性，它是某种主观的东西，它并不在外部现实存在；它仅仅是作为抽象的、纯粹的无限性概念存在的，是直接作为时间和空间存在的，就像这个概念作为意识存在那样；意识作为这种经验的想象力，是一种空虚的、没有真实性的、苏醒中或睡眠中的梦想，或一种长期存在的神经错乱，或流逝的病态，因为这样的意识倒退回了动物的有机状态，仅仅是作为它的概念存在的。

这种缄默的意识是具有普遍的无限性要素的形式存在，并且仅仅是这种普遍要素在形式上的特殊化。这种特殊化必定会获得 (6, 286)

一种现实存在，必定会变为外在的①，或者说，必定会把在直观中从形式方面区分开的东西设定为一种外在的东西，在直观里的两个对立方面，即能直观者与所直观者，是分离开的，并且意识是作为一个现实存在着的中项存在的。意识的这种现实存在就像意识本身作为普遍东西存在那样，将成为一种同样不完善的、形式上的现实存在。作为普遍东西的意识只能在自身表示：所直观者应该被设定为一个如实存在的他物，但意识在此中还不是真正自为的，而仅仅是作为一种还关联到对立、关联到主体性的东西，像与主体对立的东西，﹛关联﹜到主体的存在，但正因为如此，这个对立的东西就依然是意识所是的东西——意识也还有它自为的存在——，并且意识的他在仅仅是作为一种他在的应有而设定起来的。意识在作为它的概念分裂为空间和时间时，就是要作这样的表达：仿佛没有力量再作为一种应当，完全扬弃主体与客体的对立，在它的外在性中表现主体与客体的现实的一体存在。因此，意识作为它的概念的这种现实存在着的中项仅仅是符号，在这类符号里，一个所直观者作为一个从其关联中撕裂出来

---

① 在初稿中此后还有被改掉的下列文字：必定会是自为地外在于个体的。这种外在性首先是一种完全普遍的、无关宏旨的外在性；意识正好在其中还不是自为的，因为外在性并不同时是一种否定的、无限地扬弃自身的外在性。那种肯定的普遍的无限性作为意识的无限性虽然具有作为意识所是的东西的被直观者，并且把意识设定为一种普遍东西，设定为作为意识所是的东西的另一种东西，但是，意识依然是意识所是的东西，意识也还具有其自为的存在，并且意识的他在并不是作为意识中的他在存在的。这种外在性就是一般的指称。

的东西被设定为与一个他物有关系，但从理念上说，意识还在实际上存在于它的关联中。指称是意识在意识之外存在着的理想性，这种理想性是一个持续存在的东西，即一个物，在意识中是无限的，但这个物具有一种不同于意识存在的意义，被设定为一个不同于意识自为地存在的东西，对于符号所指的东西是偶然的，自为地不再是其自身。正如所直观者的被扬弃的存在不存在 (6,287) 于符号中那样，主体的被扬弃的存在也不是在符号中设定起来，符号的意义仅仅存在于与主体的关系中；主体依存于其选择的意志，只有通过主体，主体在这里思考的东西才是可理解的。主体在符号本身不具有它的绝对意义，这就是说，主体在符号中并没有得到扬弃。

c. 这种缄默的指称必定会绝对扬弃各个理想环节的持续存在的无差别性①。意义必定自为地存在，是向能意谓者和所意谓者对设起来的；符号作为一种现实的符号同样直接消逝。对于意识的这种现实存在的观念就是记忆，而记忆的现实存在本身则是语言。

记忆、往事记忆女神就其真正的意义来说，并不是指这样的情况：直观，或换个说法，记忆本身的各种产物，都是存在于普遍的元素里的，从这种元素被呼出来，以一种丝毫不涉及内容的形式方法加以特殊化；而是指这样的情况：记忆把我们已经称为感性直观的东西弄成记忆的事物，弄成想到的东西，感性直观在空间和时间的形式中有自己的自身之外的他物，在时间中同样仅

---

① 在初稿中此后被删除的文字是：这种指称是理论的，它必定会变为实践的。

仅理想地扬弃｛这个他物｝，把它自身设定为它自身的他物。在这里，意识才有了一种实在性，就是说，对于只在空间和时间中理想的东西，即对于在自身之外拥有他在的东西，这种对外的关系遭到毁灭，并且他在自身被设定为理想的，就是说，变成了一个名称。在名称里，有记忆的经验存在，这种经验存在是一种具体的、自身多种多样的、有生命的和现实存在着的东西，遭到扬弃以后，被弄成一种绝对在自身单一的理想东西。亚当据以构成他支配动物的首要活动是：他赋予动物以名称，即把它们作为现存者加以毁灭，使它们成为自为的理想东西。刚才作为符号的符号是一类名称，它本身还是某种不同于一类名称的东西，甚至是物，而所指者则在这类名称之外有其符号；所指者并没有被设定为一种被扬弃者，符号也同样不在所指者中有其意义，而是仅仅在主体中有其意义，人们还必须特别知道主体用符号意指的是什么。但名称是自在的，没有物和主体也依然存在的。在名称中符号的自为存在着的实在性遭到了毁灭。

名称是作为语言现实存在的。它是意识的现实存在着的概念，因而并非固定不变，而是同样也直接不再是它原来那样。它作为无形的、自由的流体的一种外在性，现实地存在于气元素里，因为它是像它原来那样，绝对存在于自身之外的，拥有普遍发挥传媒作用的现实存在①。动物发出的空洞的声音有了一种无

---

① 在初稿中由此往下被删除的文字本来是：合理性的最初的、单一的现实存在是单一的、纯粹的理性；因为气元素让它自由独立。这段文字的边注"元音与辅音"亦被删除。

限地在自身确定的意义。发得纯正的声音，即字母音，是本身有区别的，因为声音官能在声音的区别中显示出了它的这样一种分节。这种发音纯正的部分是通过不发声音，通过对单纯发音的真正阻碍断开的，通过这种方式，任何发音都由此突出地给自身拥有了一种意义，因为单纯发音的区别在歌唱中并不是独自确定的区别，而是通过前边的发音和后边的发音才确定下来的。发音分节的语言是意识的声音，在这里，任何发音都有意义，就是说，在发音里现实地存在一个名称，存在一个现实地存在着的物的理想性，存在这个物的直接的非现实存在。

语言在其单纯性中是无限的，所以就把自身作为意识包含的无限性划分成节，清楚地表达出来，变为名称的一种多样性。语言同样也从绝对多样性撤回自身；名称本身仅仅是单个的物的名称；语言是名称的关系，或者说，它又是它的复多情况本身的理想性，同样也说出这种关系，说出业已变易的普遍东西，或者说，它变为知性；在语言的普遍元素里，各种名称仅仅就形式而言才〔是〕自在地理想的，它们表达具体的东西、确定的东西；但是，语言也同时把它们所在的元素的统一性设定为这种确定的东西，即设定为相互有差别的东西和它们的关系，或者说，把它们本身设定为绝对特殊的东西，这也就是说，同样在它们的规定性中把它们设定为能扬弃自身的。蓝色首先是从它的存在的连续性中断裂出来，与它所在的复多东西、特殊东西分离开；但它总还是这种规定性；在记忆里，它同时自为地存在，但同时也与他物并存，通过记忆的否定性统一被相互关联起来；它被设定为这种被关联的存在，自在地〔是〕一种普遍东西，按它的内容的规定性来说，是一种不同于它原来的东西；它是颜色，是知性概念，即确定的概念。蓝色是各类不同的颜色中的普遍东西，但并不好像是它们的一种析取，而是一种抽象，这就是说，它们的规定性直接在它们的存在中就是一种被扬弃的规定性。对于精神来说，蓝色处在这种颜色级次中①。因此，感觉的个别性就由这个阶次提高到了特定概念，在整个经验直观中被设定为一种在空间和时间里存在着的东西，完全在形式上被设定为一种得到扬弃的东西，以致这类东西在此中完全依然自为地存在，只不过被扬弃的要求在这类东西里被表现出来。在名称里现实存在着经验直观的理想设定，而名称甚至还是一种个别的理想性；意识的否定性统一就像它们在意识的普遍元素里静止地彼此并列和彼此外在那样，〔也〕必定把它们〔同样〕相互关联起来，并且必定在这种关系中扬弃它们的内容的个别性，把它们作为知性概念的被关联的东西固定下来。如果我们把意识本身看作在意识里能显现为能动的东西和能显现为被动的东西的统一，那么，像意识在对立中显现为主观东西与客观东西那样，我们对意识的看法对我们没有任何意义。我们把那能够自行组织的意识的各个环节看作一物的规定性，既不是在具有禀赋、爱好、激情、冲动等等形式的主题的方面，也不是在对立的其他方面，而是像意识作为两者的统一和中项绝对自为存在那样；意识在这个物本身是一个能动者对一个被动者的运动，但作为运动本身是统一体，对立在其中仅仅是理想的，自在地是一个被扬弃的对立。意识的一切环节都是作为

---

① 在初稿中接着下行加字：规定性。

能动者的禀赋、喜好存在的,像作为他方的规定性存在一样,但本质是中项;意识的中项就像意识是作为其总体的分节的环节存在那样,属于双方;或者说,中项把这被关联到总体的两者按照其对立加以规定。在经验直观中,一个是能经验直观者,另一个是所经验直观者,即赋予名称者与被赋予名称者,因而是能理解者与所理解者。虽然指明这一点是多余的,但在经验直观以及记忆和理解中把意识的这些环节看作由对立双方组合成的,以致它们当中的每一环节都给统一体作出一部分贡献,这是完全错误的,并且要问在这种组合里那个部分的能动者是什么,也是完全错误的。这是普遍意识的观点,对这种意识来说,意识始终仅仅是对立的一个方面,而且它设想,具有规定性的个体作为能动者是存在者,但这样加以规定的意识是个体可能具有、也可能不具有的一种偶然东西,个体对其各个环节是有支配力量的,并且有一种随意性、一种独特性,因为在对立面中意识是存在者,精神是绝对实体,精神在自身以能动性为其无限性的一个对立方面,而这个方面是绝对理想的,仅仅作为被扬弃的方面存在的。因此,普遍意识完全立足于对立的观点,在这里形成了所谓的实在论与所谓的唯心论[9],对下列问题[发生分歧]:某物是颜色这个事实,是基于客体,还是基于主体,是基于意识的能动性的方面,还是基于意识的被动性的方面,于是,这两个方面就是绝对自在自为地持续存在的,没有进而在意识本身仅仅作为被扬弃的方面得以存在。实在论只承认主体有比较存在着的相似性状的形式能动性,唯心论则把对立的理想方面视为绝对实在的东西、自为地存在着的东西,视为绝对的实体,而不承认客体有任何东西。关于这样一类不合理的争论，其实没有任何合理的东西可言；颜色有其三个级次：例如，作为蓝色的规定性的感觉；其次，作为概念是形式的、观念的；作为名称是被关联到其他名称上，与它们相对设，同时在这样一点上是相同的，即三个级次都是颜色，并在此作为颜色是单一的、普遍的。那类实在论和唯心论分离了规定性的三个级次构成的这个根本的总体；实在论断言，规定性是自为地存在的，被关联的存在就其同时被对设起来而言，也同样如此，或者说，颜色的普遍性就其沉没于颜色的差别而言，也同样如此，并且实在论只承认意识、主体有第三级次的一个方面，那就是取出、孤立和抽象思考在差别里业已存在着的被关联的存在或普遍东西。唯心论则要求把最后两个规定性归还给主体，并且也把蓝色规定性的第一级次归还给主体。这种争论实际上涉及到了在自身之内有矛盾的中项级次，在这个级次里，规定性本身和被关联的存在是同时被设定为一体和区分开的。由以上所述可知，规定性作为自为存在着的规定性属于自然，就像颜色变为总体那样。同时，规定性仅仅是对它的被扬弃的存在有关系，或对精神有关系；它是作为个别的感觉存在的。作为能感觉的精神的精神，本身是动物性的，沉没于自然中；在颜色的本质提高为与各种颜色的关联和差别，出现各种颜色本身时，这样的本质就变为精神，既是不作为确定的颜色存在的，同样也是作为确定的颜色存在的。对于主体本身来说，像实在论和唯心论以最粗糙的方式提出自己的问题那样，要问在主体之外，确定的、有差别的和在自己的差别中关联自身的颜色是不是某种完全撇开主体的现实存在的东西，则必须断言，主体本身［同样也]仅仅是一种规定性，即这样一种东西，在这种东西之外，有各种规定性组成的总体，也有各种颜色组成的总体，因为它不是绝对的个别性，而[是]意识，各种颜色存在于它当中；但是，就蓝色的规定性不是个别性而言，它也是颜色的总体，在这个总体之外没有任何颜色。不过，这是一种十分可笑的唯心论，它把主体、对立中的能动者视为对立中的一个环节，想使这个环节作为规定性存在着，而完全摆脱规定性，摆脱这个环节的一种外在性；就主体摆脱了这种外在性而言，主体本身就不再是主体，不再是对立的这一环节，而仅仅是两者的一体存在；我们考察的正是精神、意识这个绝对者。但所谈的必定在实际上既不是这样一种主体，也不是客体，而是精神，并且对于精神，我们已经看到 (6, 294)
它如何作为总体变为自然，它如何变为精神。精神只有作为感觉，即作为个别性，自身才是这样的主体，这种个别性的直接的他在是在感觉之外的①；意识的分段过程就是它自身如何变为意识，就是意识的内在概念如何把自身作为意识本身设定起来。

感觉变为意识的概念，因为它把自身提升为记忆，提升为语言，但也仅仅是提升为意识的概念，或者说，仅仅提升为形式的意识。感觉的个别性虽然被设定为一种理想的个别性，但这些理想性是一大堆理想性，它们并不是作为绝对的统一存在的；大量的理想性必定变得彼此不同，使自身发生关系，而它们的这些关系必定是概念，是规范。

---

① 在初稿中这里被删去的文字原来是：但这正是在语言中、在意识的存在中扬弃自身的东西。

把自身提高为知性的语言，因此又进入自身，扬弃单个的所说的名称——概念像所有事物一样，沉淀于语言中，并且［是］一种绝对能加以传播的概念①。被扬弃的名称必定绝对在自身中反思自身，或者说，它作为一种规范者必定不是按照它的个别性，而是仅仅按照它的关系，即作为普遍的名称或概念绝对在自身中反思自身。语言就像它对外表现的那样，必定表现于意识本身；知性概念仅仅是能从名称回归的意识统一，使自身与个别性本身关联，因此是一种确定的概念，不是意识的绝对统一；名称必定是作为一种绝对回归了的概念存在的，这就是说，不是诸如颜色的关系，而是绝对不确定的、消灭了的关系规定性，是纯粹的关系，是无限东西的绝对空洞性，是合理性的形式东西，是单纯的绝对的统一抽象和作为要点的反思②。作为这种绝对的抽象，意识是在它的否定性关系里绝对地变成的；意识毁灭一切规定性，而纯粹自相等同。但因为这种绝对存在简直仅仅是否定的，所以它在自身是空虚的，并且直接是它过去要在自身完成的

---

① 在初稿中这里被改动的文字本来是：但作为确定的概念，它不再是一种现实存在的东西、给意识对设的东西；对于这样的概念，是否说到，都无关紧要。

② 在初稿中这里被改动的文字本来是：只有这样，语言才使自身成为个体的意识；以前的东西仅仅是语言的理念；作为个体的意识，以前的东西是同时作为绝对个别性与绝对普遍性现实地存在的。就像以前的东西总是在后继的东西中实现自身那样，意识的现实存在着的理念作为语言本身，仅仅是作为个体的意识现实地存在的；正像个体的变易以前是一种在个体的普遍性与个体的普遍无限性之间的更替那样，这种变易现在是处于个体的普遍性与作为绝对地对设起来的、复杂的、个别的无限性的个体之间的。

那种东西的对立面；面对着这种绝对空虚的统一体的是存在的总体。被它否定的东西同样作为它的绝对否定性，是形式合理性的统一体；个别性刚才作为一种理想的个别性，作为被扬弃后现存的理想性在自身中设定的意识，拥有形式的东西，理想性仅仅是被自为地设定起来，与个别性是分离开的，而这种理想性就获得了绝对实在性。那个统一体由于摆脱了个别性，反而把对立设定为绝对者，没有混乱地得到规定；对立的各个环节作为绝对实在的环节是彼此对峙的。意识变成了个体性的统一体。

对于我们来说，个体性的统一体以前是在个别性的元素中，在土中变成的，属于个别性的每个东西都有这种个别性的特性。但是，这个反思要点，即绝对的、回复到自身的存在，在以前仅 (6, 296)仅是我们的概念；它在土中并不是作为这样的概念现实存在的，并不是在土中现实存在的，而是仅仅作为要求设定起来的，那就是说，是作为无限的可分性，即仅仅作为它的存在的无限的可能性设定起来的。它首先现实存在于作为它的绝对无限的方面的意识中，它首先现实存在，是因为意识使其自身成为这个要点。

意识的这个绝对单一的要点是意识的绝对存在，但这里的意识是一种否定东西，或者说，这种绝对存在是个体作为一种否定东西、作为一种单个的人的绝对存在；这种绝对存在是他坚持己见的自由。这种单个的人能使自己成为这个要点，他能绝对离开一切东西，放弃一切东西；他不能被变为依附性的，不能被束缚于任何东西，他能把任何要借以把握他的规定性都从他自身分离出去，把自己作为绝对否定的意识，在死亡中实现他的绝对独立性和绝对自由。但是，死亡在自身具有与生存相反的矛盾方面，而且那种不是真正扬弃个别性,而是扬弃单一的、空洞的个别性的绝对反思要点,只不过是绝对的个别性,各种规定性组成的总体与它相对峙,作为一种同样绝对自为自在存在的总体由一个绝对空虚的、没有关联的鸿沟分离开;对立以及它的关系、它的理想性都具有与以前的形式相对立的形式。作为单个人的意识的意识是与其他单个人的意识对立的,它这时必定把个别性设定为一种得到扬弃的个别性,或者说,它必定把个别性设定为与其他现实存在着的物相对立的现实存在着的物,即实践意识。

(6,297)

Ⅱ. 工具的级次

借助于这种绝对的对设,作为语言的意识从中项产生出来,这种意识绝不是对立的各个环节在其中关联自身和区分自身的什么中项;语言[是]不可见的中项,是那些环节的隐蔽的精神。这种普遍的、无差别的精神必定表明自身是无限的精神,因为它扬弃各种个别性,把自身恰好创造成现实存在着的中项①。

在语言中把自身有机地组织为理想东西的总体的意识,是出自无限性概念,而有机组织完成于第一级次的规定性,完成于无差别的普遍性的元素,所以各个对设起来的东西在它们的一体存

---

① 这是一段改动出来的文字,它取代了初稿中的下列文字:作为语言的意识曾经是作为单个人的意识形成的自为地存在的意识,现在则作为绝对的反思从中项产生出来,并且[是]不可见的中项、单个人的隐蔽的精神。这种普遍的、无差别的精神必定表明自身是无限的精神,因为它扬弃各种个别性,仅仅是作为中项,作为绝对的统一现实地存在的。

在中是无差别地存在的，就像普遍东西与特殊东西在概念中相互交错地存在那样，它们的矛盾并不是在它们本身彼此相对地设定起来的；或者说，｛它们｝是从它们的被对设起来的存在抽离出来的，［这种存在］对它们来说是一种外在的东西，而不是在它们那里设定的东西。｛这是以前讲过的。现在｝这个第一级次则自行过渡到各个被对设起来的东西，过渡到绝对的被对设起来的存在；在普遍性的各个无差别的元素里，各个被对设起来的东西是平静地交错存在的，这样的元素在消失，而各个被对设起来的东西就像从以前的级次出现那样，是绝对地对设起来的，｛彼此｝没有关系。那种理论的统一实现了自身，因而变成了它自身的绝对对立面，变成了绝对的个别性和对设活动；现在设定起来的关系则变为一种实践的关系；绝对的个别性必须实现自身，扬弃绝对的对设活动；但它自身这样在实践方面上升为绝对总体时，又变成它自身的对立面。这是因为，实践级次与理论级次这两者仅仅是两个理想的级次，每一个都是仅仅在对立的一个形式的抽象里设定意识的，理论级次是在无差别的、单一的普遍的抽象里设定意识的，我们现在考察的实践级次则是在绝对有差别的、绝对对设起来的关系的抽象里设定意识的。

　　反思的绝对统一体本身仅仅是作为否定东西，通过否定，即通过与对设起来的东西的关系存在的，它在本质上与此有关系；在它的绝对反思中，它已经使自身摆脱对一个他物的关系，而绝对反思本身也不过是作为对一个他物的这种关系存在的。作为绝对反思的意识仅仅改变了对设和关系的形式；它使自身涉及一个绝对对设起来的东西，涉及一个僵死的物，并且它是一种关系与一种绝对没有关系的东西的矛盾。关系必定会实现自身,而[1]绝对个别的意识是指向自身的,而且作为这种绝对的个别存在也是指向它自己的毁灭的[2],所以意识是实践关系。

兽类的欲求是一种动物的意识,在这种意识中毁灭活动阻碍自身,对立的环节仅仅是作为加以扬弃的环节设定起来的。欲求是一种应有的加以毁灭的活动,所追求的东西,即真正加以扬弃的活动和它的理想性,即对所追求的东西的阻碍,都是在时间上相互分散开的,但是,扬弃活动之实现、欲求之抑制是一种直接加以扬弃的活动,它不具有一切理想性,不具有意识。人类的欲求必定是在扬弃本身的活动中理想地得到扬弃的,对象在得到扬弃时也同样依然存在,中项作为依然存在的两者被扬弃的活动在两者对设起来以后,必然现实存在;实践的关系是意识的一种关系,这就是说,毁灭活动的单一性必然是靠这种关系的单一性分岔的,必然是一种在自身受到阻碍和对设起来的东西。毁灭活动的单一性必然是普遍的统一性,是两个对立面的被扬弃的存在,并且同时是中项,在中项里两个对立面是同一的,并且将自身与它们的同一、与它们的被扬弃的存在分离开。这就意味着,对立的一个方面,即表现得能动的方面必定会加工表现得被动的另一

---

[1] 在初稿中这里还有被改掉的下列文字:对于意识的个别性,在我们抛弃了一种绝对对设起来的东西的地方,单个的东西就是这种东西;一种僵死的物,并且

[2] 在初稿中此处被删除的文字是:实践的关系是针对以前的关系设定的关系,在其中,意识就像这时被规定为单个的、绝对的对设起来的东西一样,曾经被规定为普遍的意识。

方面，前一方面也就是个体性的统一体。在进行加工的劳动中，欲求将需要毁灭的对象与它的关联分离开，使它特殊化，把它设定为与一个欲求者有关系。在这样的欲求存在时，两个方面是在这种关系中持续的和平静的①，只是在理想中得到扬弃，﹛并且﹜欲求在朝向毁灭时必然扬弃对象和自身，但在这种扬弃活动中意识必然是扬弃活动的一种理想性。所以，意识是进行劳动的，个体是能动的，对象则是在双方的持续存在中得到扬弃的。欲求在其进行的毁灭活动里并未得到其满足，客体则在遭到毁灭时依然持续存在。劳动就是这种作为双方的关系、普遍东西和一体存在的实践意识；劳动必定同样是中项，在这个中项里，双方将自身作为对设起来的东西关联起来，并且是作为这些分离的、持续的东西存在的，劳动过程本身由此拥有其持续的现实存在，本身〔是〕一个物。工具是现实存在着的、合乎理性的中项，是实践过程的现实存在着的普遍性，工具出现在针对被动者的能动者的方面，从劳动者方面来看是被动的，针对所加工的东西来说则是主动的。工具是这样一种东西，在这种东西中劳动过程拥有其持续性质，这种东西是唯一从劳动者和所加工者剩下来持续存在的，在这种东西中劳动者与所加工者的偶然性永远存在；工具靠传统蔓延开来，因为无论是追求者还是所追求者，都仅仅是作为个体持续存在和没落的。

(6，300)

---

① 在初稿中由此至"物"（单行本第211页第10行）被改动的文字原来是：欲求不是一种扬弃活动；但在本质上它是这种活动，个体作为劳动是能动的，对象在两者的持续存在中得到扬弃。劳动作为进行统一的中项，即在两者中作为物持续存在的中项，本身也是一个物，是持续存在者，它由于欲求而有能动作用，对于欲求是被动的，对于对象则是能动的。

(6,301)
212

残篇21　[Ⅲ. 财产和家庭的级次]①

是一种由于困顿而受到阻碍的毁灭活动，或者是一种绝对外在的东西。意识的自由扬弃这种困顿，在享用中由自身阻碍毁灭活动，这就使两性彼此得到意识，成为自为存在者、持续存在者，或者说，结果是这样的：在他方的自为存在中每方都[意识]本身，每方在他方的意识中，即在其个别性、在其自为存在中都意识到自身，都是自为存在的；两性关系变为这样一种关系，在这种关系里，每方本身在其意识的存在中都与他方为一

(6,302) 体，或者说，这种关系是一种理想的关系②。欲求使自身就这样摆脱对于享用的关系，在双方的绝对自为存在中成为一种直接的双方一体存在，或者说，欲求变为一种爱；享用在这种对其自身的直观中处于他方意识的存在里。关系本身就是以这样的[方

---

① 这个标题出自被删除过的原稿。在这个标题下有这样一段作为残篇20的后续内容被删除的文字：但因为欲求转向享用，个体就扬弃它的对立、它的活动以及它的无机本性，而成为具有形态的总体，这种总体作为得到实现的理念折回自身，在两性关系中实现自身。欲求在这里也必然阻碍着自己，女人对男人变成一种自为存在者；她不再是他的欲求的一个对象；欲求变为一种理想东西，一种直观；欲求变为偏好。

② 在初稿中由此至"一种完全共同的现实存在"（单行本第213页第3行）被改动的文字原来是：欲求就这样摆脱对享用的关系，作为爱而使自身成为一种长久的、持续的东西，因而并未在享用中消失；它变为一种持续的结合，并通过理性变为婚姻；在一种神圣的联合中，夫妻双方赋予自己以一种完全共同的现实存在。

式］成为双方的存在，成为作为双方的存在的一种如此持续的关系，换句话说，这种关系变成了婚姻。

由于在婚姻里双方都彼此处于他方的意识里，所以双方都作为自己的整个个别性，是彼此处于对方里的意识；夫妻双方都赋予［自己］以一种完全共同的现实存在，在这种现实存在中，他们并不是为了与一种随便的个别性、一种特殊的目的的结合，成为一体，而是作为个体，按照他们属于天然存在者的总体，成为一体。在联合中总体是每一方的意识，正因为如此，这种联合是神圣的，完全脱离开了契约概念，而他们是希望把婚姻视为这样的概念的①10。在双方的这种活生生的一体存在里，每方的意识都有过交流，并且是作为自己的意识和他方的意识存在的，因而意识同样必然是双方在其中相互有别，又成一体的中项，是他们的现实存在着的统一。在这个中项里他们认为，自己相对于统一

---

① 在初稿中由此往下被改动的文字原来是：这种意识并不像在自然界中那样，通过子女变为一种长久的东西，仅仅变为在某个第三者中认识自己的活动、中项的存在的一种环节，倒不如说，本身就是一种持久的东西。在这里第一次一个中项被设定起来，就像它在各个个体本身现实地存在那样，或者说，就像它的对设起来的东西是各个个体组成的整体那样；语言同样是这种持久的东西，只在各个个体中是实在的，不过这些个体在语言中除了是个体本身就不是任何东西，而只有作为意识才是普遍的，并且对于各个个体来说，语言中的普遍东西是一种形式东西。这个中项在自身完全包括各个个体。就像它是种种个体的这种精神，因而是一种神圣东西一样，在这个神圣中介的对面也有一个僵死的中介，或者说，就像它是两者的绝对一体存在一样，它对种种个体也是对设起来的。各个个体首先是这么变死的，这在各个个体那里分别属于自然界，但在他们的这种变死中，他们也直观到他们的变活；子女并不像在动物状态下那样，是现实存在着的生物种类，倒不如说，父母在子女身上认识到自己是物种。

体是他们的对立的被扬弃者,正因为如此,又是对设起来的,这个中项就[是]自为地存在着的中项。在中项中,他们认为自己是统一体,也是被扬弃的,中项的这个方面必然是一种意识,因为他们只有作为意识才是统一体;这个统一体就是子女,在子女身上,他们认为自己处在一种作为统一体的意识中,并且恰恰在这里是被扬弃者,而他们是在统一体里直观他们的这种被扬弃的。他们认为自己在这种统一体中是物种,是一种不同于他们本身原初所是的东西,即业已形成的统一体。但是,这种业已形成的统一体本身是一种意识,具体地说,是这样一种意识,在这种意识里直观到的是父母的被扬弃,或者说,子女是这样一种意识,在这种意识里形成父母的意识,或父母必定在教育子女。父母在教育子女,所以就在子女中设定他们的业已形成的意识,并且在引起他们的死亡,因为他们使子女活跃起来,达于意识,[他们的意识]激活了子女在自身之内的反思,意识到绝对个别性的空虚,作为业已形成的意识变化的是无机的天然东西,而人作为子女就上升到了这类东西的总体。迄今为止,作为子女的另一种意识对于意识来说是绝对的设定活动,是一种纯粹不同的意识;在这里意识本身变成了一种不同的意识,对于父母是子女,对于子女是父母①;子女的教育在于,对子女被设定为一种不同于子女的意识变为子女本身的意识;或者说,子女在自身依靠的自己的无机天然东西是一种业已形成的意识。个体性的过程是一种形成形态的活动,在这里正在形成的形态在自身依靠的是业已

---

① 在初稿中此处有被删除的文字:关系的本质属于天然东西。

形成的个体性。正如以前在意识的自己给自己形成形态的实践活动中，意识表现为一种与天然东西相反的实在东西、现存东西那样，意识在这里表现为一种为其自身变化的东西。在理论级次中，意识曾经为其自身变为它在兽类中变成的概念；在理论级次中，意识曾经为我们变为一种绝对个别的、具有形式合理性的概念；在实践级次中，这种绝对个别性曾经为自身、为我们变为一种在另一种意识中有其意识的意识，而在这里意识则自为地在变成这样。意识这时在变成一种在自身设定另一种意识的意识。在教育活动里，子女的无意识的统一扬弃自身，在自身分段发展，变为有教养的意识，父母的意识则是子女的教育所付出的素材。父母对于子女是子女自身的一种未知的、不明确了解的先知，父母在扬弃子女的朴素的、敦实的己内存在①。父母丧失了他们赋予子女的东西，自己在逐渐消逝，因为他们赋予子女的是他们自己的意识。意识在这里是另一种意识在子女中的生成，父母则在子女的生成中直观他们的被扬弃。就像以前在一种外在东西的绝对形式中那样，世界并没有达到这种作为一种生成者的意识，而是由意识的形成贯串起来；子女的无机自然界是父母的知识，世界已经是一种准备就绪的世界；达到子女那里的正是理想性的形式②。因为作为这种理想世界的世界在达到正在形成的意识，所以这种

---

① 在初稿中此处有被删除的文字：子女受教育。黑格尔把教育的过去分词 erzogen 写成了施瓦本方言 gezogen。

② 在初稿中由此往下有被改动的文字：教育就是找到过去作为世界的现实存在对父母存在的东西；它是以前的东西的折回，在此中外在的东西曾经在能动的意识中被理想化。

意识的任务就是发现这种理想东西的意义、实在性，像理想东西现实存在那样；这种意识必定会实现这种理想性。这种意识因此扭转了迄今的意识关系；能动意识的**外在东西**迄今都是作为对立的一个方面存在的，另一方面则是个别的、许多方面在自身确定的东西，即一种并不理想的东西。在这里意识则是个别意识，它的对立的另一方面是理想东西，即一个像在意识中存在的世界。于是，对于迄今在对立中存在着的能动意识而言，对立本身就在扬弃自己，因为迄今被设定为未被意识到的方面的他方是一种意识，因而在这里有扭转过来的实现理想世界的途径。这样，意识就作为内在东西与外在东西的统一而为自身创造自己。对于子女存在的是父母的现实世界与理想世界的矛盾①，对于作为正在形成的意识的子女突现的是这种矛盾，因为这种意识是在把实在的、自己并未意识到的方面设定为理想的，实现被意识到的方面，即父母的理想方面。作为一种能动者的意识的能动性是这种绝对对设起来的能动性；意识把双方联合起来，首先是一种自身业已形成的意识。意识既扬弃内在性、理想性，同样也扬弃外在东西；双方对于意识是作为一种外在东西存在的。

　　这样一来，在家庭里意识的总体就与一种自为形成者是相同的；这一个体在另一个体中直观自己；另一个体也是同一意识整体，这一个体在另一个体中，在被创造出来的东西中具有自己的意识。

---

　　① 在初稿中有被删除的文字：意识现在是两者的并未出现的统一。

残篇22　绝对必然的是……

绝对必然的是①，意识在家庭里达到的总体都在另一个这样的总体中认识意识，认识自身。在这种认识中，每个人对于另一个人都直接是一个绝对单个的人。每个人都在另一个人的意识中设定自己，扬弃另一个人的个别性，或者说，每个人都在他的意识中把另一个人〔设定〕为意识的一种绝对个别性。这就是相互承认，而且我们看到，这种承认作为单纯承认，作为把这个本来是意识的一种个别总体的人设定于意识的另一种个别总体的活动，是如何能够现实存在的。这种单个的人的财产和存在的任何个别性都表现为与他的整个本质结合起来，被纳入了他的无差别性，并且他把每个环节都设定为其自身，就这两点而言，这种单个的人仅仅是一种意识；因为这就是意识，是世界的观念性存在。因此，对他的某一个别性的侵犯都是无限的，是一种绝对的伤害，是对他作为一个整体的伤害，是对他的尊容的伤害；为每

---

① 在初稿中本段之前被删除的文字是：在绝对单个的形式之间的任何形式都是一种无关紧要的形式，给另一个人送礼，就像掠夺他、杀死他，同样是无关紧要的；在最小的伤害与最大的伤害之间不存在任何界限。

单个东西是一个整体，每个在整体中不可区分的东西都是已在这个整体中设定起来的；在不出现普遍东西时，它就存在；各个单个东西的相互关系是它们作为各个整体的关系，因为出现的普遍东西应当正是它们的个别性的终止。在它们如此在它们的关系中不可能分开时，财产的任何单个的否定都是单个东西的总体性的一种否定，同时也必然会发生这种否定。

一单个环节发生的冲突都是一场为整体进行的斗争①。物、规定性根本没有被视为重要东西或一种东西,倒不如说,它是完全遭到毁灭的,完全理想的;它仅仅是这样的东西:它对我有关系,我是一种意识,它丧失了它与我的对立。双方都相互承认并且乐

---

① 在初稿中从这里开始到单行本第 219 页第 38 行被改动的文字原来是:那种冲突必定并且应当出现,因为单个的人本身是不是一种合理的无差别者,只能加以认识,当他的财产和存在的每一个别性都在这种无差别者中设定起来时,他就与这种作为整体的无差别者有了关系,而绝对没有分裂;对此的证明只能以死亡告终。单个人对其他人的显现是一种多样性的拥有、财富和外在中介;按他的本性来说,这就是一种外在东西、一种普遍东西,各个在过去没有关联的人在此相互联系起来。但这是一个人的财富;许多人与这种财富的关系是一种否定的、排他的关系。一个人与这种财富的排他的关系是不是一种合理关系,他实际上是不是一个总体,各个人的关系都是围绕着这种承认活动展开的;每个人只能由另一个人加以承认,因为他在另一个人的显现是无差别的,在他的财富的每一个别性中都表明自身是无限的,每种伤害到死为止都造成损失。这种伤害必定会发生,因为意识必定是向着那种承认活动进展的,各个人必定相互伤害,以期认识到他们是否合理;因为意识在本质上是这样一种意识:一个人的总体被设定为对方,在这种变为他方的活动中仍然是同样的总体,这个人的总体存在于另一个人的意识中,是另一个人的意识,并且在这种意识中就是这个人的总体独自拥有的绝对持续存在,或者说,这个人的总体是由另一个人承认的。但是,我这个人的总体在另一个人的意识中就是这个自为存在着的总体,它是否得到承认,受到尊重,我只能通过另一个人对我的总体的行动表现得知,而另一个人也必定同时对我表现为一个总体,就像我对他那样。如果两者行为消极,彼此无所作为,那就没有任何一个人对另一个人表现为一个总体,一个人的存在在另一个人的意识里也不表现为一个总体,既不存在表现活动,也不存在承认活动。语言、解说和承诺并不是这种承认活动,因为语言仅仅是一种理想的中介;它就像表现出来那样也是消逝,这并不是一种持久的、实在的承认活动。但在任何单个的人把自己如此设定为另一个人的意识中的总体时,这则只能是一种实在的承认活动。

于相互承认自己是个别性组成的总体，都是彼此作为这种总体出现的；［他们］相互赋予自身的意义在于，{α)} 这个人把另一个人从自己的个别性的全部范围里排除出去，β) 他在自己的这种排除活动中确实是总体。没有任何一个人能够依靠言词、保证、威胁或许诺，证明这种意义；因为语言仅仅是意识的观念性的现实存在，而在这里存在的是现实的东西，即绝对被对设起来的东西、绝对相互自为存在着的东西，而且它们的关系完全是一种实践的关系，一种现实的关系，它们的〔相互〕承认活动的中项必定是一个现实的中项。因此，它们必定相互侵犯；必定会变为现实的是，每个人在其现实存在的个别性中都把自己设定为排他的总体。侵犯是必然的，仅仅因为我在另一个人显现的存在中干扰他，他就能把他排斥另一个人的活动变为现实的，他把自己表达为意识，说明他的这种存在、个别性是无差别的，这种外在东西存在于他本身。每个人都必然在他的财产中特别受到干扰，因为在财产中有这样的矛盾：一种外在东西、一种物是地上的一种普遍东西，这应该处在一个单个的人的控制中，而这是与作为一种普遍东西、外在东西的物的本性相反的，而且这是与意识的直接个别性相反的普遍东西。——由于有应该导致承认活动的必然侵犯，双方便处于彼此把自己设定为否定的、绝对的个别性、总体性的关系中；由于每个人都积极地排斥另一个人，扬弃在侵犯中给自己得到的财产，他就同时侵犯了另一个人，否定了另一个人中的某种东西，而这种东西是另一个人设定为自己的东西的。每一个人都必定主张另一个人否定的东西是存在于他的总体性里的，而不是一种外在东西，并且必定要扬弃在另一个人中存在的这种外在东西；每个人在这种个别的东西中完全主张自己的总体是一种个别的东西，所以就出现一种现象，即每个人都否定另一个人的总体。每一个人的单个总体都是一种单个的、否定的总体，因而这种单个总体的相互承认像它进入关系那样，变为一种否定的总体关系；每个人都［必定］会这样把自己设定为另一个人的意识中的总体，那就是他与另一个人相反，把他的整个的、显现出来的总体，把他的生命，都设定于维持某种个别性①，并且每个人也必定会同样走向另一个人的死亡。我能认识到［自己］只是另一个人的意识中的这种单个的总体，因为我在他的意识中把我设定为这样一个人，这个人［即我］在我进行的排斥中是一个排斥活动的总体②，在走向他的死亡。我在走向他的死亡

---

① 在初稿中此后被删除的文字是：在他的财产中，从否定的、排斥的意义上主张自己是一个总体。他们双方都仅仅是用他们的死验证这一点，而死亡无论是对他自己，还是在另一个人方面，都是否定的总体。

② 在初稿中由此至讲"死亡"（单行本第221页第11行）被改动的文字原初是：我的生命就像走向死亡，敢冒这个危险；另一个人对我同样只能表现为合理的总体，因为他对我同样设定自己，而我必须向他这么证明［自己］，并且必定恰恰对他作出证明。

这么一来，这种绝对的承认活动就在自身直接包含着一个绝对矛盾；这种活动仅仅是无限地扬弃着自身。总体的个别性应当得到承认，应当对我存在于另一个人的意识中。另一个人对我的个别性的任何关系都是一种个别的关系，这样的关系必定会为了承认活动的必然性而出现；我在这种个别性中证明我是总体，我使这种关系直接成为无限的，在考虑另一个人时走向把我设定于他之内，α）把他作为总体予以扬弃，走向他的死亡，因为 αα）他必须向我承认，我在我之内就像在他之内，并不把生命奉为自身只与个别性有关，ββ）我必须独自承认，他是不是一个合理的存在者，这个存在者在他的捍卫行动和进攻行动中都一直在走向死亡，β）把我同样作为总体予以扬弃，αα）因为我必须向他证明我是总体。

时，就在使自己遭到死亡，敢冒我自己的生命的危险，我在制造想维持我的存在和我的财产的个别性的矛盾；这种维护转向了它的反面，那就是我在牺牲整个这类财产，牺牲一切财产、享受的可能性，牺牲生命本身。我在把我设定为个别性的总体时，就在把我自己作为个别性的总体加以扬弃；我想在我的现实存在的这个范围里，在我的存在和财产里得到承认，但我把这变成了我扬弃这种存在，仅仅被真正承认为合理的，被承认为总体，因为我在走向另一个人的死亡，敢冒我自己的生命的危险，并且把我的现实存在本身的这个范围，把我的个别性的总体扬弃。

(6，311)
221

对总体的个别性的这种承认导致死亡的毫无意义。每个人对另一个人必定要认识他是不是一种绝对意识，α) 每个人都必定会在对另一个人的这样一种关系中设定［自身］，由此暴露出一个事实，即每个人都必定会侵犯另一个人；而且每个人在把另一个人推向死亡的时候，对另一个人也只能知道他是不是｛一个｝总体；每个人在独自走向死亡时，都表明自身同样不过是独立的总体。如果他自身在死亡时期依然存在，对另一个人仅仅表明自己在此损失一部分财产或全部财产，表明自己是受伤，而不是丧命，他对另一个人便直接是一个非总体，｛就是说，｝他不是绝对独立的，他变成了另一个人的奴隶。如果他对另一个人在其死亡时期依然存在，扬弃了死者面前的争执，他便既没有标明自己是总体，也没有认识到另一个人是总体。

因此①，这种对个人的承认是意识本身的绝对矛盾。承认仅仅是意识作为一个总体在另一种意识中的存在，但因为它变为现实的，它就在扬弃另一种意识，这样一来，承认本身也在扬弃自身；意识并未实现自身，而是在存在时不再存在。然而意识同时仅仅是作为另一种意识的一种被承认存在的，它同时仅仅是充当绝对的、有数量的统一体的意识，并且必然作为这样的意识而得到承认，但这就意味着，它必定走向另一种意识和它自己的意识死亡，而仅仅存在于死亡的现实性中。

我们认识的这种意识在于，被承认者只是总体、意识，因为它扬弃自身，这种意识在这时就是对这种意识本身的一种认识；它造成它在自身之内的这种反思，就是说，个别性的总体在作为这样的总体维护自身和想存在时，绝对在牺牲自身，扬弃自身，从而发生与自身的走向相反的情况。个别性的总体只能作为一种被扬弃的总体存在；它不能作为一种现存的总体维护自身，而只

---

① 在初稿中由此至"在自身之内"（单行本第 221 页第 34 行）被改动的文字原来是：这种承认走向对另一个人表明自身是个别性的总体，在另一个人中直观自身，在自身中直观另一个人，但在这种实现活动中个别性的总体在扬弃自身。它获得它的全部财产，设定意识的排斥活动的伤害和不被承认是无限的。它将自身表现为代表每种具有其整体的个别性的；但它只能将自身表现为整体，因为它是作为个别性中的存在扬弃自身，因为它在进行捍卫、甚至遭到毁灭时都交出它的财产，并且它是把生命作为简单的现象交出的，而这种想象囊括了个别性总体的方方面面；所以，它只能是个别性总体，因为它是作为个别性总体推出自身的，另一个人的意识也同样如此，而它想要在这种意识中被认识。

这种承认活动是绝对必要的，它的纯粹否定的方面是……

能作为一种被设定为得到扬弃者的总体维护自身；它从而把自身设定为一种得到扬弃的总体，并且只能作为这样一种总体得到承认；这一直是同一件事实。个别性的总体是一种自己扬弃自己的总体，并且它是一种得到承认的、存在于不同于它自身的意识里的总体；这样一来，它就是绝对普遍的意识。个别性总体的得到扬弃的这种存在是作为绝对普遍的总体、作为绝对精神的总体；这样的存在是作为绝对实在的意识的精神。个别性的总体将自己作为一种理想的、被扬弃的总体加以直观，不再［是］个别性的总体，反而本身就是它自己的这种被扬弃的存在，而且它只是得到承认，只有作为这种被扬弃的总体才是普遍的。作为一种个别性的总体，在其自身被设定为一种单纯可能的、并不自为存在着的总体，在它的持续存在中仅仅是这样一种总体，这种总体总是准备去死亡，致力于放弃自己，这种总体虽然是作为个别性的总体、作为家庭存在的，并且有财产和享受，但这种关系对它自身是一种理想的关系，表明它是自己牺牲自己的。意识是作为致力于放弃自己的个别性总体存在的，意识的这种存在正是朝着这个方向，在另一种意识中直观［自身］，是直接自为地作为另一种意识存在的，或者说，个别性总体是在另一种意识里，仅仅作为它自身的这另一种意识存在的，这意味着，是作为它自身的被扬弃者存在的；这样，个别性总体就得到了承认；在任何另一种意识里，它都是它直接自为地所是的东西，因为它存在于另一种意识中，是一种被扬弃的总体，个别性由此绝对得到拯救。我是绝对总体，因为另一个人的意识作为一个个别性总体在我之内仅仅是作为被扬弃者存在的，但我的个别性总体同样也是一个在另一个人中得到扬弃的总体；个别性是绝对的个别性，是**无限性**，是个别性自身的直接对立面；精神的本质〔在于〕以一种单纯的方式在自身具有无限性，使对立直接扬弃自身。存在、扬弃和作为被扬弃者的存在这三种形式，是绝对被设定为统一体的。这个个别性总体之所以存在，是因为其他个别性总体仅仅被设定为得到扬弃的总体；它就是这样在其他总体的得到扬弃的意识中设定自身，得到承认。在其他总体的意识中，它这个总体同样也是一个被扬弃的总体，它在承认活动中实现自身，因而得到了扬弃；在这里，它作为被扬弃者自为地存在；它认识到自己是被扬弃者，因为恰好它只有**被承认**才存在。作为不被承认者，作为并非不同于它本身的意识，它是根本不存在的，它的被承认才是它的现实存在，它是在这种现实存在中仅仅是作为被扬弃者存在的。因此，这种绝对的意识是意识作为个别性意识的一种被扬弃的存在，这种被扬弃的存在同时是一种意识在另一种意识中变成自身和在自身中变成他方的永恒运动。这种绝对的意识是普遍的、持续存在的意识，它并不是各种不具有实体的个别性意识的单纯形式，倒不如说，各种个别性意识是不再存在的；它是绝对实体，它是一个民族的精神，对于这种精神来说，个别性意识不过是直接变为另一种意识的形式，〔因此〕，它是意识运动的绝对伦理方面；个人作为一个民族的成员是一个伦理存在者，他的本质是普遍伦理的生动实体，个别性的伦理存在者是仅仅作为被扬弃者的现存者的一种观念性形式。民族伦理就是具有生动多样性的伦理的存在①。

　　一个民族的绝对精神是绝对普遍的元素，是在自身交织着一切个别性意识的以太，是绝对的、单纯的、生动的和唯一的实体。这个实体必定同样是能动的实体，把自身对设为意识，并且是各个被对设者的能够显现的中项，即这样一种东西，在这种东西里，各个被对设者正如它们对设自身，对于这种东西是能动的那样，同样是统一的，它们的进行毁灭的统一体的能动性就是它们本身的能动性，而且它们的能动性对于这种东西就是精神的能动性。民族精神必定永远不断地变为**事业**，或者说，它只是作为一种永远不断地变为精神的过程存在的②。它变成了事业，是因为活动在它之内已经设定起来，这样一来，活动就是针对它的；这种针对它的活动直接是这种活动自身的扬弃。民族精神自身的这种变为他物的过程在于，民族精神把自身作为被动者与把自身作为能动者联系起来，一种能自我意识者作为能动的民族转化为产物，转化为自相等同的东西；因为所有民族成员的这项共同事业是他们作为能意识者的事业，所以他们就把自身变成此中的一 (6，316) 种外在东西；但这种外在东西是他们的业绩，它仅仅是他们已经使它成为的东西，而他们本身作为能动者、作为被扬弃者就是这种外在东西；在他们本身的这种外在性中，在他们作为被扬弃者

---

　　① 边注：没有任何组合，没有任何契约，没有任何默认的或讲明的原始契约；个人（不能）部分地放弃他的自由，而是完全放弃他的自由；他的个人自由不过是他的固执己见、他的走向死亡。

　　② 在初稿中由此往下被改动的文字原来是：民族精神只是作为绝对意识存在的，因为它在变为一个他物，它本身直接存在于这种变为他物的过程中。

的存在中，他们作为中项将自身直观为一个民族①，他们的这项事业因而就是他们自身的精神。他们创造了这种精神，但把它尊奉为一种能自为存在者；它是自为地存在的，因为他们由以创造它的活动是他们自身的扬弃，他们所走向的他们自身的这种扬弃是能自为地存在的、具有普遍性的精神。

民族精神的生命是呼吸，是它的分岔过程，这种生命是相对于把自己当作被动者，把自己当作能动者出现的；民族精神变为统一体，变为能动者与被动者的一种统一，变为事业，但在这种事业中，能动者与被动者都已得到扬弃。民族精神是绝对普遍的东西，在能动者与被动者的对立存在时，仅仅是事业；但在能动者本身相对于被动者存在时，能动者与被动者就不再是一种对立，并且民族精神的生命仅仅是绝对普遍的东西，对立则仅仅是民族精神自身的绝对消逝。民族精神的生命必定拥有真理，就是说，各个人都把他们的个别性总体设定为一种理想总体，而不是大家对整体的一种欺骗。民族的伦理事业是普遍精神的生动存在，这种精神作为精神是他们的理想的一体存在，作为事业是他们的中项——脱离毁灭的事业，作为能动者设定个别性总体的循环过程，而事业作为普遍的事业同样直接在此中仅仅扬弃自身，只是一种被扬弃的活动，被扬弃的个别性。

精神、伦理精神出自它的无机天性的这种理念的绝对变化，

---

① 在初稿中由此往下被删除的文字是：整个理性都仅仅现实地存在于它的事业中；它只存在于它的产物中，直接将自身直观为一个不同于它本身的东西。

是它在它的事业的总体中行动的必然性。它作为绝对伦理精神在本质上是无限者、否定者、天然东西的扬弃，在这种天然东西中，它只变成了另一种东西，是作为它自身的天然东西的设定，因而是它自身的绝对享用，因为它把绝对个别性纳入了自身。

相对于那种与伦理精神本身不同的东西的显现，首要的是伦理精神的否定性工作，是它的有指向的存在，或者说，是它的无机的天然东西。但伦理精神的无机的天然东西并不是我们称为自然界的那种东西，不是作为精神的他在的自然界，这就是说，不是作为各个环节组成的总体中的一种持续存在的东西；这种总体在意识中和在语言中由记忆和工具设定为一种被扬弃的总体，而这作为自然界中被扬弃的设定起来的存在，作为具有否定性的精神，就是作为个体性的意识的绝对总体，或者说，就是家庭，并且处于家庭的实在性中，拥有一项家庭财产。这种总体是自然界中否定性的设定起来的存在，而精神本身仅仅是有差别的，将自身与一种对设的东西关联起来，它的总体就是这种有差别的意识的实现。但正是这种总体摆脱了它的有差别的关系，摆脱了它在自然界中的现实存在，一种绝对肯定的精神，即一种绝对普遍的精神必定会生成，而家庭本身，即个别性的实在性，是精神的无机的天然东西，它必定［把自身］设定为一种被扬弃的天然东西，提高到普遍东西的级次。我们首先考察，这种天然东西是如何持续地、但以普遍性特征为标志［存在的］。

226

(6, 318)

Ⅰ．各个以前的级次都是理想的，它们在一个民族中才是现实存在着的：语言仅仅是作为一个民族的语言存在的，知性和理性也同样如此。只有作为一个民族的事业，语言才是理想的精神的现实存在，在这种语言里，精神说出它［按］它的本质，在它的存在中是什么；语言是一种普遍的、自身得到承认的和在一切人的意识里以同样的方式发出回声的东西；任何能言说的意识都直接在此中变为另一种意识。语言同样是按它的内容才在一个民族中变为真正的语言，变为人人都想作出的说法。野蛮人不懂得说他们想说的意思，只把它说了一半，或者恰好说了他们想说的意思的反面。只有在一个民族中，才有那种已经被设定为得到扬弃的东西，作为理想的、普遍的意识存在，而这才使记忆、语言的生成成为理想的；语言按其本质是自为地存在的，是理想地设定的天然东西，并且语言仿佛是单纯的形式，是一种单纯的言说，一种外在性；语言并不是一种创造活动，而是外化的单纯形式，这种外化是已经创造出来的，就像必定会被说的那样，是纯粹活动的形式东西，是内在存在向其对立面、向一种外在东西的直接变化。世界上语言的生成过程是自在地存在的。就像知性与理性的生成那样，语言也是经过教育的，对于生成的意识来说，语言是作为理想的世界、作为意识的无机天然东西存在的；生成的意识不必以这种方式使自身脱离天然东西，而是要为语言的理想性找到实在性，为语言寻求存在中蕴含的意义；这种情况对生成的意识也同样存在；生成的意识仿佛只是既存语言的彼此关联的形式能动性。

因此，语言是以这样的方式在一个民族中构成的：它作为毁灭外在东西的理想活动，本身是一种必然遭到毁灭、扬弃的外在东西，以期变为能有意义的语言，变为它按照它的概念自在地所是的东西；所以，它在民族中是作为一种不同于它本身的僵死东西存在的，并且在它作为另一种东西得到扬弃，变为它的概念时，变成了总体。

B. 劳动与财产同样在民族中直接变为另一种不同于它们本身在它们的概念中所是的东西。劳动自为地面向单个人本身的需要，如同财产完全是单个人的；劳动在其个别性中如同财产，变为一种普遍的劳动。

Ⅰ. 面向单个人的需要的劳动在单个人中变为 α) 单个人的劳动，β) [即使] 仅仅面向单个人的需要，也变为一种普遍的劳动。

α) 对于劳动本身同样在这时有一种要求：它想得到承认，(6，320) 想拥有普遍性的形式；这是一种普遍的方式，是一切劳动的一种规则，这种规则是某种自为存在着的东西，表现为外在东西、无机天然东西，必须加以学习；但这种普遍东西对于劳动是真正的本质，而天然的不熟练情况必须在学习普遍东西的过程中克服自身。劳动不是一种本能，而是一种合理性，它在民族中使自身成为普遍东西，因而是相对于那种必须克服自身的个体的个别性设定的；正因为如此，劳动不是作为本能存在的，而是以精神的方式存在的，就是说，这种精神的方式作为个人的主观能动性毕竟变成了另一种东西，变成了一种普遍的规则，而个人的技能就是通过这个学习过程形成的，通过它自身之变为他物而回归到自身的。

对①劳动和技能的承认正好贯穿于普遍东西中的循环过程②，它是普遍东西在个体中通过学会而拥有的。针对普遍的技能，个体把自己设定为一种特殊东西，与这种技能分离开，使自己变得比其他个体更有技能，发明了更有用的工具；但是，在他的特殊技能中一种真正有普遍意义的工作是发明一种普遍东西，其他个体学会它，扬弃他那种特殊性，这种特殊技能直接变成普遍财富。

工具本身阻碍着人做他的物质的毁灭活动，但这种活动在此中依然是他的形式的东西，依然是他的朝向一位死者的活动，具体地说，他的活动在本质上是这位死者的死亡，使这种活动脱离他的活生生的关联，把这种活动设定为一种需要加以毁灭的活动本身。在**机器**中，人本身扬弃他的这种形式的活动，使机器完全为他劳动。但是，人对天然东西从事的、在它的个别性当中据以保存自己的任何欺骗行为，都在对人本身进行报复；人对机器获得成功，他制服机器越多，他本身就变得越低。在他让天然东西由各式各样的机器加工时，他并没有扬弃他的劳动的必要性，倒不如说，他只是推卸他的劳动，使他远离天然东西，并且他并未有效地面对这种生动的必要性，倒不如说，他的劳动丧失了这种否定的活力，而且给他留下的劳动变得更加像机器一样；他只是给整体，而不是给个人缩小这种必要性，倒不如说，他反而扩大

---

① 在初稿中这段文字之前被删除的文字是：人在他的毁灭自然对象的活动中，用工具把他的理性设定为一种被扬弃的理性，使它离开自己，这种工具变成了机器。

② 边注：出乎普遍东西的相反途径。

了这种必要性，因为劳动越多地变得像机器，［劳动］拥有的价值就越少，因而他必须以这种方式进行的劳动也就越多。

γ. 这就是说，他的劳动作为单个人满足他的需要的劳动同时是一种普遍的、理想的劳动，这种劳动虽然以这种方式满足了他的需要，但不是以这项确定的、由他进行的加工活动满足了它的需要，倒不如说，它满足了他的需要，它就变为一种与它原来不一样的东西。人不再努力获得他需要的东西，或者说，他不再需要他已经努力获得的东西，相反地，取代满足他的需要的现实性出现的，仅仅是这种满足的可能性；他的劳动变为一种形式的、抽象的和普遍的劳动，一种单个的劳动，他把自己局限于实现自己的各项需要的统一的劳动，并以满足他的其他需要所必要的东西来换取这种劳动。他的劳动作为一种普遍的东西满足的是作为需要的抽象的需要，而不是他的需要，而对他的需要的总体的满足是大家的一项劳动。在个人需要的范围与他为此从事的活动之间出现了全民族的劳动，任何一个人的劳动从其内容来看，无论对于大家的需要，还是对于满足他的一切需要的符合程度，都是一种普遍的劳动，这就是说，具有一种价值；他的劳动和他的财产并不是它们对他来说所是的东西，而是它们对大家来说所是的东西。需要的满足是大家的一种彼此普遍依赖的关系，对于任何一个人来说，他的个人劳动直接符合于他的需要的一切可靠性与确实性都消失不见了；［它］作为个人需要变成了一种普遍的需要。通过劳动的单一化，任何一个人从事这种劳动的技能都直接地增大；天然东西与人的个别性的一切关系都更多地处于人的支配之下，便捷性也增大。个人需要与符合于这种需要的劳动

229
(6，322)

(6，323)

是向普遍性提高的，这种普遍性是一种形式的普遍性；它的意识不是这种关系在其中毁灭自身的绝对性，而是朝向扬弃这种个别性，把劳动从人对天然东西的依赖中解放出来；需要和劳动向着意识的形式提高自身，使〔自身〕单一化，但它们的单一性是形式上普遍的、抽象的单一性，是具体东西的分离，具体东西在它的这种分离中变为单一性在经验上的无限；当个人以这种形式的、错误的方式支配天然东西时，个人只是增大了他对天然东西的依赖性：α）劳动的单一化增大了产品的数量；在一家英国工厂里，生产一根大头针要18个人的劳动①；每人承担劳动的一个特殊方面，并且只是这个方面。一个人也许不可能造出20枚针，{甚至}不可能造出1枚针；那18个人的劳动分配给了10个人，每天造出4000枚针；但这10个人的劳动如果由18个人来做，每天则〔可能〕造出4800枚针。但是，生产的产品数量按照什么样的比例得到提高，劳动的价值就按照什么样的比例遭到贬低；β）劳动变得越绝对地僵死，变为机器劳动，个人的技能就变得越无限地有限，而且产业工人的意识被贬低到最近的愚钝程度；γ）单独一种劳动与全部数量无限的需要的联系完全无法估量，是一种盲目的依赖关系，以致一种遥远的操作往往使整个一类由此满足其需要的人们的劳动突然受到阻碍，成为多余的和无用的；δ）当天然东西的同化通过插入中间环节，使便捷程度变得更大时，这些同化阶段是无限可分的，并且便捷的程度又使这些阶段

---

① 边注：斯密，第8页[11]。

成为同样绝对不便捷的。

　　满足需要的这些作为物的多种多样的劳动必定同样实现它们的概念，实现它们的抽象；它们的普遍概念必定像它们那样，是一种物，而这种物作为普遍东西是表现一切劳动的；货币就是具有物性的、现实存在的概念，是满足需要的一切物的统一性或可能性的形态。

　　γ. 劳动与需要的这种作为它们的运动的活动，同样在财产中有它们的静止的方面。在一个民族的整体里，财产同样以它的个别性变为一种普遍的财产，它{虽然}仍旧是这类个人的财产，但这仅仅是在它由普遍意识设定起来的时候，或者说，仅仅是在一切人在它之内同样拥有自己的东西的时候，这就意味着，它变为所有物。它的排斥作用变成这样一种排斥作用：一切人在共同体里同样排斥任何其他人，在特定的财产里一切人同样拥有自己的财产，或者说，个人的财产就是一切人的财产。财产包含着这样的矛盾：一个作为物的物实际上是一种普遍的东西，然而仅仅应当是一种个人财产。这个矛盾通过意识扬弃自身，因为物自在地被设定为它自身的对立面；它作为得到承认的东西，既是个人的财产，同时也是普遍的财产，因为在这种个人财产中大家都有份。我的财产的可靠性就是大家的财产的可靠性，在我的所有物里大家都有他们的所有物，我的财产获得了意识的形态；意识被规定成了我的财产，但作为所有物，它并不唯独与我有关，而是普遍的。

　　正像在前一个级次里劳动和需要已经绝对单一化一样，在这个级次里所有物也在单一化。这种单一化就是在普遍的东西中设

231
(6, 325)

定具体的东西；在作为同一性、对立物的普遍东西中，具体东西有各种差别，这些有差别的东西是作为抽象相互分离的和自为形成的。个别性的总体过去完全存在于它的现实存在的过程中，存在于它所占有的东西中，存在于每一个别东西中，现在则作为得到扬弃的总体仅仅存在于民族的整体中，并且需要与财产的个别东西复归于它的个别性的本质；意识作为个别东西的总体曾经是它自身与它的外在性、它的财产的一体存在，现在由于两者相互分离，单个的人则不再拥有那种在每一单个的人中[①]都设定了自己的整个本质的荣誉。在这种单一化中，直接涉及作为有机体的单个人的东西直接瓦解了，这种单一化是构成者，被称为他的人格，而在外部对这种单一化表现为事物的东西也是彼此分离的，因为对于荣誉而言，这种分别并不存在，它在每一种关系、每一项财产中都把自身设定为整体。

[①] 在初稿里写的"在个人的损失中"被修改为"在每一单个的人中"。

附 件

(6, 327)
(6, 328)

分 段 简 记

Ⅰ. 理　　智[①]

a) 直观，b) 想象与回忆，像一株植物连根带土从土里拔出来。c) 记忆[②]。客体在主体本身被设定为某种不分轩轾的东西，这在想象与记忆力中是脱离开世界的。

b) 知性；在形式上普遍的东西；这种东西面向特殊东西的对设；在形式上向空虚东西的反思，{认为}它就是我们的概念。两者为一，α) 物的规定性是这种空虚东西；它的作为物的存在与我们的普遍性。

c) 理性；对自身的绝对反思。自我意识。

---

① 这是夹在初稿中的小纸条。
② 边注：感觉的个别性。

体系结尾残篇

只是形式……

只是形式,只是绝对的独立自主、绝对的现场存在的映现,而重要的问题在于,形式赋予这种映现的质料是什么,它本身是不是绝对的。我们了解这种映现,α)普遍东西作为一种内在东西必定在本质上依然是一种内在的、没有发挥作用的东西,它就是爱心;在形式出现时,爱心就在一个女性存在的事情上。β)行动本身,男性人物和女性人物的这种极其优美刚毅的性格发挥的活生生的作用,只能是个别的作为,个别的迷惘,只能是一种浪漫的冒险行为。γ)这些活生生的、个别的作用在一些人物中把自身直观为绝对意识,这些人物,即各种宗教的创始人,根本是现实的、在历史上存在的和并不绝对自由的人物;这些宗教的中心人物也是这样一些人,这些人表现出了遇到灾难、遭受折磨时的绝对痛苦,令人无法耳闻目睹,他们没有一种赏心悦目的、自身得到满足的表现,而是有一种极其失望、非常难看的表现。δ)最后是那前一种意识,即个别的意识对于绝对意识的关系①,

---

① 边注:在初稿中这里的改过的文字本来是:个别的意识对于绝对东西的关系。

它本当是活生生的关系，就是说，一个民族作为意识①，本当在个别性的形式中完成一件普遍的事业，在这件事业中，个别性将其绝对意识直观为人物，就像这项事业是个别性的事业，或个别性在其中是活生生的那样，也在其中扬弃了自身。但是，这种绝对意识仅仅是作为概念现实地存在的，因而在个别的意识本身没有任何现场存在，并未变为一种现场存在的、在这里能活生生地完成的事业；它是绝对彼岸的东西，个体意识在这种东西面前只能毁灭自身，而无法在其中活生生地运作起来。因此，个体性在这种绝对自我享用面前的移动绝不是什么史诗，而是一出喜剧，不过是一出神圣的喜剧，在这出喜剧中，人的作为直接损毁自身，只有他的空虚生活有绝对确定性，他的意识只是一种意识的梦想，他的角色永远是一种完全软弱无力的过去，在这里，演出这种戏剧的人只能痛哭流涕。

(6，331)

237

给那种爱心赋予那种浪漫的作为和这种历史的人物，给这种意识的毁灭赋予现场存在的艺术，并不能通过形式给这样的内容消除它的本质东西，说它没有任何现场存在，而只有绝对的渴望。表现绝对意识的内容，必定会摆脱它的渴望，摆脱它的那种具有一个过去和未来的彼岸东西的个别性，并且世界精神必定会竭力争得普遍性的形式；绝对自我享用的单纯概念必定会从它作为概念沉入的实在性中［被］提拔出来，并且因为它本身就有概念的形式，所以它在重构它的现实存在的实在性，变为绝对的普遍性。

---

① 边注：在初稿中这里的改过的主语本来是：个别意识。

译者注释

(页码均按全集第 6 卷标出,即本书边码)

自然哲学中地球系统的开端与力学

1. 由于原稿开端残缺，黑格尔论及的内容无法可靠地加以确定。他可能是指这样一条定律：随着与太阳距离的增加，行星的密度不断减小。而且他想到的可能是谢林的如下论述："在发现天王星之后，天王星所拥有的更大的密度成为对于先前所有理论的一个冲击，不论这些理论是建立在构想基础上的，还是完全以经验为基础的。比如，按照康德的理论，密度应随着与太阳距离的增加而减小；牛顿早已提到过这一看法，它只是建立在他所习惯的目的论观念基础上的一种可能性。"（《思辨物理学新刊》，第1卷第2册，图宾根1802年，第132页。）参见康德：《自然通史与天体理论，或根据牛顿定律试论整个宇宙的状况与力学开端》，柯尼斯堡和莱比锡1755年，第39—41页。亦可参见普鲁士皇家科学院版《康德全集》，第1卷，柏林1910年，第270页以下。参见牛顿：《自然哲学的数学原理》，阿姆斯特丹1714年，第371页以下。——3
2. 参见前注；还可参见谢林：《思辨物理学新刊》，第1卷第2册，第95页："向心力与比重并不是天体本身的任何属性，因为我们并不把天体理解为那种外在的物体的质量，而是理解为它的内在的统一体。"——3

力学结尾、化学过程、物理学和有机物开端

1. 谢林在《论世界灵魂——关于说明普通有机体的一个更高物理学的假设》（汉堡1798年）中也驳斥了有关气压变化研究中"从属原因"的说明（第154页）。——首先，气压计升降所表示的大气的涨退在当时曾

广为人们讨论。参见 A. v. 洪堡：《在西班牙语美洲进行的物理学新观察》，载于《物理学年鉴》，L. W. 吉尔伯特（L. W. Gilbert）编，第 6 卷，哈勒 1800 年，第 188 页。参看伽桑（Cassan）对于从属原因（根据谢林和黑格尔的看法）的说明：它意味着在与"退潮和涨潮"的考察的关联中，"人们必须把这种非常显著的膨胀与收缩看作人们在气压计上所观察到的周期性升降运动的原因。"（伽桑：《在热带所做的气象学观察》，载于《物理学杂志》，F. A. C. 格伦［Gren］编，第 3 卷第 1 册，莱比锡 1791 年，第 110 页及下页）英国 J. A. 德卢克（1727—1817）列举了一系列他本人不接受的原因，比如"热量变换""由对流风引起的气体的聚散"，或"气压计高度所指示的气体弹力的变化"（德卢克：《关于大气以及测量其变化的实用工具研究》，J. S. T. 盖勒尔［Gehler］译本，莱比锡 1776 年，第 1 卷，第 217 页及下页）。他还提出了这样一种原因，即"蒸汽的渗入减少了大气的比重，从而也减少了气柱的绝对压力"（前引书，第 220 页及下页）。在谢林和黑格尔看来，这是一种从属原因。——其次，黑格尔反对把海洋的退潮与涨潮只与月球的运行相联系。让·巴蒂斯特·戴莫奈·拉马克（Jean Baptiste de Monet Lamark, 1744—1829）认为，"月球通过其引力而引起海洋中的潮汐"（拉马克：《论月球对地球大气层的影响》，载于《物理学年鉴》，吉尔伯特编，第 6 卷，哈勒 1800 年，第 204 页）。黑格尔在他的《论行星轨道》（De Orbitis Planetarum）中提到的约翰内斯·开普勒（Johannes Kepler, 1571—1630）早已说过"月球的引力是海洋潮汐减弱的原因"（《论行星轨道》，耶拿 1801 年，第 6 页）。参见开普勒：《宇宙的和谐》，林茨 1619 年，第 162 页。与此相反，黑格尔的观点显然更接近于认为太阳与月球的相互作用是潮汐的原因这样一种理论。黑格尔想到的可能是皮埃尔·西蒙·拉普拉斯（Pierre-Simon Laplace, 1749—1827）的《宇宙体系论》，J. K. F. 豪夫（J. K. F. Hauff）译本，第 1 卷，美茵河

畔法兰克福 1797 年，第 148 页以下。——32

2. 一方面，黑格尔在这里想到的是康德，如《纯粹理性批判》，第 2 版，里加 1787 年，第 207—218 页；《自然科学的形而上学基础》，里加 1786 年，第 100—104 页。参见《康德全集》，普鲁士皇家科学院版，第 3 卷，柏林 1911 年，第 151—158 页；第 4 卷，柏林 1911 年，第 532—534 页。另一方面，黑格尔也许是指谢林关于力的强度的理论，这一理论是建立在康德关于内涵量这一学说基础之上的。参见谢林：《自然哲学的观念》，莱比锡 1797 年，第 187 页：" 物质的全部的质仅仅是以其基本力的强度为基础的，并且由于化学真正说来只涉及物质的质，因而上面所提的化学概念也就同时……得到了说明和确认。" 还可参见此书第 208 页及以下诸页。——44

3. 有关作为不可测量的基质的热素的讨论，可参见 J. B. 特罗姆斯多夫的《全部化学系统手册》，埃尔富特 1800—1804 年，第 1 卷，第 76 页及下页：" 热素被看作是一种本身可以膨胀的流体，由于它的量无法通过重量加以探察，因而被看作是一种**无法估量的实体**。" 黑格尔使用了特罗姆斯多夫这部著作，见此书第 55 页及有关注释。还可参见弗利德里希·阿伯莱西特·卡尔·格伦（Friedrich Albrecht Carl Gren）：《化学纲要——根据最新发现编写的大学授课讲义》，第 1 卷，哈勒 1796 年，第 86 页：" 热素完全被看作是无法估量的实体。"——与这本书中所述的 " 不可测量的基质 " 相反，黑格尔使用了 " 可测量的基质 " 这一术语，正如谢林也在《论世界灵魂》（汉堡 1798 年，第 88、89、91 页）中所使用的那样。——46

4. 黑格尔用 "figiert"［固定］一词表达一个化学的专业用语 "gebunden"［化合］（参见法国 P. J. 马奎尔［Macquer］：《化学辞典》，J. G. 列昂哈迪［Leonhardi］译本，第 5 卷，莱比锡 1790 年，第 257 页及以下诸页）。至于潜在的、化合的热素，黑格尔援引的可能是法国 C. L. 贝托莱(1749—1822)的《化学静力学概论》,巴黎 1803 年,第 1 卷,第 145 页:"热素积聚的同时对测温不会造成影响,这种热素就被称作潜热或潜热素;而对测温结果产生作用的热素,我们称其为游离热素。"另见第 173 页:"为了对热素的各种效应进行分类,我们区分了显热素与潜热素、比热素与绝对热素、游离热素与化合热素。"——还可参见 J. C. P. 艾尔克斯雷本(Erxleben):《自然学说基础》,第 5 版,维也纳 1793 年,第 429 页:"因为这种热量完全穷尽在流体中,不再对温度计发生作用,所以布莱克(Black)博士给它起了潜在的(潜藏)热量这个名称。"——还可参见 J. S. T. 盖勒尔:《物理学辞典》,第 4 卷,新版,莱比锡 1798 年,第 545、564 页。——48

5. 关于热素的"潜质"(潜藏性)参见前一个注释。——关于水的"潜质",参见 G. Ch. 李希滕贝格(1742—1799)的《为湿度计与德卢克的下雨理论辩护》,哥廷根 1800 年,第 22 页及下页:"德卢克先生为水(聚集形式)的状态的三重方式添加了第四种,即**气态形式**。因而水并不只陷入一种状态,在此状态中水成为滴状的或被粉碎,不只陷入这样一种膨胀流体的状态,从此状态中水由于受冷和压力又成为滴状;而且也会由于任何一种干扰而陷入这样一种状态,在这种状态中水像风一样可以任意飘浮。"——还可参见 J. S. T. 盖勒(Gehler)编:《物理学辞典》,第 4 卷,莱比锡 1791 年,第 565 页:"关于潜在的热量,我们毫不犹豫地称其为化合的,正如人们确实也可以将晶体状的水称为化合的一样。"——也可参见特罗姆斯多夫:《全部化学系统手册》,第 1 卷,第 65 页:"所有盐类在结晶化过程中都吸收一部分水,即**结晶化的水**;如果盐遇热,这种结晶化的水就变成了液态。"——关于其他材料的"潜质",参见贝托莱:《化学静力学概论》,第 1 卷,第 177、349 页。——还可参见前引李希滕贝格:《为湿度计与德卢克的下雨理论辩护》,第 9 页:"湿度计已经引出这样一个发现,即**蒸汽**成为潜在的,在此潜在性

中会以气态形式出现。"——48

6. 黑格尔想到的可能是特罗姆斯多夫的《全部化学系统手册》,第 1 卷,第 23 及下页,在此特罗姆斯多夫提出了一个"基本质料"表,在这个表中,除氧、氢、氮和碳之外,还提到了硫、磷、金属和土。——49

7. 关于这里所说的,可以参见特罗姆斯多夫:《全部化学系统手册》,第 1 卷,第 122、130、139、148、159 页。按照特罗姆斯多夫的观点,氧、氢、氮和碳都是至此未被分解的质料,然而这些质料并不仅仅单独地出现,比如他在第 122 页上说:"我们无法仅仅单独地描述氧,而只能在它与其他物体的化合中描述它。"还可参见施特芬斯:《论地球的内在历史》,第 1 辑,弗赖堡 1801 年,第 92 页:"这些质料无法单独地加以描述……;但可度量性并不论及质料的物质东西。"——有关这些质料的潜质或潜藏性的思想在当时化学的文献中无据可查。黑格尔似乎要将这样一种说法与这些质料的潜藏性的观点以及他对此观点的评论结合起来。——51

8. 黑格尔在此涉及的可能是贝托莱的观点,见《化学静力学概论》,第 2 卷,第 525—526 页。黑格尔想到的也可能是特罗姆斯多夫:《全部化学系统手册》,第 3 卷,第 3 页:"还需注意的是,在动物尸体的分解中,常常析出的是磷,而硫很少被析出,尽管人们同样把二者看作是基本质料,然而它们在{化学}作用中通常是能够被制造出来的。"还可参见此书第 364 页论"氧与氨的产生"的部分。——关于一般要素的单一性,参见特罗姆斯多夫:《全部化学系统手册》,第 1 卷,第 22 页:"因为即使我们至此还不能将它们(即基本质料)分解为其他成分,但还完全不能由此得出结论说,它们本来是不可分解的,而是说,它们在未来被分解还总是可以期待的。"——52

9. 黑格尔对于化学过程的一般评论只是他讨论化学中解决个别具体问题的导论。至于组合概念,黑格尔援引的可能是贝托莱的《化学静力学概论》第 1 卷第 59—67 页"论组合"以及特罗姆斯多夫的《全部化学系统手册》第 1 卷第 25—26 页"论物体的混合"。——53

10. 黑格尔使用"用化学的语言来说"这一表达所述的是英国约瑟夫·普里斯特利（1733—1804）的《对不同种类气体的实验与观察》，德译本，共 3 卷，维也纳与莱比锡 1778—1780 年。参见此书第 1 卷第 27 页："使用水的最迅捷的方法在于，把水注入一个装满惰性气体的大瓶子中，非常剧烈地加以晃动。人们可以用这种方式在几分钟内将两倍多的水分配给等量的惰性气体。"特别是第 37 页及下页："当我在较小的气囊中用大量的水将它（即惰性气体）注入，余下的部分不及未被水耗尽的五十分之一或六十分之一……我在这时检测我的惰性气体的纯度时，我依然愿意确认，未与水相混合的惰性气体部分是否也会以同样的形式被全部的气分配掉。"正如普里斯特利所报告的那样，事情是这样的："从我所能制造的最纯的惰性气体中剩余的那些气体……对老鼠毫无伤害，如果不考虑其中的光的熄灭的话。仅仅出于这同一个理由，这对我来说似乎就是确认真正一般气体的一个证明，即使这一气体总是掺杂在他物中。"——普里斯特利在另一个用惰性气体所做的实验中谈到"蒸馏水"，参见此书第 2 卷第 281 页。——54

11. 黑格尔所指的是普里斯特利的《对不同种类气体的探究与观察》，第 1 卷，第 185 页："最后，我提取出大量普通的、通过一种燃烧过程变得稀薄和有害的气体，将它在水中搅拌，发现它虽然被硝状的气体所稀释，但并没有像以前被稀释得那么强烈；这时，我再一次将它纯化，并以上述的方式再一次将它稀释，之后，第三次……相反，水中的晃动总是稀释了某些有害气体。"在第 2 卷第 214—215 页，普里斯特利改进了他的试验。也可参见第 1 卷第 98 页："非常剧烈地和特别长时间持续地在水中晃动"制造出"一种有害气体，它从一种它愿意从中成为的类型，想要成为总是在某种程度上宜于被送入呼吸道的有害气体"。还可

译者注释 279

参见艾尔克斯雷本在其《博物学基础》第 210 页（第 236 节补充）关于"已燃气体"，即"污浊气体"说的："它并不与水化合，但通过与水的搅拌得到优化。"——54

12. 黑格尔在此所指的确实是下述阐释：特罗姆斯多夫的《全部化学系统手册》第 1 卷第 407—408 页："由于从所有碳酸释放出来的纯钾对细胞组织和动物纤维影响甚巨，所以人们称它为腐蚀性的钾。"第 402—403 页："因为它（即纯钾）与水有巨大的亲和性，所以它立即变潮湿了，又因为它与空气中总是现成的碳酸具有非常强的化合倾向，所以它{会}立即吸收碳酸。它由此消耗了它的许多腐蚀性。"还可参见雅可比·约瑟夫·温特尔（1732—1809）：《现代化学续编》，布达佩斯 1803 年，第 310 页注释；也可参见温特尔：《现代化学绪论》，布达佩斯 1800 年，第 57—69 页。——54

13. 关于这个问题，除了本书中说的，还可参见李希滕贝格《为湿度计与德卢克的下雨理论辩护》，第 118 页："在高空中产生的东西越少，干燥的气层就越突然地表现为云层。"——55

14. 黑格尔所说的"著名的金属氧化试验"，特别是汞的氧化与脱氧试验，首先是指法国 A.L. 拉瓦锡的《非燃素化学体系》，S.F. 赫尔姆施塔特（Hermbstädt）译本，第二部分，柏林和什切青 1803 年，第 190—235 页。还可参见普里斯特利：《对不同种类气体的探究与观察》，第 1 卷，第 130—140 页；第 2 卷，第 42—61 页。也可参见贝托莱：《化学静力学概论》，第 2 卷，第 361—392 页。——55

15. 黑格尔参照的是普里斯特利的《对不同种类气体的实验与观察》第 1 卷第 187 页："也就是说，由于我依据上述试验而把带电的物质看作一种可燃物质或含有可燃物的物质，我就努力由此使碳酸铅还原，而当我看到释放出相当可观的气体时，我并不感到非常惊讶。这让我想到，铅丹的电效应也许会产生加热的作用。因此我立即将铅丹注入一个小的梨形瓶，并用蜡烛对此加热，立即释放出来的气体是铅丹所含量的四至五倍。而我是用一个装汞的容器收纳这种气体。我并没有测试它们本身会释放多少气体。但是与气体一同产生的还有少量的水，我立即想到，水和空气必定是完全确定地一同构成了金属石灰重量增加的原因。现在还留下我去研究的是，它一定属于某种气体。当我把水注入其中，我发现，它被水完全像惰性气体一样被消耗，由此我得出结论，它一定就是这种气体。"——黑格尔还援引了特罗姆斯多夫：《全部化学系统手册》，第 4 卷，第 233 页（第 2817 节）。这一段说："如果把准备好的新鲜的一氧化铅用于上述试验（也就是说，对这种氧化铅进行脱氢）的话，那么人们会获得一种非常纯的气体，只有已经置于空气中一段时间的一氧化铅获得了多倍的碳酸，因而它所释放的就不是纯的。"——55

16. 黑格尔在此是指温特尔《现代化学绪论》第 169—191 页。这位奥地利化学家认为，物质本身是不活动的，只有借助于两个对立的本原，才能变为活动的，而这两个本原的结合又需要借助于某种媒介物质。他根据谢林的"第一哲学原则"，主张所有物质都是由两种基本物质组成的，一种是用"安德罗尼亚"，表示酸性，另一种是用"泰利克"，表示碱性。——56

17. 黑格尔想到的可能是 J. F. 阿克尔曼（Ackermann）的《有机物体活力的一种物理学解释的尝试》，载于《化学与生理学最新发现的理性推论系列》，第 2 卷，美茵河畔法兰克福 1800 年，第 15 页："在其中情况极可能是……所有有机的固体和流质的部分都是由上述的元素组成的，即是由氢、氮、氧和碳组成的，因而我们至此还不能指望，通过加入我们熟知的离析剂来确定这些要素的混合方式以及每一种组成部分在组合中的比例程度。"第 21 页："人们因而必定把肌肉、骨骼、大脑、神经等看做是组合在一起的物体，它们的组成成分则是氧、氢、氮、碳和土；同样地，相同的材料也组成了水、黏液和油脂等东西，尽管这种混合自身显示出极大的差异性。"还可见康拉德·约瑟夫·基里安（Conrad Joseph Kikian）:《全部医学体系草稿》,耶拿1802年,第二部分第12页及下页:"因而,有机体组成部分的多样性的根据,即线性物质、蛋白质和胶质的根据,唯独依照所想到的四种不可分解的质料在进行混合时的数量比例而定。"这里所指的是氢、氧、碳和氮。相关内容可参见第一部分第270页及以下。还可参见 A. F. 福尔克洛伊（Fourcroy）:《化学哲学——现代化学初阶》,第2版,巴黎1794/95年;再版于约翰·克里斯蒂安·赖尔（Johann Christian Reil, 1759—1813）编:《生理学文库》,第1卷第2册,哈勒1796年;特别参见第特罗姆斯多夫:《全部化学系统手册》,第3卷,第3页。——59

18. 黑格尔指的是当时流行甚广,并且得到热烈讨论的一种理论。参见特罗姆斯多夫:《全部化学系统手册》,第3卷,第3页:"正是我们通常在植物界发现的这些元素,在此也进行了基本混合,这些元素就是氢、氮、碳和氧。在此不可忽视的是,氮在动物实体中比在植物实体中更为常见,与此形成对照的是在植物界更常见的是碳。"还可参见阿克尔曼:《有机物体活力的一种物理学解释的尝试》,载于《化学与生理学最新发现的理性推论系列》,第2卷,第120页:"在植物体中我们发现……碳到处都呈现为其有机工具的一种本质成分。"第121页:"在动物体中我们发现的……主要是大量的处在混合状态中的氮,而附带的氢加入组合的量只是非常少的。"在谢林的论文《我的哲学体系的阐释》中也有这一学说,这篇论文是谢林和黑格尔开始合作之后不久发表的,载于《思辨物理学杂志》,第2卷第2册,耶拿和莱比锡1801年,在第119页上有这样的说法:"从总体上来说,植物代表的是……碳极,动物代表的是氮极。"也可参见施特芬斯的《论地球的内部自然史》第58页:"新近的化学教导我们,动物实体通过标识它们特征的氮与植物体区别开来。"同样的表述也存在于谢林派的基里安那里,见之于他的《全部医学体系草稿》第 1 卷第 71 页。——此处还可参看福尔克洛伊:《化学哲学——现代化学初阶》,第 2 版,巴黎 1794/95 年;赖尔编:《生理学文库》,第 1 卷第 2 册,第 60 页:"所有这些差别性似乎都来源于一种元素,也就是说来源于氮,这种元素在动物中存储的量远比在植物大得多。人们因而也许可以说,为了使植物物质转变为一种动物实体,只需为前者添加氮就够了。"——59

19. 关于氮是神经系统的表征物的主张,黑格尔想到的可能是基里安的《全部医学体系草稿》第 1 卷第 71 页"神经系统的表征物是氮";第 72 页"肌肉系统的表征物是碳"。也可以参看施特芬斯:《论地球的内部自然史》,第 72—79 页,特别是第 73 页:"通过化学分析……人们肯定会从单纯的神经系统中取得越来越多的氮,从单纯的肌肉系统中取得越来越多的碳。"——在对神经病变或感受性病变及其相应的治疗手段进行化学规定时,黑格尔指的同样可能是基里安的《全部医学体系草稿》第 1 卷第 310 页及下页。在那里疾病的分类及相应的治疗手段的关联是这样的:"但是,感受性除了通过人们提高其差别的方式,才能最好地得到加强,然而这种差别只有通过人们增加应激性的表征物,即碳的数量的方式,才能得到提高;因此,在这一情况下的适应症就是给予有机体足够多的和持久的碳,直至有机体常态中的两个因素的平衡得到恢复。"然而对于神经病变中是否给身体增加氮的问题,基里安并没有给出明确的答案(参见第 283 页以下及第 294 页)。关于含碳的药物,参见第 364—377 页。也可参见 D. 特洛克斯勒(Troxler):《疾病分类学与疗法的基础观念》,耶拿 1803 年,第 156 页。——60

20. 黑格尔指的是体液理论,确切地说,是体液病理学或体液学。关于在古代已经形成的体液理论的复活,参见库尔特·施普兰格尔(Kurt Sprengel):《上世纪药物学状况的批判性概览》,哈勒 1801 年,第 120 页:"通过对于体液的化学比例的研究,体液理论……又渐渐赢得越来越多的声望。"有关这种学说还可参见安德里亚斯·罗施劳普（Andreas Röschlaub）的《病理学研究，或医学理论导论》第一部分，美茵河畔法兰克福1798年，第35页："医学大众中的许多人，甚至并不少见的医生，……在面对任何一种一般的内科病症时，挂在嘴边的几乎不加区别地只是这种或那种体液的腐败，他们认为各种体液的腐败是腐败中最不同寻常的种类，让它扮演最奇特的角色。"有关黑格尔提到的治疗方法，施普兰格尔在其皇皇科学巨作《实用药物学史探》中（第一部分，第2版，哈勒1800年，第419页）解释说："只要排空已经由疾病造成特别腐败的体液"就足够了。按照施普兰格尔的说法，这种治疗方法是行医的通行方法（同上）。J. Conr. 巴尔库森（Barchusen）的古代医学史根据体液理论，强调了体液的过剩与匮乏是疾病的病症，见他所著《医学史》，阿姆斯特丹1710年，第300页。也可参见约翰·克里斯蒂安·阿克尔曼：《普通治疗学指南》，纽伦堡和阿尔特多夫1795年，第224—264页"体液量的增加"和第265—274页"体液量的减少"。——61

21. 黑格尔指的可能是施特芬斯的《论地球的内部自然史》第20页："碳在此更加强烈地突现出来，甚至呈现为纯粹的碳粉晕圈。"也可参见此书第24页："因为实际上，这种在晕圈周围从过渡的黏土岩层和页岩沉淀出来的黑色粉末似乎……是一种难以燃烧的碳。"——61

22. 黑格尔首先是指施特芬斯的《论地球的内部自然史》第48页及下页："由此我们已经有充分的理由得出结论说，正如氮是钙盐形成和动物进程的表征物一样，……碳也变成了砾石序列的表征物，并且砾石序列毫无疑问地表征着植被。"第72页及下页："因此很自然地就可推论出，在化学过程中呈现为氮的东西在动物体中将呈现为感受系统。动物化程度上升得越高，感受系统与应激系统的分离就会变得越分明，因而这种分离（对于化学家来说）必定显现为碳与氮的分离。"也可参见托洛克斯勒的《疾病分类学与疗法的基础观念》，他对类似的相应情况使用"趋势"（参见第 128 页）、"支配""萃取"（参见第 139 页）等术语。——62

23. 黑格尔指的是牛顿的《光学》，伦敦 1719 年，参见第 108 页，也可参见第 154—161 页。黑格尔进而联系到歌德的《论光学》第一部分和第二部分，魏玛 1791—1792 年。参见《论光学》第一部分第 17 页及下页："正如现在我们以此方式一方面能够发现有颜色的物体和颜料，另一方面能够准备和混合那些能很恰当地代表棱镜颜色的颜料一样，与此相反，纯白是光的代表，纯黑是暗的代表，并且正如我们称棱镜现象为有颜色的一样，在此意义上说，白与黑并不是颜色。"对于牛顿分解光的批评，参见第 41 页。也可参见《论光学》第二部分第 25 页：歌德将他的探究与这样一种经验相联系，即"如果相互分离、彼此对立的现象结合在一起，并通过一种混合的过渡来表象一种颜色顺序"，我们就必须合乎比例地相互移动在棱镜观察中固定的、对设的角。然而黑格尔对于歌德理论的复述超过了对于各种观察的编排，歌德在《论光学》中留下了这样的编排，但没有形成一种相应的理论（参见第一部分第 44 页）。歌德对于这个主题做过多次报告，他也曾向谢林解释过他的探究。也许是从谢林那里黑格尔了解了歌德有关颜色学说的更多说法。歌德有关颜色学说的翔实著作最早是在 1808—1810 年发表的。参见谢林：《自然哲学体系初稿》，耶拿和莱比锡 1799 年，第 32 页："关于光，人们最终会说什么呢？——按照牛顿的观点，它原本已经被分解为大量的彼此不同的单一活动，它们的总体印象只是白色的光——或者按照歌德的说法，它原本是单一的，在任何情况下，在每一个太阳景象中的颜色的极性都是在光的现象中占支配地位的一种二元性的证明，这种二元性的根源还有待研究。"此外还可参见谢林的《我的体系的阐释》，载于《思辨物理学杂志》，第 2 卷第 2 册，第 78 页："与光相关的颜色是某种绝对偶然的东西。折射的内在作用就是光变得暗淡。"第80页:"光本质上是没有颜色的,或者说,按照其本质来说,光根本不能由颜色来规定。因为光只是变得暗淡,却从未被染色,而只有这个图像或对象被染色。"——83

24. 黑格尔用这个摘记显然是指伊萨克·贝内狄克特·普雷沃(Isaac Benedict Prevost)的《论露水》选录,载于《化学年鉴》,第44卷,巴黎1802—1803年。——87

25. 黑格尔想到的大概是格奥尔格·福斯特。参见《在1772年至1775年间约翰·赖茵霍尔德·福斯特的环球游》,其子与旅伴格奥尔格·福斯特撰写,从英文译出发表,两卷本,柏林1778—1780年,第1卷,第42页:"一到夜晚,环绕我们的大海呈现出一种博大的、令人肃然起敬的景象。我们能够看得如此之远,仿佛整个汪洋都处在火中。每一个激荡的浪尖都被一种明亮的光泽映照着,这种光泽与磷光相仿,浪的拍击沿着船的两侧划出了像火一样明亮的线条。"还可参见第1卷第10页、第43页及下页。参见《约翰·赖茵霍尔德·福斯特在其环球之旅中对地球物理描述、自然史和伦理哲学的各个对象的集解》,其子格奥尔格·福斯特翻译并加注,柏林1783年,第57页及下页:"在海洋中,许多动物部分陷入腐败并都完全分解,因而发展成它的组成部分,即磷酸。添加可燃材料与这种酸形成了人们熟知为磷的这样一种混合。因此,人们置于风中吹干的那些鱼有时会发出磷光。"——88

26. 黑格尔援引的很可能是德卢克的《气象学新论》,两卷本,译自法文,柏林和什切青1787—1788年,参见第1卷第9页:"物理学家们一段时间以来看来已经提及的有关蒸发的体系是这样的:这种现象是气对水的一种真正的、间接或直接的消解。我没有采纳这种看法,因为在我看来它与事实相悖。"第2卷第31页:"有些物理学家曾经认为,在这期间变得稀薄的空气释放了一部分如他们所说的空气阻止其被消解的水。但是，魏尔克（Wilke）与冯·索绪尔（von Saussure）先生已经通过试验证明了，空气的稀薄产生了相反的作用，即干燥的增加。"对于这些物理学家们的观点，德卢克本人也表示反对，认为这种观点"被在晴朗的空气中突然出现的雨所驳倒"。有关经验的证明，可参见第 1 卷第 64 页和第 2 卷第 72 页。还可参见《德卢克先生致福尔克洛伊先生论现代化学的书信》（载于格伦编：《物理学杂志》，第 7 卷，莱比锡 1793 年）中提出的论点："从空气的温度来说明雨是不可能的；因此流星所带来的水起源于大气层空气的分解。"（第 135 页）关于这同一论点，谢林在《自然哲学观念》第 2 版的一处补充中也援引了这封信。作为研究这门科学的导论，见第 1 卷，第 2 版，兰茨胡特 1803 年，第 156 页及下页。在提到李希滕贝格时，黑格尔指的是李希滕贝格的《为湿度计和德卢克的下雨理论辩护》，李希滕贝格与克里斯（Friedrich Kries）主编，哥廷根 1800 年，参见此书第 40 页："我对此所说的不外是，在完全透明的空气中使某些物质变得潮湿或对温度计产生作用的东西，并不像迄今人们所认为的那样，是分解在空气中的水或分解了的蒸汽，而是自由的、与空气机械地加以混合的蒸气。"第 118 页："然而在那极度干燥的高层还是会出现云。"关于经验的方法，李希滕贝格提到，"德卢克踏着培根的道路迈向真理的殿堂"（第 119 页）。还可参见李希滕贝格为艾尔克斯雷本的《自然学说基础》第 5 版所撰写的前言，第 XXXVII 页。——96

27. 黑格尔想到的可能是特·博·帕拉采尔苏斯（Th. B. Paracelsus, 1490—1541）及其追随者。帕拉采尔苏斯持有这样一种学说：存在着三种元素，即汞（水银）、盐和硫。然而，除此之外在他那里也出现了古代的四元素理论，四元素之一是土。他关于汞、盐和硫这些元素的理论，参见提奥弗拉斯特·冯·霍亨海姆（Theophrast von Hohenheim，即采帕拉采尔苏斯）的《论三元素》，入《帕拉采尔苏斯全集》，卡尔·苏德霍夫（Karl Sudhoff）主编，第 3 卷，慕尼黑和柏林 1930 年，第

1—11页。帕拉采尔苏斯在元素说中的摇摆在巴库森的古代医学史中就已经被斥为"前后不一致",他与其他人都是这样概括帕拉采尔苏斯的学说。参见巴尔库森的《医学史》,阿姆斯特丹1710年。帕拉采尔苏斯元素学说的追随者试图将水银、盐和硫这种三元素说与亚里士多德的四元素说结合起来,并或多或少强调土为元素。——114

28. "少女地"的用语源自于古代的犹太—基督教传统。黑格尔可能已经在弗莱沃斯·约瑟夫(Flavius Josephus)或黑塞奇(Hesych),但也许在德尔图良(Tertullian)那里知晓这一用语。黑格尔在此所指的这一古代用语也许是通过雅可比·波墨的中介。参见雅可比·波墨:《人之三重生命的高深理由》,第11章,第13—14节:"地母之神是从这一少女中创生出来的……并不是这一少女被赋予了形象,而是地母被赋予了少女的形象。"——114

29. 黑格尔显然是指自罗伯特·波义耳(Robert Boyle,1627—1691)以来发表的对于古代和近代早期的元素论的经验批判。参见波义耳:《论化学家关于质的学说的不完善》,伦敦1675年,第6页:关于盐、硫和水银的说法"并没有在经验中出现"。黑格尔可能特别是指艾尔克斯雷本的《自然学说基础》第734页(第774节):"亚里士多德曾经相信四元素,而且还有许多人至今和他一样相信四元素,即火、水、气和土。化学家试图通过火把所有物体分解为其最初的组成部分,并谈到盐、硫、水银,或者还谈到其他要素,认为一切物体都应当由这些要素构成。尽管我对化学心怀至高的敬意,但是我必须承认,我若可以对于物体的这些要素越少确定地加以断言,我就越能长久地从事这门科学。"——114

30. 黑格尔在此首先想到的可能是谢林和施特芬斯。参见谢林:《我的哲学体系的阐释》,第95节补充4与注释,载于《思辨物理学杂志》,第2卷第2册,耶拿和莱比锡1801年,第66页:"地上物体的序列与天体物体的序列是相同的……这一原理对于把握诸如金属序列的某些现象是非常确定的应用。"参见施特芬斯:《论地球的内部自然史》,第101—176页,比如第101页:在"土质种类"的两种序列之外还增加了一种全新的序列:"这就是金属的序列"。金属序列依据密度的图式出现在第130页及下页。还加可参见里特尔:《论内聚性及其与磁性的联系》,载于《物理学年鉴》,第4卷,哈勒1800年,第1—33页。这篇论文的第一部分试图根据金属的内聚性来确定金属的序列。——122

31. 黑格尔所指的确实是谢林和施特芬斯。参见谢林:《我的哲学体系的阐释》,第72节及注释1,载于《思辨物理学杂志》,第2卷第2册,第51页:"内聚性的增减与比重的增减成特定的反比关系……更明确的阐述有望在施特芬斯先生的《论地球物体的自然史》中读到……我们看到,按照施特芬斯的说法,在金属的序列中,比重从铂、金等直到铁〔依次〕下降,但提高了(主动的)内聚性,并在后者达到极值,之后又消散了可观的比重,最后在位于更深的金属中随之减少。"参见施特芬斯:《论地球的内部自然史》,第101—176页,特别是第103页以下、第129页以下。——122

32. 参见施特芬斯的《论地球的内部自然史》,比如第129页:"在两种序列中的金属密度与内聚现象成反比关系,因而这一序列开始于最重的金属,结束于最轻的金属。"——124

33. 参见施特芬斯:《论地球的内部自然史》,第103页以下、第234页以下,特别是第239页:"人们可以把下面的命题确定为得到证实的,即:磁性是随绝对内聚性的极值产生的,但随着向相对内聚现象的转化而消失。"——124

34. 参见施特芬斯:《论地球的内部自然史》,第103—119页,特别是第107页:"因而,正如人们所知道的那样,金属的内聚现象是按照重量来衡量的,要拉断同等样大小和同等长度的一丝,重量是必需的。"但是还可参见接下来的部分:"……最坚硬的物体必然也是内聚性最强的;但是，正如我们粗略打量已经学到的，并在后面会更清晰地加以认识的那样，这种内聚现象完全不与弹性成正比关系。这样一来，当易碎性与内聚性同时增强时，一丝的强度就不能被视为标准，因为内聚现象必定是通过力，也就是通过硬度表现出来的，内聚现象完全是借助这种力来抵御分裂。"——124

35. 黑格尔一方面提到，施特芬斯谈论过里特尔。参见施特芬斯：《论地球的内部自然史》，第103页及下页：金属的内聚现象的序列要首先加以研究，因为"我们通过里特尔已经获得了一条规律，我们通过这一规律能够为更多未加以研究的金属确定内聚的程度。也就是说，他已经证明，内聚现象是与热容量和融化程度的产物相等同的"；另一方面，黑格尔想到的是里特尔的一篇论文《论内聚性及其与磁性的联系》，载于《物理学年鉴》，第4卷，哈勒1800年，第一辑，第1—33页，特别参见第9页及下页：在对四种金属研究之后，人们可以将下面的情况"视为是得到证明的，即在既定的温度下，更多金属的内聚性就像它们的热容量以及它们远离融化程度（在同一个温度表中标识出来）的结果一样，是相互有关的……必须留待将来断定，这一规律是否适用于所有的金属……因而我们可以几乎毫无疑问地认定，那条规律是普遍有效的，并且完全得到了经验的证实。"——124

36. 黑格尔指的是施特芬斯的《论地球内部的自然史》，参见第104页及下页对于金属融化程度的说明，特别是第105页："最终是在我们的大气中按照新近在巴黎所做42华氏度的实验的融化着的水银。"还可参见第107页及下页关于金属硬度的说明，以及第130页及下页关于金属"密度序列"的表格。——125

37. 黑格尔指的是施特芬斯在他的《论地球的内部自然史》一书中所阐发的有关自然中的不同序列相对应的理论。施特芬斯在他的学说中阐发了在此呈现在黑格尔眼中的下面这种图式：金属的序列划分为一种内聚化的序列和一种缺少内聚化的序列。相应地,金属转化为土的序列,而土的序列划分为砾石序列和石灰序列。在砾石序列中占主要部分的是碳,在石灰序列中占主要部分的是氮。按照土类的这一序列,有机物可以划分为植物和动物,前者与碳居主要部分的砾石序列相对应,后者与氮占主要部分的石灰序列相对应。具体说来,黑格尔可能想到了《论地球的内部自然史》中的第 177 页:"人们曾自然而然地期待从金属序列过渡到土类序列。"第 182 页及下页:"我们已经知道,碳构成了整个砾石序列的基本特征,土的种类构成了向内聚金属的过渡,事实上也落入了这一序列。"第 186 页:"细心的读者将会轻易地推论出,正如我们将内聚序列的极值与碳或砾石序列联结在一起一样,我们也试图将缺少内聚序列的极值与氮或石灰序列统一起来。"——126

38. 黑格尔指的是所谓火成论者(Vulkanist)与水成论者(Neptunist)的理论。在水成论者中,黑格尔首先想到的肯定是阿伯拉哈姆·哥特劳伯·韦尔纳(Abraham Gottlob Werner, 1750—1817):《矿脉形成新论,它在采矿、特别是弗莱贝格地区采矿中的应用》,弗莱贝格 1791 年。这本书存于黑格尔的藏书中。参见该书第 61 页:"作为沉积物从水中产生的众多山脉起初是松弛而潮湿的,当它们凝固和干涸时,特别是在它们形成高耸的、联结在一起的山峰和完全突起的山脉区域时,在它们中**必然产生裂缝**。"第 104 页:"矿脉物质是通过**由上面沉入**自身之中的潮湿的沉积物产生的。"第 115 页及下页:"我们因而也同样确切地知道,每一个具体矿层与矿床的化石都被溶解在普遍保持的水体中,并从中沉积起来;这些金属及其矿石因而也溶解在其中,并从中沉积起来,这些金属及其矿石不但是在原始山脉的矿体突然出现的,也是存在于矿山的矿层之中……我们还确切地知道,不同的化石是在不同的时代沉积起来的,也就是说,时而沉积的是岩石类,时而沉积的是矿砂类,时而沉积的化石类……我们甚至(从它们的相互叠放)知道,确实可以断定,这些沉积物中哪些是旧的,哪些是新的……我们还确切地知道,我们的坚硬的矿体在我们所知的渐进的形成过程中,是通过持续的沉积一代一代地从水中分解得来的,特别是在其表面隆起的区域,由于聚集着的物质的不同的压力(当然还有其他共同起作用的原因),形成了褶皱和裂缝……我们完全必然确信:从普遍的水的覆盖中形成的沉积物也必定存在于敞开的裂缝中,如果水的覆盖没过其中持续地被溶解的沉积物,水也存在于沉积物中。"——黑格尔所指的火成论者是谁,并不能准确地确定;这一流派的主要代表人物莱·冯·布赫(L. von Buch, 1774—1853)在后来才发表了他的理论。黑格尔想到的可能是在让·克禄德·戴拉梅特里(Jean Claude Delametherie)的《地球理论》(译自法文,莱比锡1797年)中发现的一些注释,见第27页:"笛卡尔和莱布尼茨认为地球是一个逐渐熄灭了的、好像包裹着一层外皮的太阳。"在托尔本·伯格曼(Torbern Bergmann, 1735—1784)的旧理论中也有类似的提示,见他写的《物理学与化学短论》,第3卷,美茵河畔法兰克福1785年,第224页以下。还可参见莱布尼茨:《论地球的最初形态与自然遗存中的历史痕迹》,莱比锡和霍夫1749年,第43页:"地球上越光秃、越原始,岩石越靠近,火的构成比重也就越多,它只有通过最大的热度被融化,最终转化为玻璃。"第73页:"如果热将土炽烤成岩石,将金属融化为矿物团块,将质料提炼成有形的物体,或在消退的热量中涌现为水晶,人们不必因此感到奇怪,这不仅是因为大多数学者认为,地球是被火包围着的,我们对地球的外壳几乎毫无所知,而且还因为地震、火矿、火山呈现为宽广敞开的容器。"还可参见第41页及下页。——137

39. 黑格尔指的是亚历山大·伏打(Alexander Volta, 1745—1827)的《对大气中的电的气象学考察》,译自意大利文并附有编者注释,莱比锡1799年,第198—199页:"首先,人们必须这样来减缓燃烧,即不产生一丝的火苗,从而尽可能没有烟升起。然而这种烟,当然还有火苗,又将逐渐消灭通过形成蒸汽而产生的电。我已经对火焰摧毁电的这种能力做了详细的说明……但是,即使没有火苗,特别是没有很多烟从诸如一个隔离的炭盆中燃烧着的炭升起的话,从各个方向吹来的气必须这样,烟通过被降低的强烈的热度和被驱动的高度来占有这一位置,并通过接触烧红的炭给自己加热到这样的程度,气几乎变成了一个良导体,从好的方面来说也会摧毁在炭盆中形成蒸汽可能已经产生的电……"其他的自然研究者"还没有意识到或没有观察到:烟流或被加热的气流,特别是火焰之流是极其适合摧毁电的,并且火焰在这里胜过了所有其他的物体,即使是最锋利的金属尖角……"——148

40. 参见盖勒尔编:《物理学辞典》,第一部分,第 2 版,莱比锡 1798 年,第 780—782 页;比如第 780 页:"**带电物体**,本来带电的或自身带电的物体,非导体……｛是｝这样一些物体,它们与其他物体摩擦产生了足以被观察到的程度的电。这就是说,这样一些物体本身并不继续导致产生的电,或通过它们自身的实体传导电,而是说它们在它们的表面持有电,即它们不导电。"还可参见谢林:《论世界灵魂。用于阐明一般有机体的高级物理学假说》,汉堡 1798 年,第 100、109 页等。——148

41. 黑格尔提到的是贝托莱的《对亲和力规律的研究》第 1—5 页,尤其参见第 2 页:"在关注这一主题的所有人中,伯格曼的研究最为成功:他关于有择亲和力的论著之所以值得推崇,不仅是因为他对化学亲和力之本性的研究所蕴涵的观点……还因为其中包含的大量个别实例……可以说,他的学说已被广泛采纳。"第 3 页:"伯格曼的整个学说都建基于如下假设之上,即有择亲和力是一种恒定的力;由此,一旦一种物质将另一种物质从其化合物中置换出来,它所消除的这种物质就无法再把它从这个新化合物中分离出来……"第 3 页及下页:"我在这篇论文中试图证明,有择亲和力并不是作为绝对的力来起作用的,而通过这种力,一种物质在某个化合物中可以被另一种物质所置换；真实的情况应该是，所有的合成与分解都源于有择亲和力的作用；在这个过程中，作用力相反的不同物质会对化合物进行分配，而分配的比例不仅取决于这些物质之亲和力的能量大小，还取决于它们起作用的数量多少。由此，数量可以对亲和力构成补充，从而产生相同的饱和度。"另参贝托莱：《化学静力学概论》，第1卷，第6页："伯格曼十分广泛地运用了这一基本原理：他发现了可能掩盖这一原理或者使其结果发生变化的大部分原因，在此原理之上，他建立了不同的化学分析方法，而在他之前，还从未有人将这些方法发展到如此精确的程度。"——151

42. 黑格尔暗指由G. E. 斯达尔（G. E. Stahl, 1660—1734）所创立的燃素说。根据化学的新发现，亨利·卡文迪什（1731—1810）认为，燃素是可燃的气体（氢）。黑格尔是把自己的看法与这一见解联系起来的。参见亨利·卡文迪什：《有关人工气体实验的三篇论文》，载于《哲学学报》，第56期（1766年），第145页："当金属实体中的任何一种都被溶解为盐精或稀释的硫酸时，它们的燃素挥发了，但并没有被酸改变本质，而是形成了可燃气体。自此以后，情况似乎可能就是这样。但是，当金属实体被溶解为硝酸，或通过加热被混合为硫酸时，它们的燃素就混合为用于溶解它们的酸的部分，并在烟气中与酸一同挥发，燃素通过混合就失去了它的可燃性能。"黑格尔可能是通过普里斯特利获得了卡文迪什这一理论的提示的。参见普里斯特利：《对于不同种类的气的实验与观察》，第三部分，第127页："卡文迪什关于锌比铁具有的燃素少的这一实验……得到了证明，因为铁从自身排除了较少的可点燃的气体。"——153

43. 黑格尔提到的是贝托莱的《化学静力学概论》第1卷第75—83页，尤其参见第75页及下页："当一种中性盐溶解，并且我们将某种酸加入该溶液时，或者当我们用某种酸来溶解它时，这种酸便与被化合的酸开始竞争，两者都根据其质量而对碱基产生作用，就好像这一化合物并不存在一样。它们达到了相同的饱和度；由此，就其饱和容量来说，如果我们单独使用的这种酸的量使作用中的这两者相对等，那么，这一共同的饱和度就与我们之前所得到的饱和度是相等的。因此，在所有条件相同的情况下，我们不能说这一种酸使另一种酸同其化合的基相分离，而应该说它分有了之前施加于该基的作用，从而根据其使用量而产生相应的饱和；之前化合的酸丧失了其与该基的结合，而另一种酸则获得了这种结合；正是经由这种丧失，前者重获对其他物质产生作用的能力，这能力取决于它所含有的酸度。"——157

44. 黑格尔涉及的是贝托莱的《化学静力学概论》第1卷第84—93页，尤其参见第85页："一种碱作用于某种含土质基的盐溶液，由此，它便与该基分有对酸的作用；不过，为了保持其之前所具有的可溶性，该基却离不开与之化合的酸的全部效应；因而，随着它受到的酸的作用逐渐减弱，不可溶性便产生了，并不断加强，直至出现分离效应；根据分离时的作用力，酸被分配给碱和土质基，由此形成了两种化合物，一种可溶，另一种不可溶。"——157

45. 黑格尔想到的是贝托莱的"化学质量"概念。贝托莱是这样定义的（《化学静力学概论》，第1卷，第72页）："我用化学质量这个名称来指称产生某种饱和的性能，构成这种能力的是某种酸的重量以及这种酸的亲和力；根据这一定义，起作用的质量与它们在其所化合的那个物质中能够产生的饱和是成正比的。"——157

46. 关于这个观点，参见贝托莱：《化学静力学概论》，第2卷，第393—432页，此外参见贝托莱：《对亲和力规律的研究》，第73—80页，尤其是第73页：本篇标题为《论通过其他金属而形成的金属溶液沉淀》。另参见同页的如下说明："在我们通过某种物质使金属沉淀，而该物质并不会夺取与金属相结合的氧的情况下，沉淀物便会保有一部分酸，还常常

会有一部分沉淀剂。——157

47. 黑格尔提到的是贝托莱的《化学静力学概论》，参见此书第1卷第334—386页，尤其参见第334页："还有一个有趣的问题需要解决，即确定到底是哪些因素和情况决定了某些化合物中固定比例，而另一些化合物则可以按任何比例构成。"第337页："我们观察到，饱和度根据温度的不同而不同，而温度会削弱凝聚力的强度：过高的温度会使水具有一种弹力，它由此会释放出它之前所溶解的盐。"第365页及下页："所以，只有在因它们作用的微弱而引起的例外情况下，某些物质才能够在低温下提高平均溶解度；它们因而是作为溶剂来起作用的，这些溶剂使得盐的构成部分之间所具有的交互的亲和力效应消失了，扩展了这些结晶状态下的盐的溶解范围。然而，一旦温度的升高趋向于消除构成部分之间的结合效应时，相互的亲和力便开始与热质作用竞争，并增强结合效应；因此在热量的辅助下，一种液体会溶解更多量的盐。"——159

48. 关于"纯粹试剂"（Reine Reagentie），参看 J.B. 里希特（J. B. Richter）：《化学元素测量学基础》，第1卷，布雷斯劳与希尔施堡1792年，第121页："这些元素极少是独立的，而且从最严格的意义上说，从来都不是纯粹的，当人们另外在自由状态中纯粹描述这样的元素时，大部分这样的元素也毕竟不能完全脱离开水。"在纯粹描述钾盐的实验里，黑格尔想到的可能是特罗姆斯多夫的《全部化学系统手册》第1卷，参看此书第402页以下："在纯粹状态里，大家根本找不到自然界中的钾盐，而且最纯粹的钾盐如果得不到经心保存，也依然不是长期纯粹的。钾盐由于拥有对水的巨大亲和性，因而才立刻变湿，并且钾盐具有一种很大的倾向，要把总是现实地存在于大气里的碳酸气与自身结合起来，所以立即就吸收了碳酸气，从而丧失了它的许多可腐蚀性。"第406页："碳酸钾的晶体显然是这么产生出来的，即钾盐的流质性在变冷的时候又从大气中吸取了碳酸气。"——关于金属的纯粹性的说明，可参考贝托莱：

《化学静力学概论》，第 2 卷，第 339 页："金属具有可以将其与其他物质区分开来的性质，这些性质如此鲜明，以至于没有人会对应当被归于金属类别的那些物质提出疑议，除非人们尚未能够将它们还原为金属状态，满足于仅对其化合物进行考察并得出结论。"——160

49. 黑格尔想到的是贝托莱的《化学静力学概论》第 2 卷，第 408 页及下页："即使形成了某种分离，结晶盐在其合成物中也可以发生变化：在硫酸铁的制造中，特别是当我们将铁直接溶解于硫酸中时，我们最初获得的结晶近乎无色，在随后的结晶过程中，结晶体的颜色逐渐加深直至深绿色，最后，我们得到一种不结晶的液体，它处于红色的硫酸状态。"——162

50. 黑格尔涉及的是贝托莱《化学静力学概论》第 2 卷，第 406 页："契内维克斯已经把只含 $11\frac{1}{4}$ 氧的氧化铜置于磷酸中，用后者来溶解前者；但为此，一部分铜需要将其所有的氧都给予进入溶液中的铜，并由此而重获金属状态。"——163

51. 黑格尔在这里指的可能是 J. W. 里特尔（J. W. Ritter, 1776—1810）的论文"关于伏打电池"，载于《现代自然科学概况杂志》，J. H. 福格特（Voigt）编，第 2 卷，魏玛 1800 年，第 356—400 页。里特尔想用他做过的实验表明，氢和氧的散发"决不能像人们根据现代化学理论所以为的那样，出自水的分解，而是完全出自两个彼此完全不相同的过程。"（第 385 页）——165

52. 黑格尔在这里涉及的是贝托莱的《化学静力学概论》第 2 卷第 361—392 页，尤其参见第 370 页以下："对于平静熔化的金属，比如锡和铅来说，情况则并不相同：从最微弱的程度直到某个极限程度，它们的氧化是一个不断发展的过程，然而其极限程度并不总是它们在其他情况下所可能具有的那个氧化极限；而且伴随着每一个氧化阶段，我们都可以观察到相继出现的颜色变化和其他性质。就这样，铅首先形成为一种灰色的氧化物，随后经过不同色调的黄色阶段，最终变为红色……随着氧化的进行，铁同样会经历不同的色调阶段，并获得不同的性质；在很多金属中，我们都可以观察到相似的效应。"——166

53. 黑格尔在这里指的是温特尔的《现代化学绪论》第191页以下。"硫通常被看作单一的"这个在此被黑格尔援引的说法，出自J.B.里希特：《化学元素测量学基础》，第2辑，布雷斯劳与希尔施堡1792年，第5页注释："例如，碱性的盐、土质和其他质料，还有硫，就被称元素。"——167

54. 黑格尔指的是温特尔的《现代化学绪论》第20—168页。关于碱和酸的纯化，是在此书第77页讲的；关于碱和酸的分离，参见此书第21页；关于纯化的碱与纯化的酸的活动，参见此书第30页与第33页；关于单酸和单碱的化合，参见此书第94页；关于活碱对纯化的酸的作用，参见此书第106页。——168

55. 关于金属酸，主要参见特罗姆斯多夫的《全部化学系统手册》第1卷第233—254页；此外，他还把砷酸、钨酸和钴酸描述为金属酸。关于锡酸和铁酸这两个术语，只能指出，在当时的文献里，这两种酸和金属氧化物均被通称为半酸；参看J.B.里希特：《关于化学研究的新课题》，第3辑，布雷斯劳与希尔施堡1793年，第65页。——170

56. 黑格尔在这里指的是当时关于生命概念的讨论。参看谢林：《论宇宙灵魂》，汉堡1798年，第199页："苏格兰人约翰·布朗让动物生命由两种因素产生出来"；布朗的这种理论特别由谢林自然哲学的追随者基里安作了加工，他在其《全部医学体系草稿》（耶拿1802年）第1卷第63页说："真实的生命也许是生命机体对外部作用进行反作用的结果；或更明确地说，真实的生命也许是两种激应性因素在现实中的对设活动。"——关于单纯的生命的不可知性，首先参看康德在其《判断力批判》（柏林与李堡1790年）第71—75节中提出的理论；也可参看布鲁门巴赫在其《论发育冲动》(第 2 版，哥廷根 1789 年)第 25 页以下说的:"发育冲动这个词汇应当既不多也不少地用以指称这样一种力量，这种力量的始终如一的作用是根据经验得到承认的，但它的原因对我们来说却是 qualitas occulata｛玄奥莫测的特质｝。"——190

57. 黑格尔在这里评论的是当时那些试图通过最新化学知识，进而推动有机体研究的理论。关于植物的同化作用，参看库尔特·施普伦格尔所著《植物知识指南·书信集》(第 1 集，哈雷 1802 年)第 290 页:"在各种植物从土和气里吸收二氧化碳时，二氧化碳在它们当中就由于受到光的影响而被分解。光吸收氧气，二氧化碳几乎有三分之二是包含的氧气，碳由植物的各个组成部分所吸收，与这些部分合成固定的质料。"第 292 页:"光是这样一种主要的媒介，这种媒介使氧气脱离开植物，而把碳固定在植物的细胞组织里。"——关于呼吸，参看基里安的《全部医学体系草稿》第 2 卷第 384 页:"当一部分氧气在空气中的这种分解过程在胃里进行时，其他数量的氧气就在吸入的气里夺取碳，碳在循环中与血混合，所谓的氮气就以这种方式从血里产生出来，在这里，同时也正是由于碳在血中这样变少，碳把黑色赋予血，就出现一种淡红色。"亦可参看约·海·弗·奥滕里特所著《经验人体生理学手册》第 Ⅰ 部分(图宾根 1801 年)第 493—504 节专门讨论"呼吸的化学作用"，第 505—517 节专门讨论"血中吸入的空气"。——关于营养和消化，参看基里安在其《全部医学体系草稿》第 2 卷第 484 页提出的论点"全部消化活动无非是一种化学过程"。——191

58. 黑格尔在谈到这些生物实验时，可能是想起意大利生物学家斯巴兰让尼(1720—1799)的《关于人和动物的消化活动的实验》，克·弗·米夏埃利斯德文译本，莱比锡 1785 年。关于管道实验，见此书第 85 页:"切断外部空气与内部空气的共同通道，最后好像也不是阻止营养材料在用火漆封起来的管道中的分解"。他还在此书第 87 页描述了他用敞开的管道在动物的胃里所做的大量实验。关于用装着营养材料的亚麻布袋所做的实验，见此书第 63 页；亦可参看奥滕里特的《经验人体生理学手册》第 2 部分（图宾根 1802 年）第 597 节："大家已经看到，碎肉片封到极小的亚麻布袋里，塞入一只活猫的腹腔，会以类似于胃里的方式，直至微小的胃片上，都化解为一种粥状食物。如果这样的碎肉片在活动物的皮下涂到单纯的肌肉上，待一段时间，也会出现同样的情况。"——192

59. 黑格尔在这里涉及的，可能是布鲁门巴赫的《自然史手册》，第 4 修订版，哥廷根 1791 年。参见此书第 190 节："在绝大多数植物中，这两类繁殖器官是在同样的花里结合起来的，所以它们是雌雄同体的。与此相反，在若干植物中，那两类繁殖器官则是在不同的花里分离开的，有一种花是单纯雄性的，另一种花是单纯雌性的，但两者都生长在同一枝干上。""另一些植物甚至有三种花，除了单纯雄性的花和单纯雌性的花，还有雄雌同体的花。""但在另一些植物里，两性就像在赤血动物和许多其他动物那里一样是分开的，以致一种植物只开雄性花，另一种植物只开雌性花，不过在其他方面是相同的；只有把雄性植物的花粉通过刮风、传播或人工方法授给雌性植物枝干上的那些花朵，它们才结出果实来。"——200

60. 黑格尔在这里想到的，估计是弗·卡西米尔·梅狄寇斯的《植物生理学论文集》（第 2 卷，莱比锡 1803 年）。参见此书第 17 页："无论是所谓的雌性花，还是所谓的雄性花，它们的全部花丝在此间公园培植的芭蕉中都是能完全结出果实的"。格·弗尔斯特在他的那个译本第 15 页则认为："一条旧的、早已作出的注释说明，若干植物由于人工培植而丧失了用种子繁殖的能力。这很明显地见之于太平洋岛屿上的种植情况，尤其见之于面包果树，这种果树的种子已经完全退化干缩。在极少还能保留种子残片的芭蕉中，也有同样的现象"。梅狄寇斯在他那本书第 33 页作出解释："高度的人工培植确实能无限地消弱一种植物通过种子繁殖的能力，但是没有任何人工培植能完全夺去整个种属，或仅仅夺去种子的一个品类，甚至搬出推进得最广泛的人工培植也无法做到这一点"。——205

有机体与精神哲学

1. 黑格尔想到的也许是基里安，或者还有奥滕里特，他们试图通过对许多消化阶段的研究，揭示食物在消化时发生变化的渐进性。参见基里安：《全部医学体系草稿》，第2卷，耶拿1802年，第468页以下；奥滕里特：《经验人体生理学手册》，第二部分，图宾根1802年，第45—109页。——220

2. 黑格尔在这里想到的也许是当时的活力论代表人物约·克·赖尔的理论。谢林已经在谈到混合食物的变化对有机体的构成时涉及他的理论。参看赖尔："论生命力"，载于《生理学文库》，第Ⅰ卷第1期，哈雷1795年，第66页："动物通过所有这些物质（例如，营养物质）增大了它的躯体尺度，这些物质的混合改变了组成它的物质成分，整个来说，所有这些物质都必定包含着一些十分近似的或颇为不同的组成部分，它们类似于构成它的物质成分。"关于谢林的论述，可参看他的《论世界灵魂》，汉堡1798年，第186页。——220

3. 关于胃病的说明，可参看基里安：《全部医学体系草稿》，第2卷，第522页："大家把胃部发生的整个这样的疾病表现特称为胃炎（Gastritis）"。也可以参看英国名医约翰·布朗（1735—1788）所著《医学原理》。此书用拉丁文发表于1780年，以其所述的原则的切实可行而为世人称道，1788年经过作者扩充，出了英译本第2版。普法夫（C. H. Pfaff）在将这个版本译为德文时，将书名更改为《医学体系》（哥根哈根 1796 年),与黑格尔的论述有关的段落在此书第 379—381 页。还可以参看克·吉尔唐纳(Chr. Girtanner)所著《布朗医学体系详解》,第 2 卷,哥廷根 1798 年,第 250—253 页。——255(脚注)

4. 黑格尔在这里指的是 17 世纪与 18 世纪初叶的名医。参看克·弗·哈勒斯(Chr. F. Harles)所著《发烧新探》,莱比锡 1803 年;他在此书中将英国威廉·卡伦(William Cullen,1710—1790)算作这样的医生。这位名医认为,生命是神经的一种功能;疾病分为四大类,即发热性疾病、神经症、恶液质与局灶性疾病。关于黑格尔在这里暗示的发烧理论,库尔特·斯普兰格尔在他的《实用医学史》(5 卷本,哈雷 1800—1803 年)第 2 卷第 294 页也作过报道,认为人们发烧时打寒颤是自然界为了继续创造致病物质而大力进行活动的一个标志。——256

5. 黑格尔由此开始评论的液体病理学,不仅是指古代的,而且也是指他的同时代人代表的和从许多方面加以讨论的。参看库尔特·斯普兰格尔:《十七世纪药物学状况概论》,哈雷 1801 年,第 120 页:"液体理论通过研究药剂的化学成分关系,又逐渐获得了更多声望。"关于质料的观点,克·弗·哈勒斯在他的《发烧新探》第 409 页上说,"整个极其宏伟的液体病理学派在这种医疗观点中犯了严重的、不可饶恕的错误,那就是它单纯以药液的业已改变的质料性状、腐朽程度论证这种发烧的概念"。关于液体病理学家的疾病观与治疗法,C. A. 维尔曼斯(Wilmans)在其《评判布朗体系的原则》(载于《生理学文库》,第 4 卷第 1 期)中说,"在近代,一个传播得很广泛的医学家派别在各种不同的医学理论中维持着一种突出的地位,大家把他们称为液体病理学家。这个称呼的根据在于,这些医学家把躯体自身的液质假定为固有的病因"(第 9 页)。"因此,他们要给任何疾病都寻找一种固有的体液,以为导开这种体液,也就能医治疾病"(第 10 页)。也可以参看安德里亚斯·罗施劳普:《病理学研究》,美茵河畔法兰克福 1798 年,第 63 页:"既然疾病作为有机过程的性状必然仅仅是给这个过程的一切部分或某个部分确定的，而流体（液体）也可以不是有机的，不是有机过程包含的部分，那么也就可以不给有机过程中发生的那些液体的变化附加上疾病的名称；各种液体确实是在有机过程的各个部分中存在的，它们在此中的变化如果比起在健康有机过程中的变化来说是有毛病的，我们则可称为腐朽（Corruptiones）。"关于液体病理学，黑格尔当时可能看到的就是这样一些阐述和评论。——256

6. 关于黑格尔在这里评述的液体病理学，参看维尔曼斯从拉丁文译为德文的布朗的《医学原理》，美茵河畔法兰克福1795年。关于疾病的界定，见此书第1页以下："扩展到全部躯体的疾病叫做周身的（communes），仅仅附属于某个部分的疾病叫做局部的（locales）。前一种疾病自始至终都是周身的，后一种疾病则只形成于发展过程中，具体地说，并不是经常出现的。前一种疾病的周身性质出自生命本原的过度劳苦，后一种疾病的局部性质出自部分躯体的受伤。治疗前一种疾病的方式是指向整个躯体的，治疗后一种疾病的方式则仅仅指向受伤的部位。一切周身的疾病都属于医生的工作范围，仅仅损伤某个部位的疾病在整个躯体中也造成某种变化，但属于局部的疾病。"关于刺激、兴奋和激动的效能关系的界定，见此书两处。其一在第3页以下："外部力量和内部力量据以发挥作用的性状应该被称为激动（incitabilitas），那两种刺激应该被称为兴奋力量（potestates incitantes）。兴奋力量发挥的普遍作用是感觉、运动以及理智与情绪的活动。引起兴奋，促成激动的力量的作用被称为兴奋作用（incitatio）。某些这样的力量是由显而易见的冲动（per impulsus）促成的，所以应该设想，这恰恰也就是其他这样的力量发挥作用的情况，在所有那些刺激里都包含某种发生作用的力量。"其二在第7页以下："既然唯独各种普遍的力量才产生出一切属于生命的东西，那么，整个生命、健康状况或生病状况也就单纯是基于刺激，而不是基于任何其他事物。兴奋作用、各种力量的作用和决定生命的原因是在某些界限里，按照刺激的大小部局的，如已经说过的，由此逐步走向毁灭。适度的兴奋作用决定健康状况，大量不适度的刺激引起各种疾病，少量不适度的刺激也引起疾病，它是刺激不足或软弱造成的。激动与兴奋作用的关系是这样的：力量越弱，或刺激越小，激动就频繁；刺激越强，激动就越小；在前一种情况下，所用的刺激唤起的激动太多，在后一种情况下，唤起的激动太少。既然兴奋作用并不是在没有激动的情况下产生于兴奋力量的刺激，那么，我们就可以找到刺激与激动有下列关系：支配适度激动的适度刺激造成最高的兴奋作用。刺激越大，这种兴奋就在最后总是变得越小。人们由此解释青年人的力量和老年人、儿童的软弱。"——关于黑格尔对"单纯逻辑的构造"的谴责，参看弗·霍夫曼（Ph. Hoffmann）："构造疾病的理念"，载于谢林编：《思辨物理学杂志》，第2卷第1期，耶拿1801年；他试图借助费希特的范畴和三段式方法，用"先验反思"规定疾病（第75页），认为"在兴奋方面，疾病是各种致病因素的被扬弃的统一，这种统一或者是基于合题，或者是基于反题，而各种兴奋因素的质就在于它们的相互规定"（第75页以下）。在这里，"能动性与受动性是对立的兴奋因素"（第73页）。——关于黑格尔对"化学的抽象"的谴责，参看此文第96页："器官激动的一切逐渐形成的、基于有机组织的差异，预先决定了正极次和负极次对器官的关系，因此预先决定了碳、氢对肝脏的亲和性，决定了氧对心脏的亲和性。"——257

7. 黑格尔从这里开始谈的疾病的不同类型，还是涉及当时多方讨论的布朗理论。关于布朗的疾病分类，参看普法夫所译布朗的《医学体系》（哥根哈根1796年）第32页："兴奋或兴奋级次的作用，在其程度适当时构成健康状态；在超过或达不到适当程度时，它则引起各种疾病，这是能够引发疾病的结构"；因此，第33页："由于过度兴奋而产生的各种周身疾病，叫做亢进病，由于兴奋程度不足而产生的疾病，则叫做虚弱病，在任何时候都是先有这两类疾病的结构"。关于亢进病与虚弱病的界定，亦可参看基里安的《全部医学体系草稿》第1部分第241页："如果我们想用亢进指称两种因素的强度的这种不正常的增大，我们则将把有机体内与此同时发生的变化称为亢进病，因而必须承认有机体内亢进病现实存在的可能性"；第293页："如果大家想用虚弱指称两种因素对立的能量的这种不正常的变小，我们则将把有机体内与此同时发生的变化称为虚弱病，因而必须承认有机体内虚弱病现实存在的可能性。"当然，在黑格尔所能看到的文献中也有医学理论家对此持有异议。例如，卡·奥·埃申迈伊尔（C. A. Eschenmayer）在其《应用于化学与医学对象的自然形而上学原理》（图宾根1797年）第80—84页上就指出，布朗的这种疾病分类理论有自相矛盾之处。——258

8. 关于动态的疾病的看法，参看基里安的《全部医学体系草稿》第1部分第165页以下："一切疾病都仅仅可能是原发的疾病，并且实际上也只是这样；同样，一切疾病只可能具有原发的起因，只可能采取原发的方式，在把它们称为疾病时，这是必须加以证明的。因此，不仅在实际上只存在纯粹动态的疾病，而且也只有动态的疾病是能够现实存在的，只有动态的疾病作为疾病是可能的和可以思议的。"——关于黑格尔对神经和肌肉纤维的抽象的谴责，参看基里安的《真兴奋理论与假兴奋理论的差别》（耶拿1803年）第268页："疾病理论据此将各种疾病划分为：(1) 被提高的感受性与被降低的应激性的疾病，(2) 被降低的感受性与被提高的应激性的疾病。"——259

9. 黑格尔在这里关于"所谓唯心论"与"所谓实在论"的评述，已经明显地具有他自己的独特理解，因此，也就不再能够明确地判定他具体地想到的是什么理论。然而，从他在耶拿早期关于唯心论与实在论所作的论述（《黑格尔全集》历史考订版第4卷第40页以下）大体上可以断定：

唯心论与实在论的关系对他来说已经是预先得到了规定的，具体地说，首先是通过费希特的《全部知识学的基础》（莱比锡1794年）而得到规定的，见此书第119页与第134页以下；参看《费希特著作选集》第1卷（北京1990年）第588页与第599页以下。尤其是，黑格尔在评论唯心论时已经能想到费希特的《人的使命》（柏林1800年）第139页以下："感觉本身就是一种直接意识；我感觉到我的感觉。但从感觉决不会产生关于存在的任何认识，而只会产生对我自己的状态的感觉。可是，我原来并不单纯是能感觉的，而且也是能直观的，因为我不单纯是一种实践存在物，而且也是一种理智力量。我也直观我的感觉，因此从我自身以及我的本质也产生了关于存在的认识。感觉转化成可感觉的东西；我的感受，诸如红色、光滑等，转化成在我之外的红色、光滑之类的东西，而这类东西以及对这类东西的感觉，我是在空间中直观到的，因为我的直观本身就是空间。"参看《费希特著作选集》第3卷（北京2000年）第599页以下。当然，黑格尔在规定唯心论与实在论的关系时，也考虑到谢林《先验唯心论体系》（图宾根1800年）中的观点，见此书第78页以下；参看此书中译本（北京1977年）第52页。——292

10. 黑格尔在这里涉及的是康德的《法学的形而上学基础》（柯尼斯堡1797年）。参见普鲁士科学院版的《康德著作全集》第6卷（柏林1914年）第277页以下："天然的两性共同体或者是根据单纯动物的天性结成的共同体，或者是根据法律结成的共同体。——后一种两性共同体就是婚姻（matrimonium），这就是说，是两个性别不同的人结为对他们的性别特点在生活中的相互占有……原因在于，婚姻契约并不是任何随意的契约，而是必然应当根据人间的法律签订的契约，这就是说，如果男人和女人想彼此享有他们对方的性别特点，他们就必须结婚，而这必然是按照纯粹理性的法规完成的"。第280页："对一个男人或一个女人的获得并不是通过事实（即通过同居），不要预先签订的契约完成的，也不是通过简约（即通过单纯的婚约），不要后续的同居完成的，而仅仅是作为结成两性共同体的合法结果出现的，这只能借助于两人的相互占有。"——关于康德的这些法学思想，黑格尔在《伦理体系》（1802—1803年）中已有详细论述，见《黑格尔全集》历史考订版第5卷第303页以下。——302

11. 黑格尔谈到的是亚当·斯密（Adam Smith，1723—1790）的《国民财富的性质与原因的研究》（伦敦1776年）。黑格尔拥有的是1791年巴塞尔出版的英文本，他涉及的地方在此书第1卷第7—9页。参看赵东旭、丁毅的英汉对照全译本，卷1（北京2007年）第13页与第15页："针织业虽然极其微小，但其劳动分工却常常引起人们的注意。因此，我在这里用它作为例子。如果一个人没有受过相应的职业（劳动分工已经使制针业成为一个专门的职业）训练，又不知道怎样使用这种职业的机器（这种机器的发明恐怕也正是劳动分工才使其成为现实），那么，即使他竭力工作，也许一天连一枚针都制造不出，更谈不上制造20枚针。但是按照目前这个行业的制造方式，不仅整个工作都已经成为专门的职业岗位，而且这种行业所分成的许多部门的大部分也已经成了专门的职业。第一个人抽铁线，第二个人将其拉直，第三个人将其截断，第四个人将铁线一端削尖，第五个人磨光另一端，以便安装针头。以下要做针头，要进行两个到三个不同的操作工序。装针头是一个专门的职业，将针头涂白色是另一个专门的职业，甚至连装进纸盒都是专门的职业。这样，制针这个重要的行业就大约被分为18种不同的工序。在有些工厂，这18种工序分别由18个不同的工人来承担。当然，在另外一些工厂中有时由一人兼任两三道工序的现象也是存在的。我曾经见过这样一个小工厂，那里只雇用了10个工人，因此在该工厂中，有几个工人分别从事两三种不同的工序。虽然这些工人很贫穷，必要的机器设备也很差，但如果他们全力以赴的话，一天就可以生产出12磅的成品针。以每磅中等型号的针有 4000 枚来计算，这十个工人每天就可以制造出 48000 千枚针，这样，他们每人每天就可以制造出 4800 枚针。但是，如果他们各自独立工作，没有受过一种专门的职业训练，那么，他们中的任何人都毫无疑问是无法一天制造出 20 枚针的，甚至可能一天连一枚针也制造不出来。也就是说，他们不仅不能完成由适当分工合作之后而制成的 1/240 的数量，甚至连该数量的 1/4800 能否制造出来，恐怕也尚未可知。"——亚当·斯密的这部名著虽在当时已由克·加尔夫（Chr. Garve）译为德文（法兰克福与莱比锡 1796 年），但从黑格尔的行文来看，他不大可能利用过这个译本。——323（脚注）

术 语 索 引

（页码均按德文单行本标出，即本书边码）

A

Absolute, das, absolut 绝对的东西，绝对的，3—6，8 以下，11，15—18，20，22—26，28—31，34，36，40 以下，43—50，52 以下，55 以下，58，61—64，67—72，74—82，86—89，92，95—100，102，107 以下，114，117—120，122，124，126—130，132，134 以下，141—146，148 以下，152—156，160，162 以下，166，169 以下，173—176，178 以下，181—185，187—190，192—196，198，200—209，212—215，217 以下，221—226，230，236 以下

Abstrakte, das, Abstraktion, abstrakt 抽象的东西，抽象，抽象的，3 以下，10 以下，15 以下，19，22，26，30，32 以下，36，43 以下，50 以下，56，59，64，68，82，86—90，92 以下，96，98，106 以

下，114，119，129，134，137，140，155，161 以下，166，177 以下，186，195 以下，199，202，206，209，229 以下

Äther, ätherisch 以太，以太的，52，72，128，149，183，192，224

Allgemeine, das, Allgemeinheit, allgemein 普遍的东西，普遍性，普遍的，3 以下，6，8 以下，11 以下，15，18，22，24，26，28，33，42 以下，46—58，60—68，71 以下，74，77 以下，84 以下，93，96 以下，100 以下，114，118—133，135—138，140—143，145 以下，148，150，152—157，159 以下，163—168，170—173，175 以下，179—195，197 以下，201—204，206，208—211，213，218，222，224—231，235 以下

Andere seiner selbst, das 其自身的他者，187，189

Anderssein 他在，他者的存在，

126 以下，140，153，179—182，184，186，188，190 以下，197，200 以下，206，225

Anderswerden 变为他者，6，159，164，179，182，218，224，227

Anerkennen, Anerkennung 承认，217—223，226 以下，231

Animalische, das, animalisch 动物体，动物的，38，41，131，140 以下，144，146，148—154，157—161，165，167—172，174，177，179—182，187，199，210，213

Anschauen, Anschauung 直观，直观活动，4 以下，8，10，16，140 以下，166，180 以下，186，190，198 以下，201，203，212，224，235 以下

Arbeit 工作，劳作，193 以下，197，210 以下，227 以下，230 以下

Art 种类，15，89，91，98，106，230

Assimilation, assimilieren 同化作用，同化，230

Atomsphäre 大气

Atomsphäril 大气中的物质，69 以下，74

Atom 原子，9 以下，17，32，47 以下，65

Atomistik 原子论，10

Attraktivkraft 引力，58

Aufheben, das, Aufhebung, Aufgehobensein 扬弃，扬弃活动，被扬弃的存在，18，20，23，27，31，34，43，49，51，54，58 以下，63，68 以下，71，74，77 以下，83，87，89，101，119—122，124 以下，137 以下，140 以下，148，159，161，167，171，181 以下，186—190，195，200，202，205，210 以下，222—225，236

B

Barometer 气压表，23，75，

Base 碱，32 以下，39，44 以下，50，87，99 以下，107—110，115 以下

Bedürfnis 需求，227—231

Begierde 欲求，140 以下，151，165 以下，180，196，210 以下

Begriff 概念，85，113，166，178，184，186 以下，190，192，195，

197以下，201，204以下，207以下，230，235，237
-absoluter 绝对概念，43，70，79，96，117，122，125，129，142，144，149，152，156以下，160以下，172，178—181，187，195以下，195，203，206
-bestimmter 特定概念，84，186以下，195，203，206

Beleidigung 侮辱，217，219

Bisitz 所有物，212，217—222，227，229，231以下

Besondere, das, Besonderheit, Besonderung 特殊的东西，特殊性，特殊化，18以下，27，29以下，34，36，58以下，61，67，76，95，100，119以下，129以下，138，141，143以下，146，148，150以下，154以下，160—163，169以下，172，184，192，198以下，202，228，235

Betrug 欺骗，225，228

Bewegung, bewegend, bewegt 运动，运动着的，被推动的，3—17，19，21—28，64，84，93，122，124，127以下，133，138，141，154，156以下，159—163，166，

171，174，177以下，183以下，203，223，230
-absolute 绝对运动，8，156，175
-Achsendrehende 绕轴运动，93
-geradlinige 直线运动，20
-kometarische 彗星的运动，27
-kreisförmige, Keis- 圆周形式的运动，圆周运动，3，12，19，27

Bewußtsein 意识，85，181—184，186—208，210—224，226，229以下，236以下

Beziehung 关系，61，219

Bild 图像，36，124

Bildung 形成，70，72，90以下，94，136，144，226

Blatt 叶片，133以下，138

Blume 花朵，136

Blute 血液，130，149，156—160，171，173—176
-system 血液系统，156，158，170，174，176

C

Chemie, chemisch 化学，化学的，16，26以下，29，32—36，38—42，44以下，47以下，62以下，

74，76，85，88，93，96 以下，100 以下，103，105—108，110 以下，114，117 以下，120，130 以下，177

Chemismus 化学过程，9，14，22，29，41，72 以下，76，93，150

D

Denken, das, denken 思想，思维，3，130

Differenz, different 差别，有差别的，9—12，18 以下，21—29，31 以下，36，38 以下，43—47，49 以下，53 以下，56，58—63，65—71，74，81 以下，84 以下，87—92，95—98，100 以下，104—108，110—119，122 以下，127，131—134，136 以下，145 以下，150—153，155—158，160，162，164 以下，167，170—175，177，179，183，189 以下，194，204，206，225 以下

Dimension 维度，161

Ding 物，130，197，200 以下，203，208—211，217 以下，230 以下，235

Druck 压力，23

E

Ebbe und Flut 退潮与涨潮，23
Ehe 婚姻，212 以下
Ehre 荣誉，217，231
Eigentum 财产，231
Einbildungskraft 想象力，198 以下
Einfachheit 单纯性
Einheit 统一，3 以下，6，8 以下，14 以下，17，20，27 以下，30 以下，38，40 以下，43—46，48，50—54，56—59，61 以下，65，67 以下，72 以下，76—82，85，87—91，93，95，98 以下，102，109，114 以下，117，119 以下，123 以下，126 以下，129，131，134 以下，137—140，145，149，152 以下，155 以下，158，163 以下，170，173，179 以下，183 以下，186—189，193 以下，202 以下，206，209 以下，213 以下，224，230

-nagative 否定的统一，13，17 以下，20，25，28，36，38，43 以下，50 以下，54，58，60，62

以下，119，121，125，202 以下
-positive 肯定的统一，3，6，17 以下，20，24，47，52，182

Eins 一，3—12，14—17，20 以下，25 以下，29 以下，34，36，40，69，72，76，81 以下，124 以下，129，133 以下，142，148 以下，152 以下，156，179，186，191，203 以下，207，209 以下，213，222，224，229，235

-numerisches 数字表示的一，11，32，118，121，132，183，185，187，221

Einswerden 合而为一，71，154，169，179

Einzelne, das, Einzelnheit, einzeln 个别的东西，个别性，个别的，46，95，102，117—121，123，125 以下，129 以下，139 以下，148，159 以下，163，166 以下，179—192，196 以下，203，205—209，212—215，217—229，231，235 以下

Elektrizität, elektrisch 电，电的，28，36，42 以下，54，65—68，71，83，99，101 以下，104，112

Element 元素，16，23，27，31，33—37，39 以下，45，55—53，55，59，61—64，66，72 以下，76 以下，80，88，93，95，97 以下，114，118—127，130，137—144，148，153 以下，158，161 以下，165 以下，177，183，187，192，195，197 以下，201 以下，207 以下，224

-chemisches 化学元素，30，33，41，43 以下，50 以下，60，65，86

-physisches 物理元素，43，51 以下，63，76

Empfinden, das, Empfindung 感觉活动，感觉，51，140 以下，154，156，159 以下，163—167，169 以下，172 以下，179—182，197 以下，203—206，235

Empirische, das, empirisch 经验的东西，经验的，41，57，66，79，86 以下，97，108，131，189，194，198 以下，203，229

Endliche, das, Endlichkeit 有限物，有限性，236

Entgegensetzen, das, Entgegensetzung, entgegengesetzt 对设，对设活动，对设的，4 以下，8 以下，17，22，24 以下，28 以下，31，33，35，41，44 以下，47—50，52，56 以下，64，67 以下，71，78，80，87，89，93，98 以下，103，105，107—110，114，118 以下，124 以下，128，131 以下，137，140，142，145，149，151，155—158，160，169，171，174 以下，181 以下，186，188—191，194 以下，200，204，207—210，213 以下，218，227，235

Entzweien 一分为二，76，125，133，136

Erde 地球，土，3—10，14，16，22—27，42，52—55，57 以下，61—65，67 以下，71 以下，74—80，82，86 以下，89 以下，92—98，100，114，119，121，123，127 以下，132，135 以下，138，141—144，158，161 以下，166，183，186 以下，192，194，207，219，233

Erkennen, das, Erkenntnis 认识活动，知识，43，86 以下，97，129，167，177 以下，190，213，217，221

Erregbarkeit 激应性，130，177

Erregung 刺激，177 以下

Erinnerung 回忆，235

Erscheinung 现象，表现，37，40，44，70，83，173，218 以下，222，225，236

Erziehung 教育，214，226

Ewigkeit, ewig 永恒性，永恒的 223 以下，237

Existenz 现实存在，实存，3，36，43 以下，54，59 以下，64，70，77，80，86，89 以下，93，96—100，103 以下，112 以下，117，119—124，126，128 以下，131 以下，135，138，140，142，152 以下，156—159，161，163，166 以下，179，181—186，188，190—197，199—202，205—208，210—213，215，217—221，223，226，230 以下，236 以下

F

Fabrikarbeiter 工厂工人，230

Fall, Fallbewegung 落体，落体运

动,10以下,19以下,75

Familie 家庭,193以下,196,212,217,222,225以下

Familiengut 家庭财产,93,196,225

Farbe 颜色 51,54—57,59以下,62,77,92,113以下,119以下,123,135,138,141,161以下,181以下,203—206

Feuer 火,43—47,49以下,54以下,58以下,62,64以下,67,69,72,74以下,77,79以下,82以下,87,89,94,96—107,109,112以下,115,117以下,122,133,135以下,138,162,172,181,192,194

-prinzip 火的原则,火的原素,115,134以下,146,150,171以下

-prozeß 火的过程,139,151

Flüssigkeit, Flüssige, das 流体,流动性,流动的东西,13,15以下,22—25,27,29—34,47—50,53以下,58—61,64—68,70以下,74,76以下,79,83以下,87—90,92以下,98—101,109,111—114,120,123,130,133,142—146,150—157,161,169—177,179以下,183,201

Formale, das, formal 形式的东西,形式的,4,28,30,32,36,40,42,44,50—53,69以下,78,80以下,85,96,98,106,109,111,114以下,117,121,129—132,135以下,138,141,143,149,162以下,176以下,182,189,193—199,201,203,206以下,213以下,226,228以下,235

Formalismus 形式主义,177以下

Freiheit, frei 自由,自由的,16,50,69,89,98以下,122,124,138,159,161,176,179,182,199,201,207以下,212,223,236

Frucht 果实,136以下,148

Fürsichsein 自为存在,9以下,18,28,53,64,81,102,108,116,123,161,163,179,181,183,188,195,212

G

Gallerte 胶体,142—146,148,152

Galvanismus, galvanisch 电流，电流的，85，100 以下，112 以下

Gas, gasförmig 气体，气体形式的，37，68，99，108，118

Gattung 类属，物种，126 以下，131 以下，135 以下，139—141，153，160，163—167，170，179，181 以下，213

Gedächtmis 记忆，193 以下，197，200—203，206，225 以下，233

Gefühl 情感，161 以下，174

Gegensatz, gegensätzlich 对立，对立的，4 以下，8 以下，21，25 以下，29，31 以下，34 以下，38，43 以下，47，50，52 以下，55 以下，58，63，65，69，76，78，81，87 以下，91 以下，95 以下，99，102，107，111，116，125 以下，134—137，139，144 以下，148，153，155 以下，159，165，167，173，176 以下，179 以下，183，185 以下，188—191，193 以下，197，200，203 以下，207 以下，210，212 以下，215，218，223，225

Gegenteil 反面，对面，14，18 以下，26，28，31，33，35 以下，40，42，48，54 以下，65，71，79，113，161，171 以下，178，181，183 以下，187，189 以下，198，204，207，209，220，222 以下，226，231

Gegenwart 当前，现场存在，234 以下

Gehirn 大脑，155，160，170，176

Geist 精神，4，44，51，87，179，181—188，190，195，197，202，204 以下，208，222—227

-absoluter 绝对精神，222，224

Geld 金钱，230

Genuß 享用，166，212，220，222，225

Geschichte 历史，4，27，236

Geschlecht 性别，126 以下，136，139 以下，153，179 以下，212

Gestalt, Gestaltung 形态，形态形成过程，11 以下，16，19—27，29，36，40，52 以下，55，58，60—63，67—70，76，81，89，93，109 以下，128，133—137，139—146，148，150，152，154，159，161 以下，214，236 以下

Gewalt 权力，93，138，149 以下
Gott, göttlich 上帝，神圣的，237
Grad 度，109
Grenze 界限，33，179
Größe 大小，86

H

Herz 心，心灵，156 以下
Himmlische, das, himmlisch 天体，天体的，5，8，10，14，16，18 以下，23，25 以下，28，123，183，236

I

Ideale, das, ideal, Idealität 理想的东西，理想的，理想性，5 以下，8 以下，18，20，22 以下，26—31，33—36，40，43，50 以下，54 以下，63，98 以下，117，119 以下，124，127，135 以下，141，159，161 以下，165，170，176，180—183，186，191 以下，195 以下，198，200—203，206—210，215，218，225 以下，228
Idealismus 唯心论，204 以下
Idee 理念，3，34，45 以下，50，79，82，87，94，96 以下，125—133，140，170，179，185，200，207，212，225
Ideelle, das, ideell 观念的东西，观念的，10，13，18，24—27，33，44—49，51—57，63，67，71 以下，76，78 以下，84，102，104 以下，115 以下，118—125，136，140 以下，149，152，154，156，158，160，165 以下，180，183，190，193 以下，198，200 以下，204，206 以下，210，212，215，218 以下，222 以下，225 以下
Identität, identisch 同一性，同一的，3 以下，51，53，80，146，150，160，189，197，231
Indifferenz, indifferent 无差别，无差别状态，无差别的，4，9，12 以下，15，18 以下，27，30 以下，33，35—40，44—50，58，64—67，69 以下，72，74，76，80，82，92，96，98 以下，102，104—108，115—121，125 以下，129，134 以下，141，148，155—158，162 以下，167，169，171 以下，174 以下，178，180 以下，

183，192，200，208 以下，217 以下

-punkt 无差别点，6，8，10

Individualität，Individuum，individuell 个体性，个体，个体的，37，52—56，60—63，68 以下，71，95 以下，109，115，118，121，123，125—129，131—136，138—142，145，152 以下，159 以下，162—167，169 以下，179 以下，182，186 以下，193 以下，199，204，206 以下，210—214，227，229，236 以下

Intelligenz 理智，235

Irdische, das, irdisch 土质的东西，土质的，地球的，3，5 以下，14 以下，33 以下，54 以下，59—62，68 以下，74，80，82 以下，87，92 以下，97 以下，105，107，114，118，121，163

Irritabilität 易激性，145

K

Kalk, das Kalkigte 石灰，钙化的东西，38，60，88，90，91 以下，94，116，150

Kampf 斗争，63，65，76，93 以下，121，157，217

Kiesel 砾石，42，60，87 以下，90，98

Kind 孩子，126，167，179 以下，213 以下

Körper 物体，9，12 以下，15 以下，18 以下，32，35，51，58，76—82，84，87，89，95—107，114，116—121，123，141，161，163，172，183

Kohäsion 内聚性，16，24 以下，27 以下，30，32，34，40，44，53，55 以下，58，64 以下，68，75，81 以下，84，89，133，169

Kohäsionslosigkeit 无内聚性，65

Kohlenstoff 碳，32—35，37—42，44 以下，50，86，88，116

Komet, kometarisch 彗星，彗星的，4 以下，25 以下，32，52，59，62，67，71，74

Komödie 喜剧，237

Konkrete, das, konkret 具体的东西，具体的，82，87，177，201 以下，229，230

Konstitution 宪法，196

Konstruktion 构造, 9, 177

Kontinuität, kontinuierlich 连续性, 连续的, 9, 17, 87 以下, 92 以下, 114, 123, 144, 159, 163, 198, 202

Kraft 力, 11 以下, 27, 82, 106 以下, 109, 115, 128, 132

Krankheit 疾病, 42, 165, 168, 170 以下, 174—181, 199

Kreis 圆周, 12, 27, 46, 63, 126, 130

Kreislauf 循环, 46, 63, 71, 120—127, 132 以下, 137 以下, 146, 148, 152, 156 以下, 225, 227

-des Blutes 血液循环, 156 以下

Kunst 艺术, 237

L

Lateszenz 潜质, 33

Leben, Lebendige, das, lebendig 生命, 有生命的东西, 活生生的, 6, 12, 16, 25 以下, 75, 95 以下, 103, 105 以下, 110 以下, 114, 119 以下, 123, 125, 128 以下, 133 以下, 137, 141 以下, 149, 155 以下, 158, 168, 170 以下, 174—179, 181, 188, 208, 213, 219—224, 228, 230

Leidenschaft 激情, 188, 203

Licht 光, 3, 6, 8, 17, 19, 26, 28, 43, 54—57, 59, 61, 64, 67, 89 以下, 95, 130, 135, 162

Liebe 爱, 212, 236 以下

Luft 空气, 23, 33, 37 以下, 49 以下, 60 以下, 64—68, 70 以下, 74 以下, 77 以下, 87, 96 以下, 99 以下, 104 以下, 111, 113, 118, 133, 135 以下, 138, 143, 158, 162 以下, 192, 194, 01

M

Magnetismus 磁性, 16, 22, 27, 42, 81, 85

Maschine 机器, 227 以下

Masse 质量, 3, 8 以下, 11 以下, 15—21, 27 以下, 89, 91, 94 以下, 108, 111, 230

Materie 物质, 3, 8, 10, 18, 26 以下, 29 以下, 32 以下, 35, 48, 51 以下, 55, 69, 72, 75, 86, 115, 119, 149, 161, 178, 183,

195, 214

Mechanik, mechanisch 力学，力学的, 3, 14 以下, 22, 27, 40, 42, 54, 63, 74, 76, 84 以下, 93, 95, 130, 133, 146, 150, 163, 178

Mechanismus 力学过程, 7, 9, 25, 93 以下

Metall 金属, 34, 38, 65 以下, 82—86, 92 以下, 97—101, 104—108, 110—115, 118, 150, 163

Metallität 金属性, 10, 77 以下, 81 以下, 90, 92, 105

Mineralische, das 矿物, 36, 41

Mitte 中项, 6, 19 以下, 26, 28, 40, 49 以下, 62, 64—67, 78, 94, 96, 105—108, 110, 114, 124—128, 136, 140, 151 以下, 155, 157, 165 以下, 170 以下, 182, 186 以下, 191—197, 199 以下, 203, 205, 208, 210 以下, 213, 218 以下, 224

Mittelpunkt 中心, 5, 9—13, 16 以下, 21—24, 63, 69 以下, 94, 120, 123, 133

Möglichkeit, möglich 可能性，可能的, 33, 47, 49 以下, 68 以下, 78, 96, 102, 107, 145, 181, 187 以下, 198, 207, 220, 229 以下

Mond 月球, 6 以下, 23, 25 以下, 62, 67, 71, 128

Muskel 肌肉, 144 以下, 148, 151 以下, 155 以下, 161, 171, 173

-system 肌肉系统, 42, 145, 156, 159

N

Name 名称 201—204, 206

Natur 自然，本质，本性, 41, 44, 60, 62, 70, 86 以下, 90, 93 以下, 109, 113, 118, 128, 132 以下, 135, 139 以下, 142 以下, 145 以下, 148, 152 以下, 157, 162, 165, 169, 176, 179, 183, 190, 192, 194 以下, 205, 212—215, 225—229

Negation, das Negative, negativ 否定，否定的方面，否定的东西，否定的, 4, 6, 8, 10—13, 15, 18, 33 以下, 36, 40, 46, 51, 67 以

下，70 以下，77，79，102，118，123，125 以下，141，162 以下，172，180，186，189—192，199，209，217，225

Neigung 偏好，188，196，203，212

Nerv 神经，153—157，159 以下，170 以下，173—176

Nervsystem 神经系统，41，159，170，174，176

Neutrale, das, Neutralität 中立的东西，中性，62，78 以下，81，87 以下，90 以下，107，110，114 以下，120，136，140，145，150，162 以下

Notwendigkeit, notwendig 必然性，必然的，14 以下，18，34，46，85，89，97，99，109 以下，118，122 以下，143，146，148 以下，180，188，193 以下，198，212 以下，217，219，222，225，227

O

Objekt, Objektive, das, objektiv 客体，客观的东西，客观的，169，187，200，203 以下，211，235

Organische, das, organisch 有机物，有机的，14，22，35 以下，40—43，52 以下，60 以下，69，73—76，82，86，88—95，102，118，120—128，130—136，138—142，144 以下，148，152 以下，157，159 以下，162，165，167，174，179 以下，185，187

Organismus 有机体，有机过程，42 以下，149 以下，152—161，169—178，180，182，199

Ort 地点，199

P

Passivität, Passive, das, passiv 被动性，被动方面，被动的，6，11，19 以下，25 以下，31，34，45，50，64 以下，96，103 以下，118，126，155，172 以下，175，184 以下，194，203 以下，210 以下，224 以下

Person 人［格］，231

Pflanze, pflanzlich 植物，植物的，76，92，95，130 以下，134—140，142 以下，164，166，179，235

Phantasie 幻想，235

Philosophie 哲学
 -der Natur 自然哲学, 185
 -des Geistes 精神哲学, 142, 183, 185
Phlogiston 燃素, 44, 104
Physik 物理学, 14, 22, 76, 135
Physische, das, Physikalische, das, physisch, physikalisch 物理的东西, 物理学方面, 物理的, 物理学的, 36, 74, 76, 86, 93, 95, 178
Planet 行星, 3, 5
Positive, das, positiv 肯定的东西, 肯定的, 8 以下, 11 以下, 28, 32, 43, 46, 54 以下, 62 以下, 66, 77, 79, 102, 119, 124, 126 以下, 142, 153 以下, 156, 163, 171 以下, 181, 186 以下, 190, 198 以下, 226
Potenz 级次, 9, 15, 21, 26 以下, 30, 33 以下, 36, 40, 42 以下, 46, 49 以下, 53 以下, 56, 63, 72, 80—83, 88 以下, 131, 146, 148, 166, 181, 192, 195, 197, 204 以下, 208 以下, 212, 214, 226, 231

Praktische, das, praktisc 实践的东西, 实践的, 198, 200, 208—211, 214, 219
Prinzip 原则, 原素, 40, 66, 70, 87, 89, 91, 109, 111, 118, 121, 141, 143, 156, 162, 172—175
Prozeß 过程, 3, 5, 16, 20, 25 以下, 30 以下, 35 以下, 38 以下, 42—47, 49—53, 55, 58, 62 以下, 68—72, 74, 76 以下, 79—87, 89, 93, 96—104, 106 以下, 110 以下, 114 以下, 117 以下, 120, 122 以下, 125, 127 以下, 131 以下, 134, 137—141, 145, 148, 150 以下, 157, 159 以下, 165—168, 171, 175, 177, 194, 214, 227
 -praktischer 实践过程, 195, 211
 -theoretischer 理论过程, 140, 160, 163, 169 以下, 179, 195

Q

Qualität, qualitativ 质, 质的, 15, 27 以下, 30, 44, 47 以下, 51, 56, 58, 93, 114

Quantität, quantitativ 量，量的，4，16，28，47，50，54—59，86 以下，93，105，108，111，113

Quantum 特定的量，定量，11，17 以下，47 以下，51，58，77

R

Raum 空间，4 以下，9，20，51，65，122，129 以下，161 以下，166，197—201，203

Realismus, real 实在论，实在的，5，8 以下，16，23，26 以下，45 以下，48，51，55，59，63，77，84，105，122，157—161，170，185，188，190，204 以下，207，213，215，218，222

Reflexion, reflektieren 反思，反射，映现，3—6，10，17 以下，29，32，42，47 以下，52，57，62，80，89，118 以下，121 以下，125 以下，140，153，166，169，179，198，206—209，212，233

-absolute 绝对的反思，195，208 以下，235

-in sich 自身反思，150，214，221

Religion 宗教，236

Repulsivkraft 斥力，58

Romantische, das, romantisch 浪漫之事，浪漫的，236 以下

S

Säure 酸，25，37，60，65 以下，84，87，98 以下，104—113，115—118，135，138

Sauerstoff 氧，32，34 以下，37—40，44—50，59

Schein 外观，映现，11，55，83，234

Schmerz 痛苦，236

Schönheit, schön 优美，美的，236

Schwere, schwer 重力，重的，9—13，16，18—24，27—30，34，81，119，123，133，138，141，161，166

-spezifische 比重，43，48 以下，53，55，58 以下，62，64，66，69，71 以下，74 以下，77—81，83—86，89—92，99，104，115，119 以下，133，138

Seele 灵魂，97，125

Sehnsucht 渴望，237

Selbstbewußtsein 自我意识，235
Sichselbstgleichheit, Sichselbstgleiches 自身等同性，自身等同之物，3，6，9 以下，13，16—19，27，29，54，56，61，64，68 以下，77 以下，83 以下，86，89，92，100，114，128，132，161，185 以下，189，192，224
Sinn 感性，感官，72，80 以下，137 以下，153 以下，161 以下，167，169 以下，176，181，194
Sitte 习俗，223
Sittlichkeit, sittlich 伦理，伦理的，196，223，225
Sklav 奴隶，221
Sonne 太阳，4—7，15，24 以下，64，93 以下，122，127 以下
Spannung, spannen 张力，紧张，28，36，44，47 以下，53 以下，60，64—72，74 以下，77，79 以下，94，96，98—102，104，109，112，126，133—136，142，148，151，165，172
Sphäre 范围，15，190
Sprache 语言，37，193，195，197，200 以下，206 以下，213，218 以下，225 以下
Starrheit, Starre, das 刚性，刚性的东西，15 以下，29，59，65，67 以下，79，90，95，159，174
Stickstoff 氮，32，34 以下，37—47，50，86，116，118
Stoff 质料，30—33，35 以下，39 以下，43，51，106，116，130，146，177 以下，236
Stoß 碰撞，13
Subjekt, Subjektive, das, subjektiv 主体，主观的东西，主观的，191，199 以下，203 以下，227，235
Substantialität, Substanz, substantiell 实体性，实体，实体性的，6，9，18—21，32，38，41，43 以下，46，51 以下，55，63，72，76，109，116，124，185，204，223 以下
Synsomatie 物合，85
Synthese, Synthetische, das, synthetisch 综合，综合的东西，综合的，4，32，39，43，56 以下，64，67 以下，96，98 以下，102—105，108，110，118，134 以下，138，153，159，162，191，197

System 系统, 3, 5 以下, 8, 14 以下, 20, 23, 25 以下, 28, 42, 53, 62, 76, 79, 89, 119, 122—125, 141, 144 以下, 149, 152 以下, 155 以下, 158, 160, 163, 165, 167, 169 以下, 172 以下, 175—179, 181, 230

T

Tätigkeit, Tätige, das, tätig 能动性, 能动的东西, 能动的, 6, 9, 11 以下, 18, 20, 25, 34, 40, 44 以下, 49, 60, 64—67, 89, 95 以下, 99, 103 以下, 107 以下, 114, 118, 126, 128, 131, 135, 148, 151, 153—158, 163, 165, 172 以下, 175—178, 180, 182, 184 以下, 189, 191, 193 以下, 199, 203 以下, 210 以下, 215, 224—228, 230, 236

Temperatur 温度, 33, 58 以下, 66, 109, 118

Theoretische, das, theoretisch 理论的东西, 理论的, 198, 200, 209, 214

Tier, tierisch 动物, 动物的, 38, 60, 76, 94 以下, 131, 137, 139—142, 145 以下, 148 以下, 151, 162 以下, 165—168, 171, 179—184, 186, 190, 194, 201, 205, 210, 214, 230

Tod, tot 死, 僵死的, 8 以下, 11, 15 以下, 19, 24 以下, 40 以下, 43, 55, 92, 155, 168, 174, 177, 179, 181, 208, 213 以下, 218, 220—223, 227, 230

Ton 黏性的东西, 15 以下, 22—30, 36, 43, 49, 53—56, 58, 60, 64, 66 以下, 74, 76 以下, 79, 81, 83, 89 以下, 92, 100, 120, 123 以下, 161 以下, 202

Totalität, total 总体, 总体性, 总体的, 3 以下, 14, 29, 34, 36, 44 以下, 47, 50, 53—56, 60, 62, 65, 70, 72 以下, 76 以下, 79—82, 85, 89, 91, 93, 117, 119, 121, 123 以下, 127 以下, 132, 138, 141 以下, 144, 154, 160, 162 以下, 179 以下, 187, 190 以下, 195 以下, 203 以下, 207 以下, 212—215, 217—223, 225 以下, 229, 230

Trieb 本能，冲动，120，126，134，188，203

U

Unendliche, das, Unendlichkeit, unendlich 无限的东西，无限性，无限的，3—6，8 以下，11，17，19 以下，26 以下，32，40，42 以下，46，49，52 以下，56，58，60—64，66，68 以下，72，77 以下，81 以下，94 以下，116 以下，123—127，129 以下，132 以下，137 以下，140，142，149，151，153，156，159，162 以下，171，177，179 以下，183—191，197，199 以下，202，204，206 以下，217，220，223，225，229 以下

Unorganische, das, unorganisch 无机物，无机的，52，90，92，123，127 以下，131 以下，135，137，140，142，145 以下，148，152 以下，157，165 以下，169，172，196，212，214 以下，225 以下

Unterschied 差别，8，11，17 以下，27，86，95，111，136，141，171，178，184，191，199，202，205，231

V

Vegetabilische, das, vegetabilisch 植物，植物的，38，41 以下，94，136，187

Vergangenheit 过去，4，237

Verhältnis 关系，5，7，14，20 以下，31，34，43 以下，50，57，59，64，66 以下，77 以下，82，84 以下，93 以下，97，103，106，109，117 以下，125，127，129，140 以下，165 以下，175，178，193，210，213，215，222，230

Vernunft, vernünftig 理性，理性的，87，165，167，181，196 以下，201，212，218，220，226 以下，235

Verschiedenheit, verschieden 区别，不同的，13，19，23，40，54，61，77，82，89，91，109 以下，132，190

Verstand 知性，195，197，202，206，226，235

Vertrag 契约，223

Verwandtschaft 亲和力，103，

106—109

Vielheit, Viele, das 杂多性，杂多之物，164，169，186 以下，195，202

Volk 民族，95，187 以下，190，223—227，229 以下，234

Volksgeist 民族精神，187 以下，190，223 以下

Vorstellen, das, Vorstellung 表象活动，表象，41，51，110，130，198

Wahrheit, Wahre, das 真理，真，3，225

Wärme 热，32 以下，54 以下，58 以下，62，74，77，83，89 以下，131，138，146，150，161，
-kapazität 热容量，58，77，79
-stoff 热素，32 以下

W

Wasser 水，33，37，47—51，59 以下，62，64—68，70，72，74 以下，77，87，94—97，99—102，105 以下，112 以下，115，133—137，143，148，158，162，192，194，197

Wasserstoff 氢，32，34 以下，38 以下，40—50，59，116

Wechselwirkung 交互作用，170

Welt 世界，132，137，142 以下，152，170，215，217，226，230
-geist 世界精神，235

Werden, das 变易，59，63，72，78，80，82，91，148，170 以下，179 以下，185，187，190，197，207，214 以下，224 以下

Werk 作品，191，224 以下，236 以下

Werklose 没有发挥出作用的东西，236

Werkzeug 工具，193，195，208，211，225，227 以下

Wesen 本质，3，10，31，56 以下，87，99，150，181 以下，186，203 以下，217，220，227

Widerspruch 矛盾，9，31，64，70，99，125 以下，177 以下，208 以下，215，219 以下，231

Wille, Willkür 意志，任意性，154 以下，200，204

Wirklichkeit 现实性，32，47 以下，50，66，74，107 以下，110，

145, 221, 229

Wissen, das 知识，认识活动，42, 215

Wurf, Wurfbewegung 抛掷，抛物运动，11 以下

Z

Zeichen 符号，200

Zeit 时间，4 以下，9, 20, 82, 122, 129, 141, 146, 161 以下，166 以下，180, 197—201, 203, 210

Zufäffligkeit, zufällig 偶然性，偶然的，10, 17, 46, 58, 96, 138, 154, 211

Zukunft 未来，237

Zweck 目的，213

人名索引

（页码均按全集第 6 卷标出，即本书边码）

A

Autenrieth, J. H. F. 奥滕里特，约·亨·费，(192)

B

Bergmann, T. 伯格曼，托，(150), 151

Berthollet, C. L. 贝托莱，克·劳，(48), (51), 150, 151, (155), 157, (158—159), 161, (162—163), 166

Blumenbach, J. F. 布鲁门巴赫，约·弗，200

Brown, J. 布朗，约，(257—259)

C

Cavendish, H. 卡文迪什，亨，(153)

Chenevix, R. 车尼维克斯，路，163

D

de Luc, J. A. 德卢克，让·安，96

F

Forster, G. 福斯特，格，(88), 89, (205)

Forster, J. R. 福斯特，约·赖，(205)

G

Goethe, J. W. V. 歌德，约·沃·冯，83

Gren, F. A. C. 格伦，弗·阿·卡，(46)

K

Kant, I. 康德，伊，(44), 302

Kilian, C. J. 基里安，康·约，(58), (60), (259)

L

Lamark, J. B. d. M.　拉马克，让·巴·戴·莫，(32)

Laplace, P. S.　拉普拉斯，皮·西，(32)，(55)

Lavoisier, A. L.　拉瓦锡，安·劳，(55)

Lichtenberg, G. C.　李希滕贝格，格·克，(55)，96

M

Medicus, F. K.　梅迪寇斯，弗·卡，(205)

N

Newton, I.　牛顿，伊，83

P

Paracelsus, Th. B.　帕拉采尔苏斯，特·博，(114)

Prevost, I. B.　普雷沃，伊·贝，87

Priestley, J.　普里斯特利，约，(54)，55

R

Ritter, J. W.　里特尔，约·威，124，165

S

Schelling, F. W. J.　谢林，弗·威·约，3，(44)，(122)

Smith, A.　斯密，亚，323

Steffens, H.　施特芬斯，汉，61，(122)，124，125

Spallanzani, L.　斯巴兰让尼，拉，(192)

T

Trommsdorff, J. B.　特罗姆斯多夫，约·巴，(46)，55，(106)

V

Volta, A.　伏打，阿，147，148

W

Werner, A. G.　韦尔纳，阿·哥，(137)

Winterl, J. J.　温特尔，雅·约，56，167，168

本卷后记

本卷的翻译以1975年发表的《黑格尔全集》北莱茵-威斯特伐伦科学院版第6卷为依据，同时参照了由原来的编者作过修订并在1986年发表的单行本。翻译开始于2011年1月，完成于2015年12月。其中"残篇1"至"残篇9"和"残篇10"前半部分（至单行本第118页第31行为止）是由郭大为翻译的，"残篇10"后半部分、"残篇11"至"残篇22"和"附件"是由梁志学翻译的。两位译者参照德文版的注释，分别编译了自己所译部分的中文版注释，最后相互审改了对方的译文和注释。在编译注释时，汪炜学友从法文方面给予了我们真诚的协助，谨向他致以谢意。"中文版前言"是撰写人郭大为吸收张慎和梁志学的意见改定的。

这项翻译工作得到了北莱茵-威斯特伐伦科学院黑格尔委员会瓦尔特·耶施克教授的支持，并且我们的"中文版前言"是参考他编的《黑格尔手册》（斯图加特2003年）和克劳斯·杜辛与海因茨·基穆尔编的单行本"导言"撰写的，谨向耶施克教授和他的同事们致谢。

中国社会科学院黑格尔课题组
2015年12月

图书在版编目(CIP)数据

黑格尔全集.第6卷,耶拿体系草稿.I/(德)黑格尔著;郭大为,梁志学译.—北京:商务印书馆,2017(2020.5重印)
ISBN 978-7-100-12935-0

Ⅰ.①黑…　Ⅱ.①黑…②郭…③梁…　Ⅲ.①黑格尔(Hegel,Georg Wehelm 1770—1831)—文集　Ⅳ.①B516.35-53

中国版本图书馆 CIP 数据核字(2017)第 013848 号

权利保留,侵权必究。

黑格尔全集
第6卷
耶拿体系草稿(Ⅰ)
郭大为　梁志学　译

商务印书馆出版
(北京王府井大街36号　邮政编码100710)
商务印书馆发行
北京通州皇家印刷厂印刷
ISBN 978-7-100-12935-0

2017年4月第1版　开本 787×960　1/16
2020年5月北京第2次印刷　印张 22
定价:68.00元